U0517330

国家社科基金项目成果 *经管* 文库

Research on the Effect of Chinese Government Regulations
on the Firms' Institutional Transaction Cost

我国政府规制对企业
制度性交易成本的影响研究

杨艳　车明　刘子菁／著

中国财经出版传媒集团

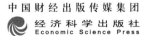

经济科学出版社
Economic Science Press

图书在版编目（CIP）数据

我国政府规制对企业制度性交易成本的影响研究/
杨艳，车明，刘子菁著 . —北京：经济科学出版社，
2021.3

ISBN 978 - 7 - 5218 - 2405 - 6

Ⅰ.①我…　Ⅱ.①杨…②车…③刘…　Ⅲ.①政府
管制 - 影响 - 企业管理 - 成本管理 - 研究 - 中国
Ⅳ.①F279.23

中国版本图书馆 CIP 数据核字（2021）第 035694 号

责任编辑：胡成洁
责任校对：郑淑艳
责任印制：李　鹏　范　艳

我国政府规制对企业制度性交易成本的影响研究

杨　艳　车　明　刘子菁　著

经济科学出版社出版、发行　新华书店经销

社址：北京市海淀区阜成路甲 28 号　邮编：100142

经管中心电话：010 - 88191335　发行部电话：010 - 88191522

网址：www. esp. com. cn

电子邮箱：espcxy@ 126. com

天猫网店：经济科学出版社旗舰店

网址：http://jjkxcbs. tmall. com

北京季蜂印刷有限公司印装

710 × 1000　16 开　16.25 印张　300000 字

2021 年 3 月第 1 版　2021 年 3 月第 1 次印刷

ISBN 978 - 7 - 5218 - 2405 - 6　定价：76.00 元

（图书出现印装问题，本社负责调换。电话：010 - 88191510）

（版权所有　侵权必究　打击盗版　举报热线：010 - 88191661

QQ：2242791300　营销中心电话：010 - 88191537

电子邮箱：dbts@ esp. com. cn）

国家社科基金项目成果经管文库
出版说明

我社自 1983 年建社以来一直重视集纳国内外优秀学术成果予以出版。诞生于改革开放发轫时期的经济科学出版社，天然地与改革开放脉搏相通，天然地具有密切关注经济领域前沿成果、倾心展示学界翘楚深刻思想的基因。

2018 年恰逢改革开放 40 周年，40 年中，我国不仅在经济建设领域取得了举世瞩目的成就，而且在经济学、管理学相关研究领域也有了长足发展。国家社会科学基金项目无疑在引领各学科向纵深研究方面起到重要作用。国家社会科学基金项目自 1991 年设立以来，不断征集、遴选优秀的前瞻性课题予以资助，我社出版了其中经济学科相关的诸多成果，但这些成果过去仅以单行本出版发行，难见系统。为更加体系化地展示经济、管理学界多年来躬耕的成果，在改革开放 40 周年之际，我们推出"国家社科基金项目成果经管文库"，将组织一批国家社科基金经济类、管理类及其他相关或交叉学科的成果纳入，以期各成果相得益彰，蔚为大观，既有利于学科成果积累传承，又有利于研究者研读查考。

本书库中的图书将陆续与读者见面，欢迎相关领域研究者的成果在此文库中呈现，亦仰赖学界前辈、专家学者大力推荐，并敬请经济学界、管理学界给予我们批评、建议，帮助我们出好这套文库。

经济科学出版社经管编辑中心

2018 年 12 月

本书为国家社会科学基金项目"我国政府规制效率对企业制度性交易成本的影响研究"（项目批准号：16BJY067）的成果

目　录
Contents

第一章 绪 论

中国经济正处于从高速增长向高质量发展转变的关键阶段，在未来的发展过程中，降低企业制度性交易成本，增强企业活力，既是建设中国特色社会主义市场经济的重要内容，也是推进国家治理体系和治理能力现代化的具体表现。自2015年底中央经济工作会议提出降低制度性交易成本、进行供给侧结构性改革以来，为企业降成本一直都是政府经济工作中的重要任务。2019年《政府工作报告》指出：要深化增值税改革，将制造业等行业现行16%的税率降至13%，将交通运输业、建筑业等行业现行10%的税率降至9%，确保主要行业税负明显降低……明显降低企业社保缴费负担。下调城镇职工基本养老保险单位缴费比例，各地可降至16%。[①] 新一轮的减税降费使供给侧结构性改革中的"降成本"进入了一个新的阶段，而"降成本"任务的核心是降低制度性交易成本。

政府的规制行为会显著影响企业的制度性交易成本，这既包括企业因为要承担社会责任而必然承担的费用，也包括因为政府规制行为的变化或低效率给企业带来的成本。从政府治理角度看，优化政府规制、提高规制效率、为企业创造良好的制度环境，是有效控制企业成本、减轻企业负担的必由之路。降低企业制度性交易成本关键在于提高政府规制效率。本书以我国政府规制效率为切入点，剖析我国企业面临的制度性交易成本的现实构成，分析我国政府规制给企业制度性交易成本造成的相关影响，为我国规制改革和供给侧结构性改革提出有意义的建议。

[①] 2019年政府工作报告．中国政府网，http：//www.gov.cn/zhuanti/2019qglh/2019lhzfgzbg/index.htm.

一、研究背景与研究意义

(一) 研究背景

1. 过高的企业制度性交易成本

在过去一段时间，我国经济发展优势明显。低廉的产品生产成本，巨大的人口红利和丰富的社会未利用资源使得我国生产要素价格较低。社会资源潜力的释放一方面让我国取得了辉煌的经济建设成就，另一方面也掩盖了企业制度性交易成本过高的事实。当我国人口红利逐步消失、社会闲置资源数量减少时，产品生产成本优势也不断丧失，生产要素价格上升使得企业制度性交易成本过高的问题凸显。

面对这种情况，政府起初希望通过适当的宏观经济政策组合来扭转经济下行的趋势，但政策刺激效应完全释放之后，政府过度干预经济的问题便逐步显现。

自 2015 年底提出供给侧结构性改革以来，我国企业制度性交易成本有所下降，但从整体水平来看，企业经营负担仍然较重。2017 年我国规模以上工业企业每百元主营业务收入中成本为 84.92 元，费用为 7.77 元，① 和上年相比仅分别下降 0.25 元和 0.2 元。在未来我国经济发展过程中，降低企业制度性交易成本既是扭转我国经济下行趋势的必然选择，又是实现我国经济转型的必由之路。

2. 政府规制与企业制度性交易成本

政府规制是政府依照一定的法规直接或间接影响经济主体活动的行为。当企业受到规制者监督时，首先要按照规制者要求设置部分岗位，增加部分人员成本；其次要按照规制者要求保障企业产品质量、控制生产安全风险、减少污染物排放和保障劳动者权益，进而增加大量资金成本；再次，部分企业的产品定价和进出市场决策还要受到规制者影响，从而使得企业无法根据自身条件和市场行情做出最优的经营决策，从而承担一定的机会成本；最后，若企业目标与公共利益不完全一致时，就有可能进一步增加企业负担。除企业经营活动受政府规制影响而产生的企业成本外，政府规制活动本身也会产生相应的成本。

---

① 2017 年国民经济和社会发展统计公报. 国家统计局官网，http：//www.stats.gov.cn/tjsj/zxfb/201802/t20180228_1585631.html.

表 1 - 1 展示了近年来我国财政收入中非税收入、行政事业性收费和罚没收入三项指标的数值。税收之外的各类收入形式是降低制度性交易成本的主要政策着力点（冯俏彬和李贺，2018），因此可以通过非税收入的规模来间接评价企业制度性交易成本的规模，而行政事业性收费和罚没收入可以看作和政府规制有关的企业制度性交易成本。从表中数据来看，政府规制是影响企业制度性交易成本规模的因素之一，虽然近年来行政事业性收费和罚没收入占非税收入的比重在不断下降，但仍然维持在较高水平。

表 1 - 1 我国财政收入部分指标

年份	非税收入 （亿元）	行政事业性收费 （亿元）	罚没收入 （亿元）	两项收入占 非税收入比例（%）
2007	5699.81	1897.35	840.26	48.03
2008	7106.56	2134.86	898.40	42.68
2009	8996.71	2317.04	973.86	36.58
2010	9890.72	2996.39	1074.64	41.16
2011	14136.04	4039.38	1301.39	37.78
2012	16639.24	4579.54	1559.81	36.90
2013	18678.94	4775.83	1658.77	34.45
2014	21194.72	5206.00	1721.82	32.69
2015	27347.03	4873.02	1876.86	24.68
2016	29244.24	4896.01	1918.34	23.30
2017	28222.90	4745.27	2394.14	25.30
2018	26956.98	3925.45	2659.18	24.43

资料来源：CEIC 中国经济数据库。

3. 政府规制效率不高是我国企业制度性交易成本过高的症结所在

既然政府规制行为是企业制度性交易成本产生的一个重要原因，那么能不能通过取消政府规制来降低企业制度性交易成本呢？答案显然是否定的。因为政府不仅有促进经济发展的责任，而且有改善社会福利的义务，政府规制行为可以通过消除外部性、信息不对称和抑制垄断等有效改善社会福利。此外，并非所有的政府规制行为都会增加企业的制度性交易成本，如设置产品质量标准会使企业在经营过程中的生产设备成本增加，但全行业产品质量的提升可以有效改善消费者与企业间的信息不对称，降低消费者在产品购买过程中的风险，为企业降低市场营销费用。

目前需降低的是由于我国政府规制效率不高而产生的企业制度性交易成本，如规制缺位、政府规制体系建设不健全、行政审批事项过多、审批环节冗长烦琐、行政审批费用过高等问题。

深化经济体制改革、优化供给侧结构、激发企业活力动力的当务之急，是科学评价规制的成本与收益，审视规制过程中存在的不足，提出优化政府规制行为、提高规制效率、促进规制改革的思路和办法。通过科学合理的政府规制体系改革提高政府规制效率，降低政府规制给企业造成的制度性交易成本，有助于增强企业竞争力，进而增加有效供给，提升经济活力，尽快扭转经济下行趋势，实现我国经济从高速增长向高质量发展的转变。

（二）研究意义

1. 理论意义

本书旨在从政府规制效率角度探讨降低企业制度性交易成本的有效办法，突破以往单纯从融资成本、物流成本、税费成本、行政事业性收费方面寻求降低企业经营成本的局限，将体制机制问题造成的各项成本等纳入制度性交易成本范畴，构建和完善微观企业交易成本研究内容框架，重点探讨制度性交易成本在企业层面的界定、测度、实证应用三大问题。本书系统总结了我国政府规制的特点特征，分析了经济性规制和社会性规制对企业成本的影响。将政府规制对企业产生的影响进行综合系统的分析，把握企业的动态反应，建成政企互动框架，突破以往单纯站在政府方面研究规制内容与规制方式的局限，使规制研究和规制改革有了落脚点。本书从政府规制行为方式入手，根据客观事实情况分析政府规制行为波动的现实基础，并举例说明其具体的表现形式。同时基于政府规制行为波动的现实基础提出相关研究假设，建立理论模型分析政府规制行为波动性产生的根源及其对企业投资行为产生的影响，并对模型分析结果进行实证检验，证明政府规制行为的波动性特点会提升企业的制度性交易成本，并阻碍部分企业进入市场。

政府规制理论中，近年来规制理论的研究重点不再是"要不要规制"，而是在接受政府对企业进行规制的情况下，讨论如何进行最优规制规则的制定。而本书对于政府规制理论的研究，是从含义和特征出发，寻求政府规制的理论依据，系统总结了规制理论的发展历程，并从不同维度重点分析了政府规制的内容与方法，研究了政府规制效率的收益与成本，分析了影响规制效率的因素。这一系统而全面的分析，对于丰富当前对于政府规制的研究成果，及为其他学者的研究提供借鉴，都有意义。

制度性交易成本理论方面，现有文献大多是在新制度经济学框架内，从交易费用的视角进行研究的，且现有文献对制度性交易成本的概念界定不清，相关性质归纳不准确。本书在有选择地吸收部分学者研究成果的基础上，结合我国企业经营的实际情况进行分析，提出企业制度性交易成本强制性、隐蔽性和外生性的三个特点，并梳理政府规制对企业制度性交易成本的影响，将由政府规制导致的企业制度性交易成本划分为企业出于责任而承担的必要性成本、政府规制行为变化带来的额外性成本和不当规制行为带来的负担性成本等三种类型，为更好地分析制度性交易成本的产生源头提供了参考。除此之外，进一步思考并提出了不同企业面临制度性交易成本的不同行为选择。

同时，对于政府规制与制度性交易成本关系的研究，也是本书在理论方面做出的贡献之一。从政府规制的内容即经济性规制、社会性规制、要素市场规制等出发，本书建立了规制行为与企业成本尤其是制度性交易成本的有机联系，从而为企业降成本、提高经营效率提供了新的思路。

2. 实践指导意义

本书对于政府规制和制度性交易成本的研究，是建立于企业成本高昂又难以实现有效控制的基础上的，反过来，对于二者理论、现状及相互关系的研究，又能为企业寻找降低成本尤其是制度性交易成本提供新的思路和切入点。除此之外，对于规制主体行为的剖析也能够为政府转型及制度改革提供参考。

具体来看，本书的意义表现在三个方面。

一是能够更加清晰地直面现实困难。在国家 2016 年以来连续三轮出台降成本政策的情况下，降成本政策已进入深水区，面临着多方面的问题。首先，各个成本领域的降成本政策空间进一步缩小。降成本政策制定初期主要是针对各种显性成本，随着降成本政策的连续出台，多数显性成本在三轮降成本中已逐步被解决，而剩下的隐性成本多属于制度成本，改革难度大。其次，政策的边际效应快速递减，企业的获得感减弱。从中国财政科学研究院 2017 年调查问卷的结果看，"约有 60% 的企业对'48 号文'所出台措施表示认可，只有少数企业不认可"。而 2018 年的调查结果为："接近 40% 的企业对中央和地方所出台的降成本措施表示认可，认为效果一般的占 50% 以上，只有 6% 的企业认为成效较差，仍有不少企业获得感不是很强。"这表明，企业在降成本政策实施初期的获得感较强，其后阶段的获得感在逐步减弱（刘尚希等，2018）。最后，要素市场化改革和国企改革整体处于胶着状态，制度成本高居不下。按照中央的要求，国内也一直在推进要素市场化改革，并加大国企改革力度，取得了一些进展和突破，但整体上看，要素市场化改革和国企改革仍难以"突破利益固化的藩篱"。市场化改革和机制体制改革的滞后，带来了居高不下的制度成本。

针对这些现实难题，通过研究政府规制与企业高成本的成因，笔者希望努力寻求有效降低成本、增强企业竞争力的行之有效的办法。

二是构建和完善制度性交易成本研究的内容框架，重点探讨制度性交易成本的界定、测度、实证应用等问题，将政府规制对企业产生的影响进行综合系统的分析，为政府相关政策的执行和企业主动寻求降低成本的行为提供了理论支撑。

三是提出降低制度性交易成本、优化政府规制的具体路径和措施。对企业制度性交易成本的现状、成因及表现形式等进行透彻的分析，一方面有利于提出能够切实帮助企业减轻负担，激发企业活力的政策建议，推动供给侧结构性改革；另一方面，也能有效促进"规制服务型""精细化管理"政府的建成，制定统一的市场进入负面清单制度，有助于推动政府职能转变。

二、本书研究思路及研究方法

（一）研究思路

本书沿着理论梳理、案例分析、规律总结、统计分析、方法检验、提出对策的思路展开。首先，以现有国内外研究成果为基础，归纳过去有关政府规制和制度性交易成本的研究，分析政府规制相关研究的发展趋势，把握企业制度性交易成本的构成及主要影响因素，寻求政府规制与企业发展在理论上的契合点与实践中的连结点。其次，立足中国国情，梳理政府规制实践过程，探讨不同的政府规制内容对企业制度性交易成本产生的影响。然后，在精准把握企业制度性交易成本含义及构成的前提下，分析政府规制行为对不同类型的企业制度性交易成本产生的影响。最后，结合我国政府规制体系脱胎于政府职能部门的实际情况，研究政府规制行为方式对企业制度性交易成本的影响。

（二）研究方法

第一，综合分析法。梳理我国政府规制实践特征，把握来龙去脉；结合中国基本国情和经济改革历程，对规制政策的基本情况、形成原因、获得成就和存在的问题、评价进行深入剖析；总结学界关于制度性交易成本的相关研究成果，概括其基本特点；结合中国企业经营的实际情况对制度性交易成本的构成、影响因素及测算方法进行探究。

第二，比较分析法。一是国际比较分析，对英美等政府规制理论及实践发展相对先进的国家进行比较分析。二是在规制成本-收益分析中，比较分析政府规制与不规制情况下企业的发展状况。

第三，调研分析法。采用典型调查和一般调查，方式包括座谈法和问卷回答法。面向企业的问卷调查设计，涉及企业一般经营、投融资、信息搜集、交易活动等方面的状况，保障调查分析法的有效性，问卷中的设计有充分的针对性和层次性，对不同规模的企业有不同的问卷方式。

第四，数理模型法。基于中国地方政府多重目标函数的事实，构建具有逻辑（logistic）函数形式特点的地方政府目标函数，分析政府规制行为多变性的原因；在政府规制行为具有波动性的假设基础上，借鉴汉德利和利芒（Handley and Limão，2017）的企业投资模型，分析政府规制行为波动对企业投资和行业产值的影响。

第五，回归分析法。广泛收集研究对象的相关信息，掌握其基本情况；在充分掌握研究数据的基础上选择合适的计量经济学模型进行回归分析；结合实际情况讨论回归结果中可能存在的问题，并针对潜在问题进行稳健性检验。

第六，案例分析法。从现实生活中寻找与本书主题相关的案例，掌握被研究行业或企业的基本状况；对该案例进行深入剖析，找出相应行业或企业中规制效率低下导致企业制度性交易成本过高的表现，并分析其原因；结合相关理论知识提出提高规制效率、降低企业制度性交易成本的政策建议。

（三）技术路线图

本书技术路线见图1-1。

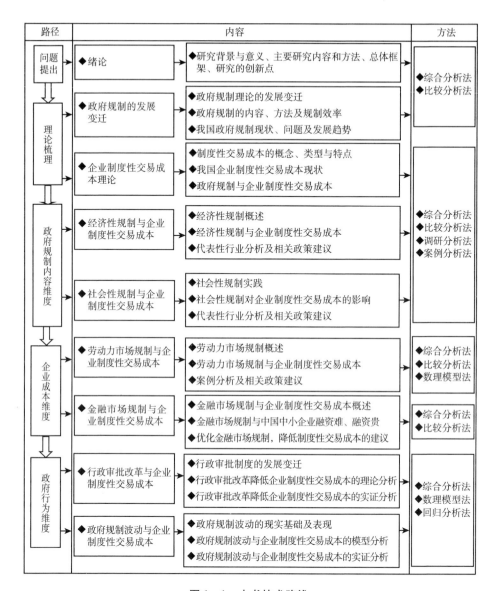

图 1 - 1　本书技术路线

三、研究内容及创新点

(一) 研究内容

本书主体内容总计八章，各章内容简要介绍如下。

1. 政府规制的发展变迁

从政府规制理论入手，首先介绍政府规制的相关概念和基本特征，并在此基础上对政府规制理论的内容与发展进行梳理，从理论角度让读者对政府规制有一个基本认识。其次，从经济性规制和社会性规制两个方面介绍政府规制的内容，并详细阐述规制者为达到规制目的所采用的几种方法。再次，重点介绍评价政府规制效率的成本-收益分析法的相关概念和影响政府规制效率的几个因素，并结合该方法对中国政府规制的实际情况进行分析，让读者对目前中国政府规制效率的现状产生基本认识。最后，对我国政府规制的现状及其存在的问题进行分析，总结未来我国政府规制的发展趋势。

2. 企业制度性交易成本理论

从交易成本的内涵和测度方法入手，引入制度性交易成本的概念，从不同维度对制度性交易成本进行分类，并提出制度性交易成本具有强制性、外生性和隐蔽性的特点。之后，对我国制度性交易成本的现状进行了分析和总结，认为我国的"降成本战略"虽已取得显著成果，但受制于不完善的制度体系和管理体制等，企业和政府实现降成本目标面临的形势仍然相对严峻。在此基础上，将政府规制与企业制度性交易成本有机结合，尝试解读二者之间存在的联系，提出政府规制可能会带来企业的必要性、额外性和负担性成本，并对政府规制行为下企业可能的行为选择进行了研究。

3. 经济性规制与企业制度性交易成本

从经济性规制的含义、内容、规制依据和机构三方面对经济性规制进行了概述。基于此，从整体出发，分析企业在政府价格规制、进入规制等规制过程中，存在的寻租成本、效率损失、时滞成本等企业制度性交易成本。将中国民航业作为代表性行业，梳理其进入规制、价格规制改革的历史和现状，从航线审批、市场进入、规制定价等多个角度深入探讨规制对企业制度性交易成本的影响。基于上述分析，本书认为，可以通过完善经济性规制法律体系、保障规制机构相对独立性、完善进入退出规制、放松价格规制与再规制等途径降低企业制度性交易成本。

4. 社会性规制与企业制度性交易成本

首先从社会性规制机构、方法和发展历程三方面总结我国社会性规制实践的相关特点，从总体视角分析产生于社会性规制不同环节的企业制度性交易成本，分析我国企业制度性交易成本偏高的原因。然后根据我国社会性规制内容的不同分别从环境规制、生产安全规制和产品质量安全三个角度，结合具体行业案例分析由于我国社会性规制活动而产生的企业制度性交易成本。基于对中国社会性规制现状的研究，本书认为在未来降低企业制度性交易成本的工作中，应重视采取创新规制制度改革、深化简政放权和整治规制缺位现象等措施。

5. 劳动力市场规制与企业制度性交易成本

从企业成本构成的角度，分析政府规制行为对企业用工成本的影响，核心问题是如何合理把握政府对劳动力市场干预力度，在健全劳动力市场机制的同时保证劳动力市场的活力及效率。本章基于劳动力市场规制含义及动因，探讨我国针对劳动力市场制定的规制政策对企业制度性交易成本产生的影响，在总结该影响表现形式的基础上，探究劳动力市场规制影响企业行为的作用机制，并结合中国实际，以国企高管限薪为例说明劳动力市场规制对企业制度性交易成本的影响。

6. 金融市场规制与企业制度性交易成本

从金融市场规制的含义、内容、规制依据和机构、银行业与证券业规制改革的历史和现状四方面对金融市场规制进行了概述。基于此，从整体上分析了金融市场规制对企业制度性交易成本的影响。一方面，防风险规制的加强、规制程序的简化降低了企业制度性交易成本；另一方面，制度安排不合理、规制力度加强和规制滞后导致企业制度性交易成本增加。就中小企业而言，通过梳理针对中小企业的融资规制的现状后发现，整体制度安排向间接融资倾斜是导致其陷入融资难、融资贵困境的直接原因。针对该问题，认为在未来金融市场规制改革进程中，应注重全面完善金融市场规制法律体系、深化规制主体改革和加强有效的金融市场规制供给三方面内容。

7. 行政审批改革与企业制度性交易成本

基于行政审批在我国政府规制手段中占有重要地位的基本事实，指出行政审批行为存在审批环节过多、审批范围过广、审批机构臃肿和审批效率低下等问题，这些问题将导致企业制度性交易成本增加。结合目前我国不断深化行政审批改革的现状，分析行政审批改革可以通过哪些途径降低企业制度性交易成本，并指出影响行政审批改革效果的几个关键因素。在理论分析的基础上，结合我国地级市层面的面板数据进行实证分析，表明我国过去几年的行政审批改革措施有效降低了各地制度性交易成本，且前述各因素对行政审批改革降低制度性交易成本的效果存在显著影响。

8. 政府规制波动与企业制度性交易成本

从政府规制行为方式入手，指出我国政府规制行为方式具有明显的波动性特点，且这种波动性表现为政府规制标准的波动性和政府规制执行的波动性。

根据客观事实情况分析政府规制行为波动的现实基础，并举例说明其具体的表现形式。基于政府规制行为波动的现实基础提出相关研究假设，建立理论模型分析政府规制行为波动产生的根源及其对企业投资行为产生的影响。除理论分析之外，还从实证角度检验前文理论的正确性，实证结果表明，政府规制行为波动性减小可以显著降低企业制度性交易成本。

（二）创新点

1. 系统研究企业制度性交易成本

现有文献对制度性交易成本的概念界定不清，相关性质归纳不准确。本书在有选择地吸收部分学者研究成果的基础上，结合我国企业经营的实际情况进行分析，认为企业制度性交易成本是微观主体在遵循政府制定的一系列制度时产生的成本，具有强制性、隐蔽性和外生性三个特点。梳理政府规制对企业制度性交易成本的影响，将由政府规制导致的企业制度性交易成本划分为三种类型，即企业出于责任而承担的必要性成本、政府规制行为变化带来的额外性成本和不当规制行为带来的负担性成本。以往研究制度性交易成本的相关文献都是在制度经济学的框架下进行定性分析，并未涉及制度性交易成本的测算。本书则尝试突破这种局限，利用制度性交易成本的非生产性特点，利用投入产出效率测算的方法来间接度量制度性交易成本，为该领域内的后续研究提供一个新的思路。

2. 全面分析政府规制效率对企业制度性交易成本的影响

现有文献都是孤立分析政府规制效率和企业制度性交易成本，本书将两个问题相结合，构建整体框架，分别从政府规制内容、企业要素成本和行为主体特点三个维度系统分析了政府规制效率对企业制度性交易成本的影响，全面讨论了政府规制效率影响企业制度性交易成本的作用机制，有助于后续研究者更好地理解二者之间的关系。

3. 研究政府规制波动对企业投资的影响

将政府作为企业发展的内生参与者纳入分析，并假定其为有限理性，同时不仅研究经济规制，还涵盖社会性规制。许多实证研究假定政府是企业发展的外生参与者和完全理性人，而本书则将地方政府描述为一个具有双重目标函数的有限理性人，并基于此深入探究政府规制波动产生的原因，通过理论模型和实证数据分析政府规制波动对企业投资行为的影响。

4. 研究行政审批对企业制度性交易成本的影响

目前国内研究的重点主要为经济性规制与社会性规制，对行政规制研究较少，而以行政审批为代表的行政规制贯穿企业从进入市场到退出市场的全过程，对企业的经营决策和成本状况具有重要影响。本书针对这一特殊规制行为对企业制度性交易成本的影响进行重点研究，分析行政审批对企业制度性交易成本的影响。

5. 系统研究劳动者权益规制对企业制度性交易成本的影响

以往研究关于政府规制的研究成果并未将劳动者权益保护作为独立的板块进行研究，通常都是将其作为生产安全规制内容的一部分，仅研究生产过程中对劳动者生命健康的保护，而本书紧密结合我国劳动力市场制度变迁及现阶段经济转型发展的制度背景，将劳动者权益保护的范围从生产过程扩展到劳动者在劳动力市场中的全过程，并探讨了不同水平的劳动力市场规制对企业行为的传导影响机理。

第二章　政府规制的发展变迁

政府规制是一个动态性和差别化的治理概念，需随着经济的发展、市场的深化等发生动态性的调整和变迁。自20世纪70年代以来，部分西方发达国家对价格规制、质量规制、进入规制、投资规制等政策进行了全面改革，逐步践行政府规制放松的政策。我国政府规制从理论探索到政策实践都起步较晚，规制制度演化体现出明显的路径依赖特征，路径依赖导致的过度规制充分体现在经济运行惯性和政策制定者的观念中，规制效率低，低效的政府规制极大地增加了企业制度性交易成本，给企业发展带来很多不确定因素。

第一节　政府规制理论

一、政府规制的含义、特征

（一）政府规制的含义

政府规制一词是由英语单词"government regulation"翻译而来，不同学者对政府规制概念的表述存在着一定差异。维斯库西（Viscusi, 2005）认为，政府规制是以制裁为手段，对个人或组织的自由决策的一种强制性限制。政府的主要资源是强制力，政府规制就是以限制经济主体的决策为目的而运用这种强制力。史普博（Spulber, 1999）认为，政府规制是行政机构指定并执行的直接干预市场机制或间接改变企业和消费者供需政策的一般规则或特殊行为。金泽良雄认为，政府规制是以市场机制为基础的经济体制下，以矫正、改善市场机制内在的问题为目的，政府干预和干涉经济主体活动的行为。植草益（1992）认为政府规制是社会公共机构（一般指政府）依照一定的规则对企业的活动进行限制的行为。萨缪尔森（Samuelson, 2008）认为，政府规制是政府以命令的方法改变或控制企业的经营活动而颁布的规章或法律，以控制企业的价格、销售或生产决策。梅尔（Meier，1988）认为，政府规制是指政府控制公民、公司或下级政府行为的尝试，是政府对社会范围内公民选择行为的限制。

综观上述学者的观点，可以从其中归纳出政府规制的关键构成要素：（1）政府规制的主体是国家机关；（2）政府规制的客体是各种经济主体；（3）政府规制的依据是各种法规或制度；（4）被规制经济主体的经济行为会由于政府规制而发生改变。依据这四个构成要素，可以将政府规制定义为：政府依照一定的法规直接或间接影响经济主体活动的行为。

（二）政府规制的特征

1. 主体的公共性

由于政府公共部门拥有强制力与行政权力，因此制定规制相关的法律法规和执行具体规制职能时的主体一般都是政府公共部门，这样才能够保证政府规制行为达到预想的效果。如果由个人或其他团体组织担任规制主体，一方面会使得规制政策的制定缺乏公信力，另一方面在履行规制职能的过程中会因缺乏强制力而无法落实部分规制政策。所以政府公共部门在矫正市场失灵较之个人或其他团体组织更具优势，由政府公共部门担任规制主体更为合适。

2. 对象的微观性

在具体实施规制的过程中，政府规制行为会对社会经济运行产生宏观层面的影响，但这种影响并不是通过宏观战略调整与指引来实现，而是通过影响市场主体的经济行为来实现，任何规制行为的作用对象都是市场主体的经济行为。这点体现了政府规制与国家宏观调控政策之间的区别。政府规制直接影响微观主体的运行成本和收益。

3. 范围的普遍性

政府规制是政府对所有市场主体进行的监督、管理与规范，任何市场主体都不具有特殊性，因此规制行为普遍地作用于所有的被规制对象，任何经济主体在面对相同规制标准时都应具有同等的地位。

4. 方式的限制性

规制机构通常会采用限制性的方式来影响市场主体的经济行为，即为了矫正市场配置资源过程中出现的失灵现象，禁止或减少阻碍市场机制调节资源配置功能正常运转的经济行为，从而提升资源配置效率。

5. 政策的动态性

制定规制政策主要是为了改善市场配置资源的效率，在市场经济发展的不同阶段，导致市场配置资源低效率的原因也各不相同。在制定相关规制政策时需要结合当前市场经济发展的现状和问题，有针对性地制定规制政策。因此，规制政策会在市场经济发展的不同阶段体现出明显的动态性。

二、政府规制理论依据

（一）政府规制与市场失灵

公共利益理论认为，由于市场失灵的存在，依靠市场自身的力量难以有效配置经济社会中的各种资源，因此需要政府规制作为市场在配置资源过程中的一种补充，避免出现市场失灵的现象，从而提高经济社会整体的资源配置效率。

1. 抑制垄断力量

在垄断的市场结构下，出于追求利润最大化的动机，垄断厂商会在商品边际成本等于边际收益（但小于商品价格）处进行生产，导致商品供给量小于社会最优供给量，经济资源未能达到最优配置。同时，处于垄断地位的厂商缺乏外部的竞争压力，企业本身也就没有改进生产技术和改善产品质量的动力，从而阻碍消费者福利的改善；和在位企业相比，垄断市场的潜在进入厂商存在明显的劣势，进一步阻碍了产品供给数量的增加。

政府规制的作用就是对垄断企业的经营行为进行约束，保证垄断与竞争的有机平衡。政府的垄断规制行为具有两个优点：第一，政府作为社会公共利益的代表，在制定垄断规制决策时，可以权衡不同消费者群体的福利损益，从全局角度制定出一个相对科学的规制措施，进而避免不同消费者群体间反复磋商而耗费的巨大成本；第二，政府手中具有国家行政权力，对垄断企业的规制具有强制性，被规制企业只能服从，并且政府还能在垄断企业经营过程中进行实时管理和监督，确保了规制措施实施的有效性。

2. 保证公共物品供给

公共物品是指消费者在消费这种产品的过程中，其他消费者不需要进行支付也可以享用的产品。公共物品导致市场失灵的原因主要有以下两点：一是公共物品的提供者虽然需要花费一定成本来进行生产，却无法通过向消费者收费来获得收益；二是即使公共物品的生产者被授予了向消费者收费的权利，在实际中也很难确定最优的公共产品提供数量。

由于公共物品具有非排他性和非竞争性，当排除未付费的消费者使用某一公共物品的成本过高时，公共物品就必须通过政府来提供。政府可以利用手中的强制力对公共物品的消费者征税，通过这种方式来解决"搭便车"问题，迫使居民对公共产品的供给做出贡献。但是完全由政府部门提供社会需要的全部公共产品也有可能导致产品供给低效的问题。

3. 处理市场外部性

外部性是指单个消费者或生产者的经济行为对社会上其他人的福利所造成的影响。由于个人经济行为的成本、收益和社会的总成本、总收益不一致，部分商品的供给数量会与其理论上的最优数量不一致，进而导致资源配置的无效率。科斯（Coase，1960）认为，如果产权能够很好地界定，并且交易成本相对较低，市场主体之间的协商交易就能够解决外部性问题，使得市场达到帕累托最优状态。因此，政府规制对于解决外部性问题来说，不是必需的。但现实中想要做到产权明确且交易成本较低是十分困难的，并且由于部分外部性问题涉及的经济主体数量较多，即使产权明确和交易成本为0，也不一定能够协商出一个大家都满意的结果。

相比之下，通过政府规制来解决因外部性导致的资源配置低效率就更容易取得良好的效果。例如环境问题和公共安全问题，虽然可以通过私人协商或司法程序来解决，但其成本可能较高，且难以让所有利益相关者都满意；而由专业的规制机构来集中做出决定，是相对科学和经济的，这也为通过政府规制部门来解决外部性问题提供了必要条件。

4. 矫正信息不对称

交易双方对产品拥有完全信息是市场可以合理配置资源的一个重要前提，但现实中产品的生产者却往往比消费者拥有更多关于产品质量与性能的信息，即供求双方存在信息不对称。但此时市场机制不能很好地发挥调节资源配置的作用，因为产品成交规模过小。

政府规制是缓解信息不对称负面影响的一个有效手段，由政府对产品质量和生产过程设立一个最低标准，企业只有在符合标准的基础上才能够进行产品生产，同时也向消费者提供了产品的部分信息，缩小了生产者和消费者之间存在的信息差距。这种方式成本较低，便于实现，而在制定产品标准和收集产品信息过程中产生的成本可以借助于国家强制力进行分摊，避免"搭便车"现象。

（二）政府规制理论发展

规制理论是20世纪70年代以后在产业组织理论基础上逐渐发展起来的，主要关注的是为什么要进行规制、规制者代表谁的利益、如何提升规制效率等问题。规制理论发展过程中，主要包括以下四种理论。

1. 对公共利益理论的批评

公共利益理论认为，政府应该对所有存在市场失灵的现象进行规制，规制的目的是保障所有公众的利益，而不是为了某一集团的利益。因此，公共利益规制理论作为一种规范分析，说明是公众的需求导致了规制的存在。很明显，公共利益理论的合理性是建立在三个前提假设的基础之上的：一是规制机构掌握被规制者生产经营活动中的全部信息，相对于被规制者而言不存在信息上的劣势；二是规制机构的目标效用函数与公众目标效用函数一致，规制机构并不会利用手中的权力而谋取私利；三是规制机构会严格履行其在规制过程中所做的承诺。

现实中，上述三个前提条件往往很难被满足，该理论并没能通过实证分析的检验。因此，一些经济学家对该理论提出了批评。庞瑟（Posner，1974）认为，公共利益理论假设成立的前提是如果完全凭借市场对全社会资源进行配置的结果是无效的，且通过政府规制的力量来改善资源配置效果的成本极低，这显然是不符合实际情况的。维斯库西（Viscusi，2001）认为，首先公共利益理论只是假定规制机构是为了改善社会福利状况而采取相关规制活动，但是这个假设只是主观推测，缺乏相应的实证结果支撑。并且公共利益理论只是对于政府规制行为的动机做出假设，并没有分析规制行为的过程，没有说明政府规制行为以怎样的方式促成社会福利的净增加。其次，许多经济事实和公共利益理论相反也导致理论难以让人信服。如铁路运输业、出租车行业和保险业这些既不是自然垄断的产业也不存在外部性，却一直实行价格和进入规制，从而容易引起对于其规制动机的质疑。

2. 规制俘虏理论

如果公共利益理论的前提假设成立，则规制机构为改善社会福利会对垄断厂商生产的产品制定一个相对较低的价格，相应的被规制机构的整体利润率也应该较低。但斯蒂格勒等学者在对美国的实际情况进行研究之后发现，受到规制的产业利润率明显偏高。截至20世纪60年代，从政府规制发展过程中的经验来看，规制提高了被规制产业内厂商的利润，因而是有利于被规制者的。政府规制行为一方面没能有效抑制垄断行业的产品价格上涨，另一方面却限制潜在竞争产业中外部厂商的进入，使得在位厂商可以持久地获取超额利润。这些事实经验为规制俘虏理论的产生和发展提供了事实依据。规制俘虏理论认为，规制机构的目标效用函数和公众目标效用函数并不完全一致，在执行规制职能的过程中，规制机构会在一定程度上追求自身利益的最大化。被规制者就针对规制机构目标效用函数存在利己性的特点，通过分享垄断利润的方式对规制机构进行寻租活动，进而"俘虏"规制机构，使规制机构为维持自身的市场垄断地位服务。规制俘虏理论的提出也为 20 世纪 80 年代西方发达国家放松规制的行为提供了理论基础。

与公共利益理论不同，规制俘虏理论认为政府规制行为不再是规制者追求社会福利最大化的产物，而是规制者、被规制者和消费者这三个具有理性人特点的参与者之间相互博弈的结果。虽然该理论中假设的"理性人"政府具有一定的现实基础，但也存在着明显的局限。现实中的确存在一些规制者与被规制企业进行权钱交易的现象，但不能以偏概全。例如，按照规制俘虏理论的假设，规制者的决策会受到多方利益的影响，为什么规制者最终选择和被规制者分享垄断利润，而不是和消费者分享福利改善的收益？又例如，受规制的铁路、航空和电信业中普遍存在的交叉补贴和偏向于小规模生产者等问题，这无法增加在位垄断企业的利润，因而无法说明政府规制都是有利于在位生产者利润增加的。

批判规制俘虏理论最为有利的证据是现实生活中存在着包括环境、产品质量及劳动者保障的社会性规制，这些规制内容大多都只会增加企业经营过程中的成本，不会给企业带来额外的收益，因而被很多企业视为沉重的经营负担。如果政府规制确实代价过高，就应该全面放弃，但现实并非如此，各国的规制政策在许多方面都起到了一定作用，公众也认为适度、有效的政府规制行为可以改善社会的整体福利状况。

尽管规制俘虏理论存在一定的局限性，其假设与现实情况也存在一些出入，但该理论还是表明了一种可能出现的状况，即规制者在缺乏外部监督的情况下，可能利用手中的权力在规制过程中与被规制者"串谋"，最终导致规制活动沦为规制者与被规制者共同谋取垄断利润的工具，而不是改善社会福利的工具。为了防止这种情况出现，就必须建立一个相对完整的规制监督体系，对规制者的行为进行监督，但规制体系的建立与维护又必然会增加大量的规制成本。

3. 激励性规制理论

传统规制理论的研究重点在于规制者是出于什么目的执行规制职能，以及规制行为能否改善由于市场失灵而导致的资源配置效率低下的问题。和传统规制理论不同，激励性规制理论将研究的重点集中在如何提高政府规制效率方面，即充分考虑规制者相对于被规制企业存在一定的信息劣势，且被规制企业与规制者目标函数存在差异的情况下，应该如何制定合理有效的规制政策规则。该理论主张不改变政府规制的整体结构，通过建立合理的竞争激励机制来诱导被规制企业提高生产效率和经营效率。

（1）特许投标制理论。这种方法最初是由德姆赛茨（Demsetz）引入政府规制研究领域，后经波纳斯提出了具有可操作性的政策建议。该理论的具体内容是：政府不将特许经营权直接授予某一厂商，而是将其作为标的向众多厂商进行拍卖，厂商需要在满足一定产品或服务质量要求的情况下参与竞拍，最终由报价最低的厂商获得该权利。但获得特许经营权的厂商并不是持久地保有这个权利，其权利保有通常都会有一定的时间限制，当规定期限来到的时候，政府又会针对特许经营权展开新一轮的竞拍。这种做法的好处表现在两个方面：一是通过竞拍过程可以实现企业间的相互竞争，最终的中标价格会相对接近该企业所产产品的平均成本，因此中标企业所获得的实际利润也就接近于平均利润率。二是由于在未来还会再进行新一轮竞拍，当期获得特许经营权的企业为了在下一轮竞拍中还能获得该权利，就必须在经营过程中不断降低成本，提升经营效率。这样在实现了对被规制企业的激励的同时，还能够确保在实际经营的过程中不会产生因过度竞争而带来的不良后果。此外，在竞拍的过程中，厂商结合自身情况进行报价，有效解决了传统规制中存在的信息不对称问题。

该理论克服了传统规制理论中存在的一些问题，但还是存在着一些不足：一是参加拍卖的企业之间有可能进行合谋，并且参与的企业越少，他们之间进行合谋的可能性也就越大。二是该理论在实行过程中缺少合理的企业退出机制。比如，某企业在上一期竞拍过程中胜出，但在该权利到期之后的新一轮竞标中失败，其投入的资产设备并未完全折旧，此时如果强制该企业退出就会导致资源浪费的问题。三是在企业获得特许经营权之后，受生产技术进步、市场需求改变和未来发展不确定性的影响，政府和企业签订的特许经营合同无法覆盖所有可能出现的问题，也有可能导致逆向选择和道德风险。

（2）区域间比较竞争理论。与特许投标制理论不同，区域间比较竞争理论是通过不同区域间类似企业的横向比较来激励被规制企业的。该理论的主要内容为：规制者在确定本地受规制垄断企业产品价格与质量时，可以选择独立于本区域的其他区域中受规制企业的相关情况作为参考标准。作为参考对象的企业应与本地受规制企业的生产技术相同且面临相似的市场需求，才能够保证参考标准的制定具有科学性。通过这种方式来刺激被规制企业提高经营效率、降低生产成本、提高服务质量。

该理论为解决规制者和受规制企业之间存在的信息不对称问题提供了一种方法，适用于市场空间受到地域限制而存在多个相互独立区域市场的情况。政府可将全国性垄断企业进行拆分，并划定每个拆分后企业的经营区域，使不同区域的企业之间形成一种间接竞争的格局，迫使他们相互竞争，提高自身效率。该理论在实际操作中存在局限：一是不同区域的企业在生产技术、市场需求和外部环境可能存在较大差异，各企业之间不一定具有可比性。二是如果参与比较竞争的企业较少，且相互之间缺少直接竞争关系，则这些企业有可能串谋，共同欺骗规制者。

（3）社会契约制度理论。社会契约制度理论又称为成本调整合同理论，是指规制者与被规制企业就与产品价格和生产成本有关的一些指标进行约定，并以契约的形式确立下来。规制者定期对被规制企业的契约执行情况进行考核，如果被规制企业在实际经营中未能达到契约要求则会受到惩罚，超额完成契约中规定的任务则会获得奖励。规制者正是利用这种奖惩制度来激励被规制企业降低生产成本，进而达到规制目标。这一方法广泛运用于美国电力部门，并在实践中取得了良好的效果。

（4）价格上限理论。价格上限理论是指规制者不直接对于产品价格做出明确的规定，而是划定一个产品出售的价格上限，该价格上限会随价格和企业生产技术情况进行适时调整，被规制企业可在不高于该价格上限的区间内自行选择产品的实际出售价格，通常情况下，价格上限理论可用以下模型表示：

$$P_t = P_{t-1}(1 + I_{t-1} - X) + Y$$

式中，P_t 和 P_{t-1} 表示规制者与被规制企业之间约定的第 t 期和第 $t-1$ 期可以选择的最高产品售价，I_{t-1} 为第 $t-1$ 期的物价上涨的情况，在实际操作的过程中，规制者通常会参考生产价格指数（PPI）或消费者价格指数（CPI）来确定产品物价上涨水平，X 为规制者对被规制企业指定的效率改进参数，Y 为不受企业控制的生产成本变动。

在这种价格确定规则下，本期的产品价格上限水平主要受到前一期产品价格上限水平、效率改进参数和物价上涨水平三方面因素共同影响。这种方式意味着规制者事先在生产效率提高的全部份额中预留出 X 归消费者所有，而被规制企业通过自身努力使得生产效率提高比率大于 X，那么超出的部分就归自己所有，因此，被规制企业就获得了一个降低生产成本和提高生产效率的激励。

价格上限规制优势体现在一方面可以让企业利用自身的信息优势获取少量的超额利润，通过这种方式达到激励被规制企业的目的。另一方面还能够不直接限制企业的利润水平，仅通过限制价格上涨幅度的方式来进行价格规制，赋予被规制企业一定的产品定价权，进而提高社会资源配置效率。该理论面对的最大困难在于如何确定一个合理的 X 值。

4. 可竞争市场理论

可竞争市场理论由鲍莫尔等（Baumol et al., 1983）在《可竞争市场与产业结构理论》中系统阐述。该理论认为，即使是自然垄断市场，只要企业没有沉没成本或沉没成本很小，市场外部的潜在进入者就会给目前行业内部的垄断者施加巨大竞争压力，迫使垄断厂商将产品价格定在不存在超额利润的位置，达到优化资源配置的目的。可竞争市场指的是存在于市场外部的潜在进入者威胁很大，能够给市场内部生产者带来巨大竞争压力的市场。该理论的分析建立在两个假设之上：一是不存在行业壁垒，企业可以自由进出，并且在位企业相对于那些后入企业而言，并不存在技术、成本和产品质量方面的优势；二是潜在进入者充分掌握在位企业的产品价格信息，并以此为依据来形成市场进入决策中的预期利润水平。在这两个假设前提下，潜在进入者便可根据对市场盈利性的判断而做出是否进入市场的决定，采取"打了就跑"（hit and run）的策略，在市场内部存在超额利润时进入市场，而在超额利润消失甚至为负时，由于不存在大量沉没成本，企业就会选择退出市场。

在上述假设和推论下，将可竞争市场的核心理论描述如下。

首先，可竞争市场内部任何企业都没有获得超额利润的可能性，如果有企业在经营过程中获得了超额利润，潜在进入者就会产生进入市场的动机，行业壁垒和先发优势的缺失使得后入企业很容易进入市场。后入企业只要制定比现有企业稍低的产品价格，就可以迅速抢占在位企业的全部市场份额，进而获取超额利润。为应对潜在进入者造成的威胁，在位企业只能制定一个仅包含平均利润的产品价格，通过这种方式防止潜在进入者进入市场与其发生竞争。由此可知，垄断并不会阻碍市场的竞争性，潜在进入者的威胁会让垄断企业放弃以获取垄断利润为目标的高位定价原则，而选择超额利润为零的定价原则。

其次，可竞争市场中所有企业都可以实现有效的资源配置。因为现有企业一旦存在内部资源配置无效的情况，被潜在进入者所察觉，那么从长期来看，效率较高的潜在进入者就会选择进入市场，通过竞争实现对现有企业的替代。所以现有企业必须不断提升自身生产经营效率以应对这种潜在威胁。

可竞争市场理论的分析结果具有十分明显的政策含义，即只要市场是可竞争的，即使是自然垄断行业也不存在超额利润与企业效率低下的问题，因而政府无须对现有垄断企业进行规制。同时，在市场进入方面，规制手段不应是提高准入门槛，而是应该降低产业进入和退出的市场障碍，创造可竞争的市场环境。不过，针对可竞争市场理论的假设与分析，还是应该看到该理论存在的局限：一是其假设潜在进入者进出企业的沉没成本为零很难做到；二是该理论认为后入企业在现有企业做出反应之前就能够组织生产并夺取现有企业的客户资源是不符合现实的；三是该理论在实践过程中，后入企业采取的"挑奶皮"（cream skimming）战略会让现有企业的垄断难以维持。

第二节　政府规制的内容与方法

一、经济性规制与社会性规制

（一）经济性规制

经济性规制"是在存在着垄断和信息不对称问题的部门，以防止无效率的资源配置的发生和确保需要者权利的公平为主要目的，通过被认可和许可的各种手段，对企业的进入、退出、价格、服务的质量以及投资、财务、会计等方面的活动进行的规范与限制"（植草益，1992）。经济性规制涉及的行业广泛，传统的规制内容包括价格规制与进入规制。

1. 价格规制

在市场经济条件下，商品和要素的价格都是由供求关系决定的。若垄断和信息不对称导致市场机制无法充分发挥其调节资源配置的作用，所产生的价格无法让社会福利最大化。此时就需要政府对产品价格进行规制，以矫正市场失灵。

价格规制主要包括以下几个方面。一是垄断企业价格规制。在垄断及自然垄断产业，厂商出于自身利益考虑，往往会制定较高的价格以获取垄断利润，消费者将付出更多的成本，经济社会也面临着效率损失，需要政府对垄断企业的产品价格进行规制。二是保护行业的价格规制。对一些具有需求刚性的产品（如粮食）而言，政府应对产品价格做出指导，一方面是维护社会稳定的需要，另一方面也是保障生产者利益的需要。三是对产品定价过程中存在的不当行为进行规制。由于产品生产者相对于消费者具有信息优势，部分商品生产者为了获取更多的利润，会向消费者传递虚假的产品信息，进行价格欺诈。因此，需要借助规制的手段规范产品定价行为，保护消费者权益。

价格规制包括价格水平决定和价格结构决定两方面，传统的规制价格水平决定方式有以下几种。

（1）边际成本定价法。边际成本定价法是指按照厂商所生产产品的边际成本作为商品销售价格的定价方式。依据经济学原理，采用这种定价法时，厂商生产产品的边际成本等于其销售产品的边际收益，资源实现了最有效配置，若以提升经济效率为最主要的目标，则这种定价方式是最合适的。但应该注意到的是，很多行业具有自然垄断性质的原因是具备规模经济效应，而厂商一般也是在规模报酬递增，即边际成本曲线低于平均成本曲线的位置进行生产。此时如果按照边际成本定价法来决定产品的销售价格，则会出现厂商的平均成本大于平均收益的情况，经营活动处于亏损状态。如果政府不对亏损的厂商进行补贴，厂商就有可能放弃经营而退出市场。同时，该方法还面临的另一个问题是，由于信息不对称，政府很难清楚地了解厂商的真实边际成本情况，所以在实际操作中采用这种方法也十分困难。

（2）平均成本定价法。平均成本定价法是指按照企业生产产品过程中产生的平均成本来制定产品的销售价格。这种定价方法在实际中往往比边际成本法更容易施行，因为厂商按平均成本将产品销售出去，不会面临亏损。但按照平均成本进行产品销售，垄断厂商的边际成本小于边际收益，资源配置情况还存在帕累托改进的余地，因而存在着效率损失。同时，这种定价方法和边际成本定价法一样会受信息不对称问题影响，难以确定真实的企业成本。

（3）公平报酬率定价法。公平报酬率定价法是指在制定产品价格时，结合厂商的成本构成和投资规模，允许被规制厂商获取自有资本的合理利润和负债资本的利息。这种定价方式的优势在于其可以对企业产生一种向上的激励，促使企业降低经营成本。被规制企业如果能够通过自身努力降低经营成本，在价格既定的情况下，由于成本降低而带来的超额利润就归企业所有。但这种定价方式存在两个比较明显的问题。第一个问题是在由客观原因导致生产成本上升之后，规制者会根据实际情况对被规制企业的产品价格进行调整，保证被规制企业获得公平报酬。这样就使得成本上升的压力完全被转移，企业自身不需要负担。第二个问题是被规制企业存在较为强烈的提供虚假信息的动机。因为在实际生产经营过程中，通过企业自身努力来降低经营成本很难做到，但是利用自身信息优势，向规制者提供虚假信息以提升规制价格却相对容易。因此，被规制企业很可能在自身利益的驱使下隐瞒真实生产情况。

上述三种方法是从价格水平的角度来确定产品价格，下面几种是从产品价格的结构方面考察规制价格确定的方法。

（1）拉姆齐定价法。拉姆齐定价法是指以相同成本生产出来的同一种商品，在保证生产者收支平衡的情况下，销售给不同需求弹性的消费者时，应该根据消费者需求弹性的不同来制定不同的价格，即根据消费者的不同来制定有差别的价格。按照这一原则制定出的拉姆齐价格是一种次优价格，之所以不是最优价格，是因为通过这种方式确定的产品价格并不是不同消费者群体愿意付出的价格，而是按照相同系数 R 打过折扣之后的价格。但拉姆齐价格保证了在厂商收支平衡之后消费者剩余的最大化，并且将一部分垄断利润分配给了消费者。

拉姆齐定价法的优点有两个，第一个优点是和垄断厂商基于利润最大化所确定的产品价格相比，拉姆齐价格会改善社会整体的福利状况，减少由于不完全竞争带来的福利损失。第二个优点是根据需求者的支付能力和需求弹性进行定价，尽量扩大产出，补偿生产者成本，更充分调动生产者积极性。但这种定价方法在实际运用中仍存在不足。一是拉姆齐定价是以消费者需求弹性为依据来制定不同的产品价格，这要求知晓每个消费者的需求弹性情况，而规制者通常没有充足的精力与信息做到这点。二是拉姆齐定价的思想是在保证厂商持续经营的条件下改善社会资源的配置效率，在价格产生的过程中并未考虑公平。如按照这种方式进行产品定价，则会导致需求弹性较小的那部分消费者支付价格较高，进而损害厂商利益，同时也与社会普遍服务的目标相矛盾。

（2）两部门定价法。公平、有效的产品定价应该反映生产的边际成本，但在前文已经分析过，如果对存在规模报酬递增的自然垄断企业按照边际成本定价，则会导致企业亏损。此时可采用两部门定价法来解决这个问题。两部门定价法是指消费者在购买商品时需要支付的价格由"门票"价格和从量价格两部分组成。此时消费者想要购买一项商品或服务，首先需要进行一个固定金额的支付（即"门票"价格），然后再按照消费者实际消费的商品或服务的数量进行支付（即从量价格）。将两部门定价和垄断企业的定价相结合，"门票"价格可以理解为消费者对垄断厂商固定成本的一种分摊，从量价格就成为产品成本的一种表现。采用两部门定价法既可以让垄断企业通过收取"门票"价格来弥补亏损，又可以按照产品的边际成本来收取从量价格，使商品价格一定程度上反映产品边际成本的变化。从社会福利和资源配置角度看，两部门定价虽然劣于边际成本定价，但优于平均成本定价。

2. 进入规制

政府对微观经济主体实行进入规制的目的是防止盲目投资而导致过度竞争。在一些自然垄断行业，如电力、自来水和邮政等，因为产品的生产特性，要求企业前期必须投入较多的不变成本，企业必须保持较大的生产规模才能保证稳定的产品供给，这也就决定了这些行业中只保留一家或少数几家企业是更加合理的情况。并且这些行业内部经营的沉没成本很高，大量企业的进入与退出会导致严重的资源浪费。因此对进入这些行业的企业数量进行控制，不仅有利于减少重复投资，而且还能够保障该行业商品和服务的有效供应。此外，在存在明显信息不对称的行业，如银行、保险、证券等金融行业中，由于消费者在进行商品或者是服务选购时，相对于企业存在明显的信息劣势，难以辨别产品或服务的消费过程中存在的潜在风险。因此需要规制者对这些行业设立一个进入门槛，从而保证消费者所接触到的产品和服务质量不存在过大的差异，从而降低信息不对称带来的消费者资产风险。

进入规制通常通过政府向被规制企业发放许可证的方式来实现。而企业获得许可证的方式有三种，即申报制、许可制和注册制。申报制需要企业按照某种格式向相关部门申请进入。许可制是指企业在没有得到相关部门的批准之前不能进入特定行业。注册制则需要相关部门对企业进行资格认证，确认企业是否符合进入市场的条件，并进行检验和注册，其后企业才有在特定行业活动的资格。无论企业想要以哪种形式获得许可证，都需要得到规制者的批准，否则就不能够进行营业。

（二）社会性规制

社会性规制是指"以保障劳动者和消费者的安全、健康、卫生、环境保护、防止灾害为目的，对产品和服务的质量以及随之产生的各种活动制定一定标准，并禁止、限制特定行为的规制"（植草益，1992）。进行社会性规制是由于市场中存在的外部性和信息不对称问题。目前，社会性规制主要包括环境规制、生产安全规制与产品质量规制。

1. 环境规制

环境是指人类赖以生存的自然空间以及其中会对人类生存和未来发展产生直接或间接影响的各种自然因素。在人类社会发展的过程中，这种资源是有限的，却又是必不可少的。由于在市场经济条件下，部分经济主体的生产（如排污生产）或消费（如使用化石能源）行为具有外部性，这种外部性导致个人经济活动对社会中其他人的福利产生影响。其中，负外部性会导致经济活动的社会成本大于个体成本，在存在负外部性的条件下，人们追求个体利益最大化会导致对环境资源的过度使用，从而引发一系列环境问题（如大气污染、水污染等）。这些环境问题不仅会影响当代人的正常生活，而且还会影响子孙后代的生存与发展。在市场自身无法解决由负外部性导致的环境问题时，就需要政府出面进行环境规制。

　　为保护环境，各国政府都采取了不同的环境规制措施，总结起来包括以下几点。

　　（1）制定标准。制定标准是指政府针对生产或消费过程中有可能产生的有害物质制定排放标准，只有符合相应排放标准的有害物质才能够进行排放。并且政府规制部门会针对企业或消费者的行为进行严格监督，对违规排放的行为主体进行处罚。依据制定标准的依据不同，可以将排放标准分为三类。第一类是基于技术的标准，即依据现有的技术水平，对被规制者所采用的排污技术措施做出规定。第二类是基于安全的标准，即以保障公众健康为原则，要求被规制者的有害物质排放量不得对公众健康产生危害。第三类是基于绩效的标准，即结合排污行为的边际社会收益和边际社会成本，按照边际收益和边际成本相等的原则制定排污标准。在上述三种制定排污标准的方法中，前两种都是以事实为依据，制定出的标准明确且易执行，但这些类似"一刀切"的方式会造成被规制者在降低排污水平方面失去灵活性与创新能力，使规制成本过高；基于绩效制定出的排污标准从整个社会角度来看是帕累托最优的，但对规制者的信息掌握程度要求较高，特别是在信息不对称的情况下，可能会使环境规制效果远远偏离预期目标。

　　（2）征收庇古税。英国著名经济学家庇古认为，环境污染问题日益严重的原因在于排污的私人成本小于社会成本，应该根据污染物所造成的社会损害情况对排污企业征税，增加排污的私人成本，使其与社会成本一致，进而使得外部效应内部化。后来，庇古的这种环境规制思想被运用于实践，规制者开始对于企业排污行为按照污染物的数量和质量征收不同的税费，即对排污企业征收庇古税。庇古税率就是使排污量等于最优污染水平时排污收费的费率。在对排污企业征收庇古税时，被规制者面临着三种选择：按原产量交税、减产或采用新技术来降低排污水平。在依照排放标准对排污行为进行规制时，企业所排放的污染物只要没超标就不会受到处罚，因此在标准未改变的情况下，企业进行技术改进，降低污染水平的动力就相对较小。但在征收庇古税的情况下，即使企业排放的污染物符合标准，还是要按照排放数量缴纳一定的税费，这样也就使得企业拥有开发技术、减轻污染的积极性。

　　（3）排污权交易。排污权交易是指规制机构制定某一地区或某一行业的排污量上限，将排污总量按照一定的方式出售或分配给被规制者。其中，分配出去的排污权是可以交易的，被规制者可根据自身情况来买入或卖出相应的排污份额，污染治理能力较高的企业可以通过出售排污权来获利，而污染治理能力较低的企业为了规避处罚只能购入排污权，这也就使企业的生产成本上升。

通常，排污总量是结合污染控制的成本与收益而确定的，在排放量最优时，污染控制的边际成本和边际收益应该相等。在分配排污权份额时，可采取按目前排放比例进行分配或通过拍卖方式进行分配两种形式。采用这种方式进行环境规制，可使得被规制企业受到较为明显的激励，不断减少污染物的排放。

2. 生产安全规制

生产安全规制是指规制机构针对生产过程中可能造成人员生命与健康损害的客体或行为实施的、旨在预防或减少生产过程中所事故发生率以及事故发生后对相关人员造成的伤害程度的规制政策与行为。进行生产安全规制主要是基于两方面因素：一是劳动者对工作场所安全及健康的风险认识与客观存在的风险不同，主观上感受到的风险与工作场所中实际存在的安全风险也常常出现偏差。如长期从事高风险职业的劳动者，常常相信凭借自身的经验可以有效降低工作中事故发生的概率，从而低估由工作中存在的风险。二是在实际生产过程中，企业和劳动者关于实际风险存在着信息不对称。如果企业向劳动者提供关于岗位风险的全部信息，劳动者就会根据实际的风险情况调整预期工资水平，进而导致企业用工成本上升。在自身利益的驱使下，企业存在很强的隐瞒风险的动机。

政府对生产安全进行规制，通常会采取以下两种方法。

（1）强制披露风险信息。强制披露风险信息是指强制企业将生产过程中存在的可能给劳动者带来生命威胁或健康问题的风险信息进行披露。这种方式一方面可以使劳动者对生产中存在的风险情况有清晰的认识，消除关于风险的信息不对称问题；另一方面还能够通过这种方式来矫正部分劳动者存在的不合理风险预期。运用这种方法最为典型的案例就是"化学品标签"规制。它要求企业在所生产或所使用的化学品容器外面全部都贴上有关风险警告的标签，并且依据标签颜色来进行危险等级区分，同时还要对可能与这些化学品产生接触的人员进行专业知识培训。

（2）制定安全健康标准。安全健康标准规制指的是通过直接规定生产过程的健康安全标准来保证劳动者健康和安全的规制活动。通过这种方式不能针对隐蔽的风险隐患，只能解决生产过程中直接影响劳动者健康的现实问题。通常所指定的安全健康校准主要包括技术标准和绩效标准两方面。技术标准是指规制者要求企业生产过程中必须具有一定数量的安全防护装置，或规定企业必须采用达到符合安全生产要求的防护技术。绩效标准是规制者仅对企业在生产过程中需要达到的安全生产绩效指标作出相关规定，至于企业采用何种方式达到该绩效指标，规制者不进行过多的干涉。

3. 产品质量规制

在消费者购买商品时，由于消费者是信息弱势方，无法准确判断商品质量，所以消费者在交易过程中就有可能由于所购买的产品质量不达标而遭受损失。退一步讲，即使消费者能够清楚地判断所有商品的质量情况，但由于部分因商品质量问题而导致的危害不能在当期显现，而是在长期内形成不良后果，这样就使得某些消费者为了短期利益而做出非理性选择。基于上述原因，需要对产品质量进行全方位规制，包括事前规制、事中规制和事后规制。关于食品质量规制的详细内容，本书在第五章将进行更为详细的阐述。

二、要素市场规制

（一）劳动力市场规制

劳动力市场是生产要素市场的重要组成部分，是以劳动力供求关系为基础的资源配置机制。劳动力市场规制则是劳动力市场上的各种制度设计与政策措施的总和，可以表现为政府以改善劳动力市场机制的内在缺陷为目的，通过一系列法规或制度干预劳动力市场上经济主体活动的行为。具体来看，劳动力市场规制涉及《中华人民共和国劳动合同法》（简称《劳动合同法》）、最低工资水平规制、就业保护规制及社会保障规制等多部分内容。规制部门以劳动力市场法律制度和劳动力市场政策两种实施方式为依托，开展对劳动力要素市场的管理和配置。

1. 劳动力保护规制

劳动力保护规制，是政府出于保护工人就业权利的目的，对雇主在雇用员工到解雇员工整个过程中进行的规制行为，包括解雇管理程序限制、提前通知和解雇费要求、固定期限劳动合同使用限制等多方面。

我国对于劳动力保护的规制，经历了一个较长的过程。1995 年 1 月 1 日，我国正式实施《中华人民共和国劳动法》（简称《劳动法》）。《劳动法》的宗旨是保护劳动者的合法权益，调整劳动关系，建立和维护适应社会主义市场经济的劳动制度，促进经济发展和社会进步。该法明确规定建立劳动关系必须签订劳动合同。所有企业、国家机关、事业组织、社会团体和与之建立劳动合同关系的劳动者均适用本法。从法律的层面将市场经济条件下的劳动关系纳入劳动合同的法制化轨道中。此后，以劳动合同作为市场化劳动关系的契合点加快了对国有企业、党政事业机关的改革，也逐步规范外资、三资、民营企业的劳动关系。1998 年我国政府明确提出了"劳动者自主择业、市场调节就业、政府促进就业"的方针，建立社会主义市场经济条件下的就业体制的目标得以明确。明确劳动者是劳动力市场的主体，坚持劳动力资源市场化配置，界定了政府在就业方面的作用。

随着法制建设和社会发展的推进，规范的劳动关系和劳动力保护显得越来越重要。为进一步明确劳动合同双方当事人的权利和义务保护劳动者的合法权益，构建和发展和谐稳定的劳动关系，2007 年 6 月 29 日第十届全国人民代表大会常务委员会第二十八次会议通过了《劳动合同法》，并于 2008 年 1 月 1 日开始实施。从法规条文上来看，该法案是对《劳动法》要求的具体体现和明确规定，是为了完善劳动合同制度、明确劳动合同双方当事人的权利和义务、保护劳动者的合法权益、构建和发展和谐稳定的劳动关系而制定的。《劳动合同法》适应了劳动力市场形势的变化和建设和谐社会的现实需要，是对我国社会主义市场经济改革过程中劳动力市场转型与培育的总结，是中国劳动力市场发育的一个重要里程碑，它标志着中国在充分利用市场机制配置劳动力资源的同时，开始注重对劳动力市场进行规制。《劳动合同法》加上《中华人民共和国就业促进法》（简称《就业促进法》）、《中华人民共和国劳动争议调解仲裁法》（简称《劳动争议调解仲裁法》）和《中华人民共和国社会保险法》（简称《社会保险法》）等法律的出台，标志着中国的市场经济体系中和劳动有关的法律框架基本建立。

在我国，《劳动合同法》是劳动力权益保护规制的最直观体现，它首次明确了通过雇佣合同来规范劳动力市场的改革。在"强资本、弱劳动"的格局下，该法案明确了企业解雇工人的诸多权利义务，保护劳动者的权益，力图纠正我国劳动力市场转型和发育中的失衡问题。同时，它重点关注了我国经济改革实践中劳动关系失衡、劳动者权益难以保护的现实，更进一步从力图平衡雇主雇员双方的利益关系出发，从法律的层面保障劳动者的合法权益。

2. 最低工资水平规制

最低工资水平规制，是指政府对于劳动的在固定时间内的最低报酬水平以法律制度的形式进行规定。具体来看，是指劳动者在一定时间内，如一个月内，或者双方协商的雇用时期内，按照要求完成劳动任务后，雇用者支付给劳动者的最低工资水平。制定最低工资水平制度主要是给用人单位规定所付工资的下限，从而保障员工的基本生活水平，改善劳动者因工资过低而不愿就业的情况。

我国最早在 1922 年制定了《劳动法案大纲》，首次提出最低工资。1949

年 9 月 21 日,《中国人民政治协商会议共同纲领》提出, 各级人民政府要在国家规定的最低工资基础上, 因地制宜, 制定符合本地经济状况和企业发展的最低工资制度。1993 年 11 月 24 日, 颁布了《企业最低工资规定》。1994 年施行《劳动法》, 该项法律中明确规定, 企业要严格执行最低工资制度, 支付的工资不得低于国家规定的下限。2004 年, 政府部门对 1993 年发布的《企业最低工资规定》进行部分修改和补充。2008 年《劳动合同法》则明确强调要在进一步加深最低工资制度的实施力度。到目前为止, 我国 32 个省市自治区都已经颁布了最低工资制度, 并且各级政府也结合当地发展状况和实际需要制订了符合当地的工资标准。

从我国普遍情况来看, 为劳动者支付工资既可以使用月度支付形式, 也可以采用小时支付形式, 因而最低工资标准也产生了两种衡量方式。从我国历来最低工资制度支付形式来看, 基本都是月度支付方式, 不过在 2014 年, 我国在法律规定中提出了新的补充说明, 即为劳动者支付薪酬时, 既可以按月支付, 也可按小时计算和发放工资, 因此在近几年两种方式都纳入数据统计范围中。

3. 就业保障规制

就业保障规制, 是指国家为了保障公民实现劳动权而采取的各种创造就业条件、扩大就业机会的行为。就业保障规制的主要目标包括以下几个方面: 一是对劳动者提供不断的与不同层次的培训, 使他们能够持续地提高技能与工作能力, 提高就业质量。积极促进就业, 扩大就业数量; 二是保障失业人员的基本生活, 适度提高失业保险与失业保障的待遇水平; 三是要实现符合条件的失业人员的 "应保尽保", 同时尽量扩大失业保障的覆盖面, 一方面最大限度地调动劳动者参与劳动力市场, 另一方面努力使劳动者获得公平、公正和相对稳定的就业环境, 构建和谐的劳动关系。

2008 年, 我国出台《就业促进法》, 提出就业是政府的责任, 国家应制定积极的就业政策, 保证符合就业条件、有就业需求的人员能够充分就业。同时, 它全面规定了政府促进就业的义务, 还以专章规定了公平就业, 规定了就业服务与管理、职业教育与培训、就业培训等, 从此我国就业工作有了强有力的法律支撑和制度保障。除此之外,《就业促进法》还提出对于妇女、儿童、残疾人等特殊劳动者的就业保障与劳动保护, 如在对妇女的就业保障中提到: 国家保障妇女享有与男子平等的劳动权利。用人单位录用人员除国家规定的不适合妇女的工种或岗位外, 不得以性别为由拒绝录用或提高对妇女的录用标准。用人单位录用女职工, 不得在劳动合同中规定限制女职工结婚、生育的内容。

我国的就业保障规制，从过去仅仅强调失业保险制度与积极就业政策的结合，转换为失业保障制度与劳动力市场建设的有机结合。明确要在完善第一劳动力市场的同时，积极建设第二、第三劳动力市场，让市场机制、政府规制和社会帮助共同发挥减少失业、促进就业的作用。

4. 社会保障规制

劳动者的社会保障是以国家或政府为主体，依据法律，通过国民收入的再分配，对劳动者在暂时或永久丧失劳动能力以及由于各种原因而导致生活困难时给予物质帮助，以保障其基本生活的制度。我国对于劳动者的社会保障经历了一个长期的发展过程。

1951 年 2 月，为适应计划经济体制发展，我国政务院颁布了标志着新中国的社会保险制度建立的《中华人民共和国劳动保险条例》（简称《劳动保险条例》）。《劳动保险条例》主要内容覆盖国有企业职工的养老保险和劳保医疗制度、机关事业单位的养老保险和公费医疗制度。典型特点是国家出资、单位管理，初步建立了国家为主体、单位共同担负责任的相对完善的社会保险制度。随着劳动用工制度、工资制度、劳动合同制度方面的改革及离退休职工人数的增加，养老保险制度改革迫在眉睫。1986 年 4 月，我国通过了《中华人民共和国国民经济和社会发展第七个五年计划》，首次在其中提出了要有步骤地建立具有中国特色的社会保障制度，这也是我国第一次提出社会保障的概念。在此之后，将试点主要集中在国有企业，先后于 1986 年、1991 年颁布了《国营企业职工待业保险暂行规定》《国务院关于企业职工养老保险制度改革的决定》等法规性文件。其中，《国务院关于企业职工养老保险制度改革的决定》则明确了要逐步建立起基本养老保险与企业补充养老保险和职工个人储蓄性养老保险相结合的制度。之后，为建立多层次保障体系，规制部门做了许多工作。1993 年 11 月，国务院发布了《中共中央关于建立社会主义市场经济体制若干问题的决定》《国营企业职工待业保险规定》等相关规定，针对养老和医疗保险的负担主体及统筹规则进行了明确，对失业保险的对象范围、待遇标准、救济内容等进行规定。1997 年，国务院发布《国务院关于建立统一的企业职工基本养老保险制度的决定》，对统账结合（社会统筹与个人账户相结合）的规模、结构和养老金计发办法进行明确界定。1998 年，国务院则针对医疗保险方面发布了《国务院关于建立城镇职工医疗保险制度的决定》。1999 年国务院颁布《失业保险条例》，把失业保险的覆盖面扩大到城镇所有用人单位及其职工。2003 年，《工伤保险条例》出台，为工伤保险制度确立了基本法律框架。2010 年 10 月，我国公布了《社会保险法》，并于 2011 年 7 月 1 日起正式施行。这是新中国成立以来第一部社会保险制度的综合性法律，确立了中国社会保险体系的基本框架。如今，我国的社会保险制度经过数十年的实践，已日趋成熟及完善。

依托于成熟的社会保险制度，政府实现了对于劳动者社会保障的有效规制，为劳动力市场的健康发展打下了坚实的基础。

（二）金融市场规制

金融市场也是生产要素市场的重要组成部分，是实现货币借贷和资金融通、进行各种票据和有价证券交易活动的市场。金融市场规制是指政府为了促进金融业的发展、弥补金融市场失灵、维护金融市场稳定、防范金融风险而对微观金融主体进行扶持、引导、规范和约束的各种制度设计和政策措施的总和。金融市场规制以出台法律法规为主要手段，以理性的行政干预为辅助手段。目前，金融市场规制主要包括对银行业的规制、对证券业的规制、对保险业的规制和对其他金融行业的规制，按照被规制者经营活动环节的不同可以分为进入规制、运营规制和退出规制三部分。

1. 对银行业的规制

（1）进入规制。在银行业进入规制方面，中资银行和外资银行的设立条件存在着一定的差异。其中中资银行在设立时需满足《中华人民共和国商业银行法》（简称《商业银行法》）中规定的五个条件，即：有符合《商业银行法》和《中华人民共和国公司法》（简称《公司法》）规定的章程；有符合法律规定的注册资本最低限额；有具备任职所需专业知识和业务工作经验的董事、高级管理人员；有健全的组织机构和管理制度；有符合要求的营业场所、安全防范措施和与业务有关的其他设施。外资银行的市场进入条件由《中华人民共和国外资银行管理条例》给出，具体涉及外资银行的组织形式、最低资本金规模、总资产规模、经营管理水平要求以及母国监管要求等方面的内容。

（2）运营规制。银行业运营规制主要包括银行资本充足率规制和银行经营范围规制。在银行资本充足率规制方面，首先使用行政手段提高我国四大国有商业银行的资本充足率；其次，在《商业银行资本充足率管理办法》中制定了详细和严格的资本充足率计算方法（巴曙松等，2005）；最后从风险管理和政策、资本充足率计算的并表范围、资本、资本充足率、信用风险和市场风险五个方面细化了信息披露的要求，以利于公众了解商业银行资本充足率的真实情况（李纪建和张学英，2006）。在银行经营范围规制方面，《商业银行法》

规定在我国境内，商业银行不得从事信托投资和证券经营业务，不得向非自用不动产投资或者向非银行金融机构和企业投资，国家另有规定的除外。

（3）退出规制。《商业银行法》规定，当商业银行已经或者可能发生信用危机，严重影响存款人的利益时，国务院银行业监督管理机构可以对该银行实行接管。接管的目的是对被接管的商业银行采取必要措施，以保护存款人的利益，恢复商业银行的正常经营能力。被接管的商业银行的债权债务关系不因接管而变化（黎四奇，2007）。《中华人民共和国银行业监督管理法》（简称《银行业监督管理法》）规定，在法定条件下国务院银行业监督管理机构不但可以对商业银行、农村信用合作社等吸收公众存款的金融机构以及政策性银行等实施接管，而且可以对金融资产管理公司、信托投资公司、财务公司、金融租赁公司以及批准设立的其他金融机构进行接管（孙效敏和秦四海，2005）。

2. 对证券业的规制

（1）进入规制。《中华人民共和国证券法》（简称《证券法》）从公司章程、主要股东及公司实际控制人的财务状况和诚信记录、注册资本、从业人员、风险管理与内部控制制度、经营场所和业务设施等方面对证券公司实施进入规制；《证券公司风险控制指标管理办法》主要是针对证券公司风险控制提出的详细约束，同时其中的相关条款也对经营不同业务的证券公司的净资本做出了准入规定；《证券公司监督管理条例》在上述规定的基础上对证券公司出资比例、出资形式以及证券公司管理人员的资质进行了进一步的限制。

（2）运营规制。证券业运营规制主要表现为对内幕交易行为的规制和对操纵市场行为的规制。对内幕交易行为的规制主要包括三个方面：首先，厘清内幕信息、内幕信息知情人以及内幕交易行为与其他证券交易行为的界限；其次，制定禁止内幕交易行为的强制性规范；最后，对内幕交易行为法律责任的追究。对操纵市场行为的规制主要包括两个方面：一是采取列举的方式在《证券法》中列出四种操纵市场行为，进一步明确规制范围；二是将操纵市场列为禁止从事的违法行为，如《证券法》规定了操纵市场行为所应承担的行政责任，即责令依法处理非法持有的证券，没收非法所得并处以罚款，《中华人民共和国刑法》（简称《刑法》）规定操纵市场行为情节严重的须承担刑事责任。

（3）退出规制。我国证券公司的退出方式主要分为破产退出和行政退出两种类型。在破产退出方面，《中华人民共和国企业破产法》（简称《破产法》）中明确规定，破产可作为证券公司退出的一种方式，当问题证券公司出现经营危机、严重资不抵债时，可由证券公司自身或其债权人向法院提出破产申请，按照《破产法》等相关法律法规完全退出证券市场。在行政退出方面，《证券公司风险处置条例》对濒临破产的证券公司做出了停业整顿、托管、接管、行政重组和撤销五种行政处罚措施。这五种行政处罚措施中停业整顿、托管、接管、行政重组存在恢复正常经营和市场退出两种可能，第五种措施撤销则属于直接退出市场；停业整顿、托管、接管、行政重组四种措施可部分并列使用，但总体上程度从轻到重。

3. 对保险业的规制

（1）进入规制。我国保险公司的市场进入主要受《中华人民共和国保险法》（简称《保险法》）相关条款约束。《保险法》规定在我国境内设立保险公司需要满足以下七个条件：一是主要股东具有持续盈利能力，信誉良好，最近三年内无重大违法违规记录，净资产不低于人民币二亿元；二是有符合本法和《公司法》规定的章程；三是有符合本法规定的注册资本；四是有具备任职所需专业知识和业务工作经验的董事、监事和高级管理人员；五是有健全的组织机构和管理制度；六是有符合要求的营业场所和与经营业务有关的其他设施；七是符合法律、行政法规和国务院保险监督管理机构规定的其他条件。

（2）运营规制。目前，我国政府对保险业运行的规制主要有以下四个方面：一是对保险业务的规制，主要包括保险业务范围的规制、保险条款的规制、保险费率的规制、保险合同的规制以及对同业竞争的规制等方面；二是对保险公司财务的规制，主要是对其资本金、资产、负债三个方面进行规制，实行政策性规定和实质性监督相结合的方式，规制的具体内容涉及寿险和非寿险的单独账户、分别管理制度、各种准备金提留制度、资金运用程度和范围的规定等；三是对保险资金运用的规制，我国保险规制立法的相关条款对在限制使用范围、资金运用比例等方面对保险资金的运用做出了较为严格的规制；四是对保险公司偿付能力的规制。

（3）退出规制。保险公司的市场退出行为有解散、撤销、破产三种。在破产退出方面，《保险法》规定，因公司合并、分立需要解散的，因股东会、股东大会决议解散的，出现了公司章程规定解散的事由的，经保险监管机构即银保监会批准后解散。但人寿保险公司解散的情况只有三类，即分立、合并、依法撤销，除以上三种情况外不得解散。在撤销退出方面，当《保险法》中规定保险公司因违规经营行为被银保监会依法吊销了经营保险业务许可证或保险公司的偿付能力低于保监会要求的标准这两种情形出现之一时，银保监会可以依法撤销该机构并予以公告。在破产退出方面，保险公司到期无法清偿债务，并且资不抵债或明显缺少清偿债务能力的，经过银保监会批准，保险公司或其债权人可以依法向人民法院申请重整、和解或申请清算组进行破产清算。在我国实际中，由于考虑到保险公司破产会对社会造成不利影响，我国一般会对经营失败的保险公司采取责令整改或接管的方式，一般不会立刻宣布破产、使其退出保险市场。

第三节 政府规制效率

一、政府规制的收益与成本

（一）政府规制收益

政府规制行为通过规制法规界定了规制者和被规制者的权责范围，这种范围的划分可以使得经济主体更有动力去充分利用资源，进而提升资源的配置效率。政府规制作为经济制度的一个重要组成部分，通过明确划分各个经济主体的权责范围，可以有效减轻垄断、外部性和不完全信息等因素对市场配置资源效果的负面影响，提高资源的整体配置效率，增加消费者剩余和生产者剩余。因此，可以将由于政府规制行为改善市场资源配置效率而带来的消费者剩余和生产者剩余的增加看作政府规制的收益。如对居于垄断地位的企业进行规制，可有效增加产品供给量并降低产品价格，改善消费者福利。又如对企业生产过程中的排污行为进行规制，可有效改善环境，提升民众的幸福感与满足感。这些因为政府规制行为给当事人和社会带来的福利增量都可以看作政府规制的收益。

政府规制的收益可以按照受益对象的不同划分为两类，即私人收益和社会收益。规制的私人收益指的是被规制者自身在受到规制之后，其经营利润和没有受政府规制时相比出现的增加。一个比较直观的例子是在垄断市场中，进入规制可以形成相对较高的市场进入门槛，替在位企业消除潜在进入者威胁，帮助其长期保有垄断利润。此外，产品质量标准的提升会强制一些企业退出行业竞争，从而提升了剩余企业的盈利能力。政府规制的社会收益是指实行规制后资源配置的非效率性和分配的非公正性得到抑制，社会总体福利得到增加。如金融市场中对有价证券的发行者实行强制信息披露，可以有效降低投资者由于信息劣势而产生的投资风险，使社会总福利得到增加。

（二）规制成本

1. 直接成本

政府规制的直接成本可分为规制政策的制定成本和执行成本。政策的制定成本主要有三个组成部分。第一部分是材料收集成本，即在制定具体的规制政策之前，需要了解相关领域的现状，因而需要大量地收集该领域内的相关信息和材料，在收集过程中会产生大量的成本。第二部分是分析成本，即规制部门组织专业人员对收集到的相关材料和信息进行分析，对将要进行规制的领域内现有状况有一个全面的认识，找出问题所在，为接下来的政策制定提供依据，分析过程通常也会产生较多的时间成本和人员成本。第三部分是制定成本，即针对目标规制领域中存在的问题制定相应的规制政策，为了保证规制政策的科学性与合理性，通常在制定政策内容时要反复论证，政策颁布前要举行听证会听取各方意见，政策颁布之后还要根据实施情况及时进行修订。规制政策制定的这些环节都需要花费大量的成本。规制的执行成本可分为两个组成部分：第一部分是规制机构的维护成本，即为了保证各个规制机构的正常运转需要进行支付的人员费用和设备费用等；第二部分是规制政策的实施成本，即处理规制相关的文件、执行规制机构决定所需要花费的成本。

2. 间接成本

政府规制的间接成本包括四个组成部分。第一部分为效率成本，即政府规制活动有可能使得被规制者的实际经济活动偏离最优决策而造成的效率损失及效率成本；第二部分为转移成本，即规制政策可能会造成收益从一方转移到另一方，形成财富的再分配效应，反映了规制实施或改变后不同经济主体的受损或获益情况；第三部分为寻租成本，即一些特殊被规制者企图收买规制机构，确保自己获得政府"特许"或帮助而支付的费用；第四部分为反腐败成本，即为了防止规制者滥用手中权力而出现寻租行为，需要建立一个相对完善的反腐败体系，该体系的建立和运营所花费的成本就是反腐败成本。

3. 企业成本

政府规制的企业成本并非指被规制企业经营过程中所产生的全部成本，而是指被规制企业由于政府规制活动导致经营过程中新产生的成本，这个成本可以表现为生产成本的上升，也可以表现为经营效率的降低。面临社会性规制的企业通常情况下会因为政府规制行为导致生产成本上升，从目前的情况来看，世界各国社会性规制的力度都有日益增强的趋势，如环保要求不断提升、产品质量要求不断提高、对生产过程的安全控制愈发严格等，这也就必然导致企业的经营成本上升。受到垄断规制的企业则更多地表现为经营效率的降低，如在垄断行业中以公平报酬率定价方式实行价格规制时，由于市场竞争和内部激励机制的同时缺失，导致企业缺少提高经营效率的动力。

二、影响政府规制效率的因素

虽然对政府规制行为进行准确的成本-收益分析十分困难，但是可以从政府规制行为成本和收益的角度总结出影响政府规制有效性的因素。

（一）信息掌握程度

政府规制行为取得预计效果要以掌握完全信息为前提，但现实中规制者可能会因为以下原因导致其在履行规制过程中处于信息劣势，无法采取最优的规制行为方式：一是在政府部门内部没有市场信息的传递渠道，无法形成指导资源优化配置的市场价格，在对被规制企业进行产量和价格规制时，难以准确了解企业自身的成本和需求结构。二是政府规制部门难以准确知晓企业生产的成本情况，一方面是因为政府没有充足精力对所有企业进行审计，另一方面是因为第三方审计机构存在被企业收买，进而包庇企业的风险。三是由于被规制企业可以利用自身的信息优势来躲避规制，因此企业存在向规制者隐瞒自身实际情况的动机。四是规制机构在收集被规制者信息时缺乏有效激励，存在不严格履职的风险。

（二）规制者的自主裁决与寻租

规制是以法规为基础来实施的。由于有关法规表述并非完全严谨，存在着法规难以表达清楚的地方，因而规制者拥有一定的自主裁决权。例如，在实施进入规制中，如果准入条款存在一定的灵活性，那么现有企业便会游说规制者提升行业进入门槛，限制其他企业进入行业，从而确保自己能够获得超额利润，由此导致寻租行为。寻租使被规制企业得到超额利润，由寻租行为所产生的费用最终会转嫁到消费者头上，导致消费者剩余减少。这种因为企业寻租行为而产生的费用是一种严重的资源浪费。

（三）规制者约束机制的完善程度

如将政府规制行为看作一种商品，则政府是提供这一商品的垄断厂商，并且该垄断厂商的行为难以进行监督。在此情况下，难以确保政府运用行政垄断权利对市场经济主体进行规制能够完全代表社会利益、提高资源配置效率。同时，政府所扮演的角色并不仅仅是纠正资源无效配置的规制者，其目标函数是多元的。通常情况下，政府不仅要促进本地经济发展，提升居民收入水平，还需要维持社会稳定，保障居民生命财产安全，改善社会整体福利状况。在不同的外部环境和考核机制下，地方政府会利用手中的权力挪用社会资源，去完成不同的目标。

（四）规制行为的时效性

政府部门在实施规制行为之前，首先需要通过各种渠道收集信息，其次根据得到的信息对是否需要进行规制的问题进行综合判断。如果确定应当进行某项规制，则必须根据所收集的信息进行下一步的研究，确定规制的标准或方式。再依照制定的内容对被规制者进行规制。为保证规制行为的科学有效，每一步骤都需要进行细致的研判，相应地也需要耗费大量的时间。同时，规制行为准则确定之后，在未来一段时间内都不太可能进行调整。而某些行业发展迅速，行业内部环境变化较快，就必然产生规制的滞后性问题。

（五）规制的委托代理问题

从理论上讲，规制是政府代理社会公众行使权力对被规制者经济活动进行的影响和限制，规制者的目标函数必须与社会公众的目标函数相一致，但在实际中，执行规制职能的机构或个人的目标函数除了包含社会公众利益，还包括个人利益。当个人利益和社会公众利益发生冲突时，可能无法保证规制机构严格依法实施规制行为。如规制机构的管理者可能出于自身的利益考虑而不断扩大规制机构规模，导致政府规制成本迅速增加，规制效率降低。又如规制者在制定和执行规制政策时，被被规制者所俘虏，导致政府规制无法代表公众利益。

三、政府规制成本-收益分析的实证研究

（一）西方国家政府规制成本-收益分析的研究成果

政府规制的成本-收益分析是评价政府规制有效性的一项常用分析工具。在前期的研究中，部分学者已经使用该分析工具来评价本国政府规制有效性，其中又以美国的规制成本-收益分析研究成果最多，表2-1和表2-2展示了部分美国政府规制成本-收益分析的研究成果。但是除美国以外，其他国家在

该领域内的相关研究成果不多，只有少数几个发达国家曾做过此项工作，且评估工作进行得并不系统，结果也不够精确，表2-3展示了部分国家政府规制的成本与解除规制的收益。

表2-1　　　　　　　　　美国社会规制的年估计成本与收益　　　　　单位：亿美元

部门	成本	收益	来源
环境	554~776	16.5~35.8	哈斯拉和科普（Hazilla and Kopp，1990）；弗里曼（Freeman，1990）波特尼（Portney，1990）
高速公路安全	64~90	254~457	克兰德尔（Crandall，1988）
职业安全与卫生	85~90	—	克兰德尔（1988）；登申（Dension，1979）；维斯库西（1983）
核电	53~76	—	利顿和诺德豪斯（Litan and Nordhaus，1983）
药品	<15~30	—	佩尔兹曼（Peltzman，1973）
平等就业机会	9	—	韦登鲍姆和德菲纳（Weidenbaum and Defina，1978）；利顿和诺德豪斯（1983）
消费者产品安全	>0.34	—	总统执行办公室（Executive Office of the President，1990）
总计	780~1071	419~1815	—

资料来源：罗伊思·古阿什，罗伯特·W.汉恩，古月.规制的成本与收益：对发展中国家的寓意[J].经济社会体制比较，2004（1）：67-77.

表2-2　　　　　　　　　　　　美国政府规制的成本　　　　　　　单位：十亿美元

规制类型	1977年	1988年	1991年	2000年
环境规制	42	87	115	178
其他社会规制	29	30	36	61
经济规制	120	73	73	73
过程规制	122	153	189	221
小计	313	343	413	533
经济规制转移	228	228	130	130
总计	540	540	542	662

资料来源：罗伊思·古阿什，罗伯特·W.汉恩，古月.规制的成本与收益：对发展中国家的寓意[J].经济社会体制比较，2004（1）：67-77.

表 2 - 3　　　　　　　　　　规制的成本与解除规制的收益　　　　单位：占 GDP 的百分比

国家、经济体	规制成本	解除深层经济规制的计划收益	数据来源
澳大利亚	9 ~ 19	5.5	经济合作与发展组织（1996）；工业委员会（Industry Commission，1995）
加拿大	11.8	—	米拉尔（Mihlar，1996）
欧盟	—	4.5 ~ 7	埃默森等（Emerson et al.，1988）
德国	—	0.3	利普希茨等（Lipschitz et al.，1989）
日本	—	2.3 ~ 8.7	经济合作与发展组织（1997）
荷兰	—	0.5 ~ 1.1	辛德伦等（Sinderen et al.，1994）
美国	7.2 ~ 9.5	0.3	霍普金斯（Hopkins，1992）；温斯顿（Winston，1993）

　　资料来源：罗伊思·古阿什，罗伯特·W. 汉恩，古月. 规制的成本与收益：对发展中国家的寓意 [J]. 经济社会体制比较，2004（1）：67 - 77.

　　从各国之前对于本国政府规制行为的成本 - 收益分析来看，结果存在一些较为明显的缺陷：首先，无论是在计算规制成本还是规制收益时，选取用于估计的指标都存在较大的主观性，最终的取值都不甚精确，多数结果都是粗略的估计，并给出区间范围。其次，在进行规制成本分析时，也仅仅是大致估计政府规制的直接成本，即和政府规制活动有关的支出，其中并不包含政府规制行为的机会成本。但在实际中，由于政府规制行为使被规制者经营活动偏离其最优决策所带来的机会成本却十分高昂。鉴于成本-收益分析结果存在上述两个问题，在看待上述研究成果时，应采取谨慎参考的态度。

（二）我国政府规制行为的成本 - 收益分析

1. 我国政府规制的成本

　　由于缺少反事实对照组，政府规制行为的机会成本很难精确地衡量，但政府规制活动的直接成本可以通过政府规制机构的规模和支出情况进行综合判断。我国规制职能几乎全部都由政府部门来完成，因此在分析我国政府规制成本时，相关部门的人员编制和预算支出成为规制成本的一个参考依据。政府规制相关部门的人员编制数量总体上在不断增加，这种编制的增加一方面反映相关部门的工作量随着经济总量的扩大而不断增加，即完成一项工作需要比以前更多的人手，另一方面也反映出我国政府规制部门权限的扩张，即需要设置新的岗位来处理新的问题。相较于人员编制数量，规制部门的支出预算能够更加直观地反映政府规制活动的成本。而政府部门的支出预算的增长趋势则说明政府规制成本仍在不断上升，这也和有关部门人员编制规模不断扩大的事实相契合。

2. 我国政府规制的收益

由于政府规制所涉及的范围广、涵盖的内容多，且各项政府规制内容间的异质性较强，所以很难找到统一的指标来评价我国各项政府规制工作的收益，较难实现各项规制活动收益的横向比较。但是对于同一项规制内容，如环境规制、生产安全规制和产品质量规制等，可以通过观察不同时间点的规制绩效指标来进行纵向比较，判断各项规制活动收益的动态变化情况。

表 2－4 中呈现了我国部分环境规制指标随时间变动的情况。从表中数据可以看出，虽然近几年来我国"三废"排放量仍然在不断增加，环境负担仍然在不断加重，但是我国目前仍然是一个发展中国家，经济建设仍是现阶段的主要任务，因而每亿元 GDP 的废弃物排放量在评判我国环境规制收益方面更有参考价值。从单位 GDP 所排放污染物的情况来看，近几年我国每亿元 GDP所付出的环境代价明显下降，经济发展过程更加环保，同时也可以说明我国环境规制收益正在不断增加。

表 2－4　　　　　　　　　　　　环境规制绩效指标

年份	工业废气排放总量（亿立方米）	工业固体废物产生量（万吨）	废水排放总量（亿吨）	每亿元 GDP 工业废气排放量（亿立方米）	每亿元 GDP 工业固体废物产生量（万吨）	每亿元 GDP 废水排放量（万吨）
2001	160863	88840	428.400	1.451	0.801	38.642
2002	175257	94509	439.500	1.440	0.776	36.108
2003	198906	100428	460.000	1.447	0.731	33.474
2004	237696	120030	482.400	1.469	0.742	29.807
2005	268988	134449	524.500	1.436	0.718	28.000
2006	330990	151541	536.800	1.508	0.691	24.462
2007	388169	175632	556.800	1.437	0.650	20.615
2008	403866	190127	571.700	1.265	0.596	17.908
2009	436064	203943	589.700	1.251	0.585	16.920
2010	519168	240944	617.300	1.260	0.585	14.979
2011	674509	326204	659.200	1.382	0.669	13.510
2012	635519	332509	684.800	1.180	0.617	12.715
2013	669361	330859	695.400	1.129	0.558	11.728
2014	694190	329254	716.200	1.083	0.513	11.168
2015	685190	331055	735.300	0.999	0.483	10.719

资料来源：根据《中国统计年鉴》整理。

　　表 2 - 5 呈现了近年来我国产品质量规制相关绩效指标随时间变动的情况，从表中数据可以看出，我国产品优等品率和产品抽检合格率总体呈上升趋势，产品质量损失率则呈下降趋势，说明我国产品质量规制收益不断增加，政府规制效果显著。但 2015 ~ 2017 年，产品质量损失率急剧上升，产品抽检合格率和优等品率下降，说明在这期间，我国产品质量规制收益在减少。

表 2 - 5　　　　　　　　　　　产品质量规制绩效指标　　　　　　　　　单位：%

年份	优等品率	质量损失率	产品抽检合格率
2001	27. 75	0. 58	75. 80
2002	24. 64	0. 33	78. 40
2003	31. 49	0. 46	78. 40
2004	27. 76	0. 37	76. 90
2005	39. 00	0. 38	75. 60
2006	50. 41	0. 36	77. 40
2007	48. 46	0. 25	81. 00
2008	54. 59	0. 25	84. 50
2009	58. 42	0. 35	87. 80
2010	70. 75	0. 25	87. 60
2011	57. 64	0. 25	87. 50
2012	53. 37	0. 18	89. 80
2013	75. 03	0. 09	88. 90
2014	68. 19	0. 19	92. 30
2015	67. 30	0. 98	91. 00
2016	64. 80	1. 90	91. 50
2017	57. 10	2. 03	91. 50

资料来源：根据《中国统计年鉴》整理。

　　表 2 - 6 展示了我国安全规制的部分绩效指标。从总体来看，2013 ~ 2017 年，我国安全事故发生总数持续下降，且生产安全事故中死亡人数也不断减少，说明近年来我国生产安全规制效果十分显著，有效消除了部分隐藏在生产过程中的安全隐患。同时，我国经济规模不断扩大，但每亿元 GDP 所产生的生产安全事故数量却大幅下降、死亡人数明显减少，说明我国生产安全规制效果不断改善，不仅消除了安全隐患，而且还在很大程度上降低了安全事故损失，也就相当于增加了生产安全规制收益。

表 2-6　　　　　　　　　　　生产安全规制绩效指标

年份	总计		每亿元 GDP	
	事故发生数（起）	死亡人数（人）	事故发生数（起）	死亡人数（人）
2013	309303	69453	0.522	0.117
2014	305677	68061	0.477	0.106
2015	281576	66182	0.410	0.096
2016	63205	43062	0.085	0.058
2017	52988	37852	0.065	0.046

资料来源：根据《中国统计年鉴》整理。

四、规制失灵与规制放松

如前文所述，政府规制的目的是矫正市场失灵，弥补市场再资源配置种的缺陷，提升资源配置效率。但是在现实中，政府规制并非解决一切市场失灵问题的"灵丹妙药"，当政府规制行为无法提升甚至降低资源配置效率，或规制的社会收益小于由于规制所带来的社会成本时，我们可称之为"政府失灵"或"规制失灵"。

（一）规制失灵的原因

1. 信息不对称

信息不对称问题会导致规制部门在有效信息缺失的情况下做出非理性决策。规制过程中的信息不对称主要体现在以下几个方面：一是规制部门的信息来源渠道主要由外部获取和被规制者上报两个，由于资源和精力的限制，规制者很难通过外部审计和调查了解被规制者全部的信息，同时，因为没有全程参与到企业的生产和经营过程中，规制者很难确定被规制者所上报信息的真实性。二是被规制者存在上报虚假信息的激励。因为被规制者所上报的成本情况是规制部门进行产品定价的关键信息，出于自身收益考虑，被规制者有动机去上报过高的成本信息，为自己留下相对广阔的盈利空间。三是规制者缺乏主动收集信息的激励。因为政府规制的执行者大多都是政府工作人员，在收集被规制者真实成本信息方面缺乏有效的激励。

2. 目标函数不一致

这里所指的目标函数不一致指的是政府、规制的执行部门和被规制者之间的目标函数差异明显。首先，作为规制的主体，政府的目标函数是多元的，在制定规制目标时，不仅要考虑公共利益和经济效率的提升，还会考虑社会稳定、政治选举等因素，因此由政府制定出的规制目标就存在着偏离公共利益的可能。其次，规制执行部门的主要目标是增长自身行政权力和不断扩大部门规模，与政府规制部门间存在差异，所以在具体进行规制时容易产生与目标间的偏差。最后，从被规制者的目标函数来看，作为厂商，在竞争市场环境下其经营目标主要是改进技术、降低成本来实现利润最大化，而作为被规制者，在市场已经形成严格的准入规制门槛之后，其主要的经营目标就变成了如何长期维持垄断地位，技术创新和经营效率提升便处于相对次要地位。在政府规制具有多重委托代理关系的情况下，委托者和代理者间目标函数的不一致将导致政府规制效果不甚理想。

3. 寻租行为

政府规制过程中的寻租行为不仅是学者们研究的重点问题，而且是社会舆论关注的焦点。该问题之所以能够引起人们的广泛关注，是因为政府规制双方的特点使得规制过程中有较高可能性发生寻租行为。政府规制部门有权决定规制制度的具体内容，对违反规制制度者的惩罚拥有一定的自主裁量权，同时作为规制制度的唯一供给者，其本身也处于垄断地位，且缺乏外部监督。当规制部门的目标函数和公共利益不一致时，就有可能产生寻租的动机。在被规制者方面，由于被规制者自身的盈利情况受规制制度的影响巨大，相比之下寻租的成本要低很多，因而其主观上具有向规制者行贿的可能性。例如，处于垄断地位的被规制者，由于"公平收益率"的存在，且市场内部没有其他竞争者，相比于进行技术创新和提高生产效率，维持其行业垄断地位可能对于被规制者来说更加重要，所以被规制者就有可能会主动向规制部门的官员行贿，通过设立严格的准入限制来阻止其他企业进入市场，以此确保自己能够在长期中获得利润。

4. 外部环境的变化

政府对微观经济主体的规制必须要以市场失灵为前提，否则，政府规制行为不仅难以达到维护公共利益的预期，还会损害社会福利。客观环境的变化有可能导致市场配置资源的效率发生改变，进而导致一些政府规制行为的无效率。技术的进步首先会在一定程度上改变市场配置资源的效率，如电子通信技术的进步使得电信行业的初始投资大大减少，以往需要大规模投资且沉没成本很高的长途通信市场渐渐失去了垄断市场的特点，企业并非规模很大才能够开展业务，这也就为其他企业进入该市场提供了可能。市场竞争性特点的不断增强使得一些过去长期中存在的市场进入门槛显得多余，从而导致"规制失灵"

现象的产生。

（二）选择性的规制放松

政府规制作为一种矫正市场失灵的制度安排，却在实施过程中由于前文所述原因而不断暴露自身局限性，加上规制机构的不断膨胀，使行政费用不断增加、财政负担持续上升，许多国家在 20 世纪七八十年代掀起了"规制放松"浪潮。"规制放松"是指政府取消或放松对自然垄断或其他产业的进入、价格等方面直接的行政、法律监管，是对政府规制失灵的一种矫正。从目前各国"规制放松"的进程来看，被放松的规制都集中在经济性规制领域，但也仅仅表现为力度的减轻或范围的缩小。而在社会性规制领域，不仅没有和经济性规制一样体现出放松的态势，反而还呈现出不断强化和逐步细化的特点。

第四节 我国政府规制现状、问题及发展趋势

一、我国政府规制的现状

（一）规制法律法规不断健全

健全的规制法律体系是保证政府规制行为合理性与有效性的前提，对政府规制立法一方面可以确定规制机构的目标领域或行业，明确政府规制的主体与客体；另一方面还可以划定规制机构的权限，防止规制权力的滥用。近年来，我国的政府规制法律体系不断健全，在经济性规制领域和社会性规制领域均形成了综合性法律法规与专门法律法规相结合的法律体系。以经济性规制为例，该领域内我国已经颁布了《中华人民共和国反垄断法》（简称《反垄断法》）和《中华人民共和国反不正当竞争法》（简称《反不正当竞争法》），并在此基础上颁布了《工商行政管理机关禁止垄断协议行为的规定》《工商行政机关禁止滥用市场支配地位行为的规定》和《工商行政管理机制止滥用行政权力排除、限制竞争行为的规定》等配套法规。除综合性法律法规之外，为了更好地对各垄断行业进行规制，我国还颁布了《中华人民共和国电力法》（简称《电力法》）、《中华人民共和国铁路法》（简称《铁路法》）、《中华人民共和国邮政法》（简称《邮政法》）及《中华人民共和国民用航空法》（简称《民用航空法》）等针对具体行业的法律法规。在对各垄断行业进行规制时，规制机

构以综合性法律法规为基础，依据所在行业的专门法，结合行业的具体情况依法对被规制者进行规制。

（二）规制机构设置更加合理

规制立法只是政府规制行为的起点，若要达到良好的政府规制效果，必须依靠规制机构的严格执法，将法律规定落到实处。因此，提高政府规制有效性的一个重要途径就是合理设置规制机构。新中国成立 70 年以来，我国的政府部门设置经历过数次调整，规制部门在历次调整中不断变化，相关机构的设置也日趋合理化，政府规制效率不断提升。以电力行业为例，在 1998 年之前，我国的电力行业实行的是"政企合一"的监管体制，中央和地方的电力工业部门分别对各级电力生产机构实施监管。在此阶段，虽然电力行业的规制机构较为明确，但政企不分、政府管理的方式在总体上阻碍了我国电力行业的发展。1998～2002 年，我国对电力行业实行"政企分开、多部门监管"的制度，国家电力公司在中央一级由中华人民共和国国家经济贸易委员会（简称"国家经贸委"）、中华人民共和国国家计划委员会（简称"国家计委"）和中华人民共和国财政部（简称"财政部"）共同监管，省级政府管电职能划归各省经济贸易委员会。多部门分级监管体系使得我国电力行业的监管权责划分不清，此时，电力行业虽摆脱了"政企合一"的不合理局面，但整体发展仍受限较多。2003～2013 年，我国电力行业实行"证监分开、独立监管"的体制，中华人民共和国国家电力监管委员会（简称"电监会"）在国务院授权下作为电力行业的规制机构履行对全国电力的监管职能。2013 年，我国将国家能源局与电监会的职能进行整合，撤销电监会，国家能源局成为现阶段我国电力行业的规制机构，能源局内设市场监管司和电力安全司分别对电力行业的市场运行与生产安全进行管理与监督。2003 年至今的两次规制机构调整，使我国电力行业摆脱了过去多头、分级规制的松散局面，提升了对电力行业的规制效率。

（三）规制手段日益多样化

过去我国一直采取命令－控制的方式来实施政府规制，这种传统的方式虽然在一定时期内取得了良好的效果，但随着我国市场化改革的不断深入，这种规制方式逐渐显露出规制成本过高、抑制技术创新和规制灵活性差等缺陷。近年来，我国政府规制的手段日趋多样化，除传统的命令－控制方式外，我国也尝试采用激励性手段来实施政府规制，通过改变规制手段来提升规制效率。以环境规制为例，过去我国进行环境规制的过程中，为了实现保护环境的目标，采取命令–控制式的规制手段，如环境标准、环境评价和排污许可证等制度，这些制度在实施的过程中虽然效果较好，但总体成本较高。因此，我国在环境规制过程中尝试采用排污权交易和征收排污费等激励性规制手段实现环境规制目标。征收排污费可以将企业排污所产生的外部效应内部化，倒逼企业进行技术改造，同时还能够通过改变排污费收费标准来灵活调整环境规制力度，从而提升规制效率。排污权交易则允许企业根据自身情况来买卖污染物排放份额，将企业自身的技术优势转化为企业收入，从而正向激励企业进行技术创新，进而减少污染物排放。

二、我国政府规制需注意的问题

（一）规制机构之间职责交叉问题

在我国政府规制的实践中，通常会有多个机构对同一行业进行规制。虽然规制机构之间的配合和制约在一定程度上具有积极意义，但是如果权责划分不清、配合机制缺失，就会导致规制效率低下。多个规制机构共管某个行业，会使得制定行业的规制标准时各部门之间出于自身利益考虑相互制约，延误规制标准的及时出台，除此之外，在立法后的具体执行过程中，也会出现协调困难，甚至各规制部门之间争权夺利的现象，导致协调成本增高、执法力度弱化。例如，在基础设施项目的修建过程中，生态环境部、住房和城乡建设部、中华人民共和国自然资源部（简称"自然资源部"）等多个部门都拥有执法权，但这些部门的执法范围划分存在交叉，且部门利益关系错综复杂。在环境保护领域，生态环境部拥有绝对的执法权威，环评未通过的项目无法进行施工，而其他部门应该配合生态环境部工作。但在实际操作过程中，地方行政部门为追求当地局部利益，有时为不合规项目开绿灯，造成环境规制执法行为效果较差。

（二）政府规制的"缺位"与"越位"并存问题

目前我国市场经济体系建设尚不完善，与之对应的政府规制体系也存在着一些问题，政府规制内容的范围与边界仍相对模糊，实际执行过程中"缺位"与"越位"现象并存。政府规制"缺位"现象直观地表现为"该管的没有管"，如对企业行为进行规制时，规制部门通常十分重视企业的进入规制，对企业的从业资质和前期投资把关很严，但对企业经营过程中的监督管理和后期退市的规制力度不够，进而导致产品质量问题频发，企业退出后消费者权益受损。与政府规制"缺位"不同,政府规制"越位"则表现为"管得太多"。其中最具代表性的就是黑龙江省为改善其旅游业在游客群体中的口碑,由政府牵头设立"诚信基金",对于游客投诉采取"先赔付,后查实"的方式进行受理。这种做法虽然能够在短期内改善游客的旅游体验,但是也让原有的政府规制体系难以发挥作用。

(三) 用行政命令指导规制活动的问题

科学的政府规制行为应该是规制机构以规制法规为基础,依托完善的政府规制体系,对被规制企业进行管理与监督。而我国目前的政府规制机构通常都是在政府行政命令指导下实施规制行为,有时会绕开规制体系,忽略相关法律规定,政府规制行为呈现出明显的"运动式"频率和"一刀切"执法的特点。如在环境规制方面,我国在 1979 年 9 月 13 日颁布了《中华人民共和国环境保护法(试行)》,此后又陆续颁布了《中华人民共和国水污染防治法》《中华人民共和国大气污染防治法》(简称《大气污染防治法》)和《中华人民共和国海洋环境保护法》(简称《海洋环境保护法》)等环保相关的法律法规。我国在 1982 年即成立了中华人民共和国城乡建设环境保护部,之后我国环保部门经历了 30 余年的数次改革,基本形成了"由国务院统一领导、生态环境部门统一监督、各部门分工负责、地方政府分级负责"的符合我国国情的环境规制体系。但在实际执行环境规制行为的过程中,部分地区的环境规制机构未能积极履行自身职责。这是因为过去很长一段时间内,我国部分地方政府官员以牺牲环境为代价来促进经济增长,环境规制机构也选择为当地经济增长让路,默许一些明显会破坏环境的行为发生。当全国性或区域性环境整治"运动"来临时,环境规制机构便加大执法力度,提高执法频率,采取"一刀切"的方式处理所有环境问题,将所有可能造成环境污染的项目一律关停,而"运动"过后,又恢复到以前的状态。这样的做法不仅不能很好地解决环境污染问题,而且还干扰企业的正常生产,给国民经济造成不必要的损失。

(四) 规制政策制定、执行中存在的问题

公众参与规制政策制定,是社会主义市场经济国家本质的体现,也是政府规制制度的基础。目前公众对规制政策制定参与、规制政策执行监督的程度和质量不高。领导制定规制政策的信息来源主要依靠下级对上级的汇报,因此,在制定规制政策时存在信息不对称的情况,从而使得规制立法机构难以制定出科学有效的规制法规。同时,人民参与规制政策制定和监督规制政策执行的法

律制度和组织机构还不完善。

（五）垄断规制改革相对滞后问题

改革开放以来，我国对垄断行业的规制进行了一些尝试，也取得了一些成就，但从总体上来讲，效果不显著，垄断行业的规制改革比较滞后。我国垄断规制的改革进程相对缓慢。在产品定价方面，很难做到完全从社会福利最大化角度来制定垄断行业的产品价格，因此，通信、燃油等产品的价格偏高。

（六）规制政策制定滞后于经济发展问题

随着我国经济发展模式从高速增长转向高质量发展，我国社会经济中各产业之间的关系也发生着变化，特别是一些新兴行业在不断完善的信息技术基础上产生，为我国的经济高质量发展做出了许多贡献。但是一些新兴行业在出现伊始，由于我国政府规制部门未能及时出台相应的规制措施，也产生了一些社会问题。如，我国网约车业务在2014年7月便已出现，但关于网约车的第一个规制文件《网络预约出租汽车经营服务管理暂行办法》在2016年才出台，在此之前，网约车业务在很多地区都属于非法业务，严重阻碍了该行业的业务扩张和企业管理的正规化。而针对网约车公司经营规范的规制文件《网络预约出租汽车监管信息交互平台运行管理办法》更是到2018年2月才发布。规制部门对网约车行业的规制政策调整相对滞后于行业发展，并且造成了潜在的社会损失。

三、我国政府规制的发展趋势

（一）放松经济性规制

回顾过去40余年的改革，我国的经济型规制总体上呈放松态势，现阶段几大自然垄断行业均已实现政企分离。这种局面的出现一方面是由于科技的进步改变了对部分行业能够盈利的最低规模，使行业内的企业竞争成为可能。另一方面是由于我国的经济发展水平不断提升，市场经济体制建设不断完善，能够为企业的发展提供一个相对公平的竞争环境。受上述两点原因的影响，我国未来经济性规制的力度应呈整体放松趋势，且放松规制的过程主要表现为以下三点。一是降低市场进入门槛，在非自然垄断性业务环节引入市场竞争。目前，我国已经在发电和售电环节实现了市场竞争，在铁路客货运输和石油冶炼在未来也有可能引入更多的市场竞争。二是缩小政府定价范围。目前，我国电力行业内部已经实现竞价上网，民航系统也已推出打折机票，这些都是由市场机制决定商品价格的案例。三是放松政府对自然垄断行业的行政干预。放松政府行政干预最直接的手段是实行政企分离，增强企业经营自主权。

（二）增强社会性规制

随着我国经济的发展和人民收入水平的提高，我国民众对于生态环境和生命安全的重视程度大大提升，同时消费结构的改变也使民众作为消费者更加青睐质量较高的产品。因此，增强社会性规制不仅是全球政府规制改革的趋势，也是我国未来政府规制发展的一个方向。在未来，我国主要可能从以下四个方面增强社会性规制。一是强化社会性规制领域的进入规制，提高社会性规制领域的市场进入标准。主要是强化环境、技术和安全等领域的市场进入标准。二是加强社会性规制机构建设，强化社会性规制机构的权威性和独立性，增强我国社会性规制行为的公信力。三是加强社会性规制制度体系建设，特别是要加强食品药品安全制度体系、生产安全制度体系、生态文明制度体系和环境保护制度体系的建设。四是加强社会性规制领域的执法力度，加强食品药品、安全生产、环境保护、劳动保障等重点领域的基层执法力量。

（三）完善规制监督机制

在实施政府规制行为的过程中，规制机构拥有一定的权限来决定规制执法方式与执法力度，由于规制机构的目标函数可能与社会整体的目标函数不一致，在缺乏外部监督的情况下，可能会对政府规制行为的有效性产生不利影响，从而影响政府规制的有效性。目前我国政府规制部门在实施规制行为的过程中有法不依、执法不严的情况仍旧存在，因此，必须建立对规制行为的有效监督与约束机制，避免规制机构对规制权的滥用。具体可从以下几个方面实施。一是建立政府问责机制，进一步加大执行力度，全面落实行政执法责任制。二是加强对行政执法的监督，通过立法监督、司法监督和群众监督三种方式约束规制者行为，规范规制者的自由裁量行为。三是简政放权，减少行政审批，简化行政程序。做到凡是市场、社会或企业能够解决的，政府要舍得放权，凡是地方能够解决的，权利要下放到地方，形成政府、市场、社会、企业多方共同治理的局面。

（四）规制效果与规制效率并重

过去很长一段时间内，我国政府规制行为都是以结果为导向，为实现短期内最佳规制效果，用行政命令指导政府规制活动的开展，而不是依靠完善的政府规制体系。这种做法虽然可以在短时间内取得良好的规制效果，但与之对应的规制成本过高，规制行为的整体效率较低。如在 2017 年开展的环保整治活动中，各地采取"一刀切"的形式进行环境整治，对所有可能污染环境的企业实行停工停产，当年各地雾霾情况明显减轻，效果立竿见影。但此次环保整治成功的背后是过高的规制成本，由于大量企业关停，各地经济增长和劳动力就业压力骤增。综合考虑成本与收益可知，此次环境规制的效率相对较低。因此，我国政府规制未来的发展方向应为规制效果和规制效率并重，通过设计合理的规制机制和建立完善的规制体系来提升政府规制效率，改变过去以结果为导向的政府规制行为方式，在实现规制目标的同时注重降低规制成本。

政府规制效率的提升，不仅可以弥补市场配置资源过程中存在的缺陷，改善社会福利状况，而且可以极大减少政府规制行为对企业生产过程中的过度干预，从而起到降低企业制度性交易成本的作用。

第三章 企业制度性交易成本理论

2015 年来，国家"降成本"战略的实施取得了显著效果，但在生产经营过程中，企业仍深受高额制度性交易成本的困扰，如何进一步降低企业制度性交易成本，是目前所面临的现实难题。而政府规制及其效率的高低正是影响企业成本尤其是制度性交易成本的重要原因。本章从交易成本出发，界定制度性交易成本的内涵与外延，分析我国制度性交易成本的现状与问题，并在此基础上探讨政府规制行为本身及规制效率对企业制度性交易成本产生的影响，分析企业面临制度性交易成本上升时所做出的行为选择。

第一节 交易成本

一、交易成本的内涵

交易成本是新制度经济学研究的核心内容，其认为交易是具有一定成本的。交易成本这一思想最早是由经济学家科斯在 1937 年发表在《经济学》上的《企业的性质》一文所提出来的。科斯从市场交易成本的角度详细地解释了企业存在之原因，将交易成本表述为"运用价格机制的成本"和"在公开市场上通过交易所执行一笔交易所花费的成本"。科斯认为利用价格机制是需要成本的，企业的交易成本决定了企业的存在，交易是在企业内进行还是在市场进行，仅仅是形式的不同，但是不同形式的交易所发生的成本是不一样的，市场中的交易需要耗费大量交易成本，而在一定范围内，企业内交易成本却是很低的。企业的存在是节约交易成本的结果，但很显然，在现实经济中基本不存在交易成本为零的情况，能够实现的只是通过优化企业的内部组织制度和产权制度，力图减少其可能存在的内外部交易成本，从而最大限度地使经济效益得到提高。

肯尼斯·阿罗（Arrow K，1969）肯定了科斯关于交易成本的定义，并在对市场失灵的分析中，提出交易成本是经济系统运行的成本，市场失灵出现的原因在于交易成本过高，造成了市场资源配置的低效率。

阿尔钦和德姆塞茨（1972）从产权的角度丰富了交易成本理论，指出市场出现失灵不是因为存在交易成本，而是因为没有通过适当的途径将交易成本最低化，因此他们将交易成本定义为产权交易的成本。

威廉姆森（1977）从契约的角度入手来划分交易成本，将在起草、谈判等形成契约的过程中产生的交易成本称作"事前的交易成本"，将契约形成后及契约未及时生效所带来的成本称为"事后的交易成本"，以多种形式表示，如违约、道德风险等。交易成本产生的原因可以从主体和客体两个方面来解释，主体原因在于人类的两大天性：一是有限理性，即人的行为都是有意识的、理性的，但这种理性又不是完全的。二是机会主义倾向，每一交易主体可能都会为了从交易中获取尽可能大的利益而采取一些不道德的或者利用对方弱点的行为。而客体原因则是从三个维度即资产专用性、不确定性、交易频率来分析交易成本是如何产生的，这在一定程度上触及了交易成本更深层次的内涵。

张五常给交易成本所下的定义则非常广泛，他认为资源是有限的，有限的资源必然会导致竞争，在鲁宾孙的荒岛上，不存在交易，也不存在因制度缺陷导致的效率损失，这时交易成本才会为零。而在存在两个人或两个人以上的经济中，可能存在制度的缺陷而使交易无法达成，同时由于资源是稀缺的，即使不发生交易，交易成本也不为零。他将多部门经济看作一种制度的安排，这种制度安排所带来的成本就是交易成本，从而把交易成本的概念扩大到制度的范畴。

以上对"交易成本"概念的梳理可以看出，交易成本作为新制度经济学领域一个重要的基础性概念，并没有形成一个公认的定义，但其共同点是，市场的交易活动是会产生成本的。

二、交易成本的测度

交易成本的测度问题是交易成本理论发展过程中无法绕开的难题，它关乎交易成本理论是否具有现实说服力。迄今为止在交易成本能否被定量分析这个问题上，仍面临着一些争议。如对交易成本的概念没有统一，对交易成本的内涵与外延理解有较大分歧；经济活动中生产转换活动与交易活动二者很难完全区分开来；交易成本高昂导致交易不会发生等。近年来，通过众多新制度经济学家的深入研究，交易成本的测度工作取得了极大的进展，主要体现在微观和宏观两个层面。

（一）宏观层面交易成本的测度——总量交易成本的测度

对宏观经济层面交易成本的测度即是对一国（或地区）总量交易成本的测度。该测度研究的代表人物是沃利斯和诺思，1986 年他们针对美国 1870 ～ 1970 年的总量交易成本进行测度，其主要思路：首先对经济活动进行划分，将其划分为交易活动与生产转化活动。将交易活动从各经济活动中分离出来，而交易成本即为执行交易功能的成本，转化活动则是把投入变成产出的生产活动，转化成本就是将投入转变成产出的成本。其次，按照是否参与交易行为，可将经济部门划分为私人交易部门、私人非交易部门和公共部门三个部门。最后，用工资总额来表示私人部门和公共部门中提供交易性服务的交易成本。并从中得出美国 1870 ～ 1970 年的 100 年间交易成本占国民生产总值（GNP）的比重不断上升，交易部门的规模也随着经济的发展不断扩大的结论。

后来，学术界对总量交易成本进行测度的研究基本上都采用了沃利斯和诺思的方法，并得出基本一致的结论。比如多利瑞和里昂（Dollery and Leong，1988）通过测度得出，澳大利亚总量交易成本占 GNP 的比重由 1911 年的 32%上升到了 1998 年的 60%。国内学者缪仁炳和陈志昂测度了中国 1978 ～ 2000 年的交易成本总量，得出中国交易成本占国内生产总值（GDP）的比重由 1978年的 28.4%上升到 2000 年的 43.2%。这些研究结果均表示，随着经济的发展，交易成本所占比重会上升，交易部门的规模也会扩大。

沃利斯和诺思对于交易成本总量的测度方法虽然具有开创性的价值，但也存在一些缺陷和不足。一是没有将交易成本和生产成本进行划分；二是测度对象不够全面，二者所测量的只包括了流通部门等交易部门的可直接度量的成本，而对于非市场的交易成本，比如排队时间，贿赂等这些非市场的资源损失则没有进行度量，同时在现实经济中一些落后国家或地区因其正式交易部门比较缺乏，会导致非市场交易成本难以估计，所测的总量交易成本往往被低估。三是在其准确性和有效性上也受到了质疑。

为了解决对交易成本进行直接测量这一难题，一些经济学家通过运用交易效率的高低来间接衡量经济体的总量交易成本。杨小凯（1988）提出"交易效率"的概念，其表示消费者支出 1 单位货币获得 k 单位产品（$0 < k < 1$），剩余的（$1 - k$）单位即为交易成本，而获得的 k 单位产品就可以表示交易效率。从整个经济来看，交易效率水平越高，单个交易的交易成本就越低，经济发展

更有效。钟富国（2003）通过因素分析法来分析交易效率对经济增长的影响。把交易效率分为政府、通信基础设施和教育三个层面，运用交易效率指标来比较我国不同省份效率水平的大小，得出的结论与杨小凯的结论基本一致。赵红军（2006）借鉴钟富国的研究方法，运用因素分析法衡量了1997~2002年中国的平均交易效率，得出我国东部地区的交易效率比中西部地区更高，而中西部地区内部交易效率差别不大。

因此，综合来看，在宏观层面的交易成本测度方面，已经有着较长的研究历史，但目前所采用的方法却比较单一，主要是依托交易效率的指标，通过因素分析法来进行衡量。

（二）微观层面的测度方法

微观层面上的交易成本所涉及的领域较多，国内研究者对于微观层面交易成本的测度很少，而国外研究者主要是通过以下角度进行研究。

1. 交易成本的地区差异

同一项经济活动在不同的国家或地区会有不同的交易成本，通过判断同一项经济活动所消耗的时间长短或货币多少，能够衡量这项经济活动在不同地区交易成本的大小、效率水平的高低。

诺斯在1998年构建了一个简单实验来比较一项经济活动在不同的地区所产生的不同的交易成本，即在不同的国家完成对纺织品的下单过程。这些国家既有低收入国家也有高收入国家，通过给各个国家完成订单的质量和完成时间进行打分，得出美国和我国香港特别行政区的效率较高，虽然其拥有较高的总量交易成本，但是其每笔交易成本较低；相反，莫桑比克效率较低，虽然其拥有的总量交易成本不高，但是每笔交易成本较高。

第索托在诺斯实验的基础上，对非交易成本进行了研究。分别考察了在秘鲁首都利马市和城市坦帕市在不行贿和利用关系的情况下，通过正规渠道创办普通的纺织品公司所需要耗费的时长，并得出在利马市要完成全部流程大概需要289天，而同样的情况下，在坦帕市2个小时就可以完成，由此表明完善的资产表述体系可以使"僵化的"资产转化为流动的资本，并且能降低交易成本。

贝纳姆（Benham）对开罗市和美国圣路易斯市公寓转让费用进行了考察，发现在开罗市对所有权转让进行注册时需要支付相当于房价12%的额外费用；而在美国圣路易斯市，转让所有权的费用只占到房价的1.5%。

通过以上分析可以发现，在不同的制度下，同一个经济活动在不同的地区和国家有着完全不同的交易成本，因此我们可以通过案例比较分析的办法对交易成本进行测度。

2. 市场型交易成本的测度

国外学者对市场型交易成本的测度从证券市场的相关研究开始，其中，代理变量和价差加佣金是测算证券的交易成本时主要采用的方法。后来发现代理变量的方法无法对交易成本进行直接估计，所以一般采用价差加佣金的方法①。斯托尔和惠利（Stoll and Whaley）用这种方法对美国纽约证券交易所的交易成本进行测度，发现这一成本仅占市场价值的 2%，但在更小型的交易所中，交易成本却占了市场价值的 9%。比哈德瓦杰和布鲁克斯（Bhardwaj and Brooks）的研究表明，对于价格为 20 美元以上和 5 美元以下的有价证券来说，前者的交易费用所占比重 2% 远低于后者的 12.5%。由此得出，交易场所越小，证券价格越低，交易成本越大。

约翰逊（Johnson，1994）指出价差加佣金的方法没有对非市场交易成本进行测度，认为运用这种方法对交易成本进行测度实际上夸大了真实的交易成本。莱蒙德（Lesmond，1999）使用了 LDV 内生估计纽约证券市场的交易成本，验证了约翰逊所提出的观点。

波尔斯基（Polski）运用了沃利斯（Wallis）和诺斯（North）的研究方法对美国商业银行 1934～1998 年的交易成本进行测度。他的研究表明，交易费用总量包括商业银行利息支出和非利息支出，从 1934～1998 年的 60 多年间，商业银行交易费用在银行总收入中所占的比重发生了增长了 8%，达 77%。随着经济的增长，商业银行的交易成本所占的比重费用逐步提高。

3. 政治型交易成本的测度

从微观经济单位即企业角度来看，政治型交易成本是指企业为了使用政府提供的规制和服务等公共产品必须付出的时间和货币成本。金玉国和张娟（2009）认为政治型交易成本主要体现为企业在开办企业、登记物权、获取信贷、执行合约等与政府打交道时所需付出的时间和货币成本等。

科尔比（Colby）研究了水资源从农业领域转向其他用途过程中的政策诱致型交易成本。政策诱致型交易成本指的是一项政策的实施所产生的交易成本。科尔比的研究通过对美国科罗拉多州、新墨西哥州、犹他州转让水资源平均所需的政策诱致型交易成本进行比较，发现每个州之间存在很大的差异，科罗拉多州需要 187 美元，犹他州需要 66 美元，新墨西哥州则只需要 54 美元，而在政府机构审批所需时间的长短方面，三州所需的时间分别为 29 个月、4.3

---

① 这里的价差加佣金指的是经纪人费用和买卖价差。

个月和 5 个月。时间越长，说明交易成本越大。

麦卡恩和伊斯特尔（McCann and Easter，1998）测量了政府为治理明尼苏达河的污染所采取的政策带来的交易成本。并得出，当同时采取对肥料的使用直接征税、通过培训来引导、对耕地进行强制性保护以及无限期庇护地役权等四种类型的政策时，所产生的交易成本分别为 94 万美元、311 万美元、785 万美元、937 万美元。由此可以看出，征税是节约交易成本的最优政策。

第二节　制度性交易成本

降低制度性交易成本是我国当前经济管理领域的一项重大工作，但从目前的研究成果来看，"制度"与"交易"以及"交易成本"与"制度成本"等基本概念之间的关系并未厘清，制度性交易成本所包含的内容以及具体的类型均未得到详细说明，因此，准确界定制度性交易成本的概念和范围，描述我国企业面临的制度性交易成本的现状，是十分必要且有意义的。

一、制度成本与交易成本

相对于上文中提到的科斯所定义的"交易成本"的概念，制度性交易成本更侧重于因制度本身或制度和体制的不完善而引起的社会成本的增加。从制度本身来看，制度是为了规范交易而产生的，人类最初的交易并不存在规则的约束，也不存在行为预期，交易仅仅是为了实现简单的商品交换。但由于理性经济人的自利性，往往会出现欺诈等不良交易行为，这些行为破坏了交易的公平性和公正性，给其中的交易方带来了权益的损失，这种类型的交易也往往难以持续。[①] 为了规范交易秩序，保护交易双方的权益，制度应运而生。诺斯也提到，"制度是人类给自己施加的约束，这种约束既包括允许人们在怎样的条件下可以从事某些活动的方面，也包括对人们所从事的某些活动加以禁止的方面，是为了决定人们的互动关系而人为设定的一些制约。这些制约分为正式制度或者正式制约和非正式制度或非正式约束。前一类包括政治（和司法）规则、经济规则和契约，后一类包括人们的行事准则、行为规范以及惯例等。我们通常用惯例、习俗、传统、习惯来表示非正式制度的存在"（North，1990）。

①　这里提到的"交易方的损失"，就是交易成本的雏形。

　　制度是为了规范交易行为产生的，但制度的制定、实施、修改、废除等却会产生成本，这部分成本就是所谓的"制度成本"。由此，在制度约束下所进行的获取信息、制定合约、履行合约等一系列交易活动所产生的成本，就逐渐从交易成本演化成制度成本。然而，这种推演是建立在无限理性的假设之上的，实际交易中许多成本并未被制度化，因而我们可以说，制度成本是无限接近但不等同于交易成本的。

二、制度性交易成本的界定

　　制度性交易成本是指由于制度性因素而产生的企业成本，具体主要是指企业因遵循政府制定的各种制度、规章、政策而需要付出的成本（卢现祥，2017）。

　　彭向刚（2017）从企业成本的构成来具体分析制度性交易成本的内涵。他认为制度性交易成本是相对于企业因契约而形成的契约型交易成本而言的，是指政府公共制度运行过程中给企业带来的成本，属于政府管理科学的范畴。制度性交易成本有广义和狭义之分。广义的制度性交易成本在我国经济改革过程中主要表现为因未实现政府与市场的协调统一而造成各环节体制性障碍所带来的制度成本，包括税费制度成本、融资制度成本、劳动用工制度成本、物流管理制度成本等；狭义的制度性交易成本则主要聚焦于政企关系的微观视角，表现为因行政审批改革不到位而引起的企业额外支付的制度成本。

　　本书认为，企业所有的成本都是与政府的制度相关的，政府制度对劳动力、资本、土地、能源、环境等生产活动中所必需的各种要素都进行了约束，企业如果要在政府既定的范围内开展合规的生产经营活动，就不得不考虑各项制度的影响与限制。从企业成本的构成入手，能更全面地把握政府的各项制度对于企业生产经营费用的影响，几乎涵盖了企业经营的各个环节。

　　制度性交易成本可以从多维度划分为不同的类别。

　　以成本产生的来源为标准，可将制度性交易成本划分为内部成本和外部成本。从企业内部来说，企业的生产、经营、管理等活动都会因遵循制度规定产生成本而上升，如因为遵守劳动用工制度而产生的人工成本增加、因资本规制而引起的资金成本上升、因环境规制、安全规制、质量规制而产生的增添设备、优化生产流程等产生的成本等，这部分制度性交易成本是企业自身无法降低的，但与企业特定产品生产产生的人财物等成本费用交织在一起，难以剥离；从企业外部来看，企业为了开展生产经营活动而需要的行政审批、市场进入规定等，包含企业遵从政府的各种制度和规制所带来生产过程之外的耗费，这部分制度性交易成本很难进行精确核算，如排队等候的时间，以及由不完全监督和实施所导致的损失等。

从产生的原因来看，制度性交易成本既可能是由制度供给过剩或规制过多带来的，也有可能是由制度供给不足引起的。制度供给过剩，也就是政府制度或政策对于企业的经营产生了过多的干预或不好的影响，如行政审批程序繁杂，时间成本高、中介收费混乱且价格高昂等。此外，由于制度设计不合理和制度摩擦而引起的额外成本，也是制度供给过剩的集中表现。相反，当政府制度供给不足时，市场管理缺位带来的成本政府不能解决，企业应有的权益得不到保障，因而会耗费额外的资金、人力、时间等谋求其本应享受的合法权益。如企业要承担高昂的法律诉讼和维权成本，这又恰恰促使企业或个人把契约实施或纠纷解决的愿望寄托到政府头上，由此带来行政成本的增加，形成恶性循环。

企业的制度性交易成本按照不同的标准还可划分为多种类型，如从成本形式的角度，可分为企业遵从法律及制度明确规定的规制措施而带来的正式制度性交易成本和企业遵从法律及制度规定之外的规制措施带来的非正式制度性交易成本；从企业生命周期的角度，可分为注册企业的成本、享受公共设施的成本、内外贸易的成本等。每一种分类方法都有其内在逻辑和合理性，要采用哪一种分类方法，只取决于其是否有助于更准确地把握制度性交易成本的内涵和特征。

综合上述研究，本书认为，制度性交易成本是微观主体在遵循政府制定的一系列制度时产生的成本。这里的制度，"是指国家通过公共制度安排而实现的宏观调控、微观管理和微观管制。宏观调控包括国家制定的财政政策、货币政策、产业政策、法律法规等；微观管理是政府依靠行政命令或直接参与市场对国有企业或事业部门的内部管理，微观管制是政府依据法律法规从外部限制和监督企业"（余晖，1998）。本书主要研究微观规制引致的各类制度性交易成本。

在本书中，我们借鉴了中国财政科学研究院2017年"降成本"调研组对于制度性交易成本的三维结构分析方法，总体把握制度性交易成本的制度属性、过程属性和成本属性，分析影响企业制度性交易成本的影响因素，并进一步尝试明晰政府规制行为对企业制度性交易成本的作用机制。这三个不同的属性维度代表成本的不同产生环节和不同来源，过程维度表明成本可在审核阶段、执行阶段、督查阶段、验收阶段四个阶段产生，从而明确了不同环节制度优化的重点，提高了制度制定的针对性和准确性；成本维度则是从成本的特征将成本划分为直接成本、间接成本、隐性成本、机会成本等，从而便于将每一类费用顺利归类，对具体的耗费进行准确把握；制度维度表示该项成本具体由哪项制度产生。三种维度之间并不是完全独立、互不相关的，一种成本可能在两种及两种以上的维度上都有体现，如税费既是直接成本，又是制度维度中财政政策的重要手段。

本书认为，与制度性交易成本来源的研究方法相似，对于企业制度性交易成本影响因素的研究，也应同时从外部和内部两个方面着手，探寻企业制度性交易成本变化的根源。也就是说，企业内部的体制与外部的环境均会对企业自身制度性交易成本的产生和高低变化带来影响。从企业内部来看，完善的管理体系和科学高效的现代化企业管理制度能大大提高企业运营的效率，并尽量降低因制度不规范或沟通渠道不畅通而产生的额外成本。而在企业外部，政府规制措施是否到位，税收工具使用是否得当，政商关系是否良好，政府权力下放渠道是否通畅，以及市场秩序是否得以规范等因素都会直接或间接地给企业带来影响，并最终以制度性交易成本的形式显现出来。研究政府规制及其规制效率对企业制度性交易成本的影响，不仅对丰富当前制度性交易成本研究具有重要的理论意义，也为我国供给侧结构性改革提供了理论支撑。

三、制度性交易成本的特点

（一）强制性

从概念来看，制度性交易成本指的是企业因遵循政府制定的各种制度、规章、政策等所需要付出的成本，是国家以社会管理者的身份，凭借政权力量，依据政治权力，通过颁布法律或政令对企业进行强制要求而形成的成本。这一部分成本是企业不得不承担且无法通过企业自身行为予以消解的，因而具有一定的强制性。与税收相似，制度性交易成本的强制性特征也体现在两个方面：首先，制度性交易成本参与对象间关系的建立是强制的。制度性交易成本是政府在规范企业行为的过程中形成的，因而政府和企业分别是这一成本的两个主要参与对象。在我国的市场体制和管理体制下，企业在产生之初就要受到政府的管理和指导，这是其作为主要的社会组织形式性质的要求，也是企业应肩负的社会责任和义务，因此从二者的关系上来看，制度性交易成本是具有强制性的。其次，制度性交易成本的形成过程是具有强制性的，这一成本是政府在制定相关制度或者执行制度的过程中产生的，制度一旦形成，就对于企业提出了新的要求和限制，一旦企业违背相关制度或者法律法规的规定，就要面临相应的处罚或代价。因此，本书认为，制度性交易成本表现出了一定的强制性特征，这一特征使企业难以通过自身行为的改变来避免或降低这一部分成本，这也是我国目前将降低制度性交易成本作为重要改革任务的原因之一。

（二）外生性

同样地，无论是从制度性交易成本的概念还是来源来看，这一成本都表现出了极强的外生性。一方面，制度性交易成本是政府的行为所带来的，企业自身很难使其发生改变，"只有通过实施公共制度的创新与变革，即实现政府的职能转变、简政放权、行政效率提高等，才能达到为企业生产运营提供便利条件降低企业制度性交易成本的目的"（周雪峰，2018）；另一方面，制度性交易成本与国家的制度安排和制度变革密切相关，国家制度安排的科学性与合理性都会对其相应产生的交易成本带来很大的影响。而同时，企业为满足政府要求所采取的市场化行为，也反过来对制度的合理性和有效性提出了考验。除此之外，从我国的经济体制改革历史来看，也能为企业制度性交易成本的外生性特征提供佐证。从20世纪80年代起，我国逐渐从计划经济体制转向社会主义市场经济体制，这一过程中，政府在市场中扮演的角色发生了较大的变化，相应地也会带来公共制度、政府权力结构等的更迭。因此，从加速制度变革的诱导性因素来看，企业的制度性交易成本，不仅包括正常的制度运行带来的交易成本，还包括不合理的市场机制带来的交易成本，而这部分成本是政府的职能转变不到位所带来的。也正是基于此，我们对政府提出了新的要求，希望通过转变政府职能、明确政府定位来帮助企业有效降低制度性交易成本。

（三）隐蔽性

制度性交易成本的隐蔽性主要表现在三个方面。第一，这一成本是难以进行统计和衡量的。制度性交易成本中，既有税费、手续费等可以用货币直接衡量的成本，本书称之为显性成本，也有企业为寻求政府的额外支持，或为获得制度优势而产生的额外成本，其至也包括企业由于制度因素所形成的机会成本和预期成本。这部分成本不会直接表现出来，也难以通过工具进行度量，没有具体的数量可供参考，因而称之为隐性成本。隐性成本的存在，使得对于制度性交易成本的整体测度缺乏了一定的准确性和科学性，也常常会造成研究中忽视这部分成本的情况。第二，制度性交易成本不能通过会计科目表现出来。在会计科目的分类中，制度性交易成本是难以找到对应项的，它不能通过单一的费用条目表示出来，而是夹杂在制度运行的各个环节中，因而，企业虽能感受到总成本的变化，但却难以通过会计报表进行查看。第三，从具体内容来看，部分制度性交易成本是灰色性质的支出或收入。对于企业来说，为寻求制度上的额外倾向或是办事流程的便利等，企业间或企业与政府间可能会产生部分寻租成本，但出于遵守法律规定的目的，企业往往会试图采用一定的方法来掩饰或隐藏这部分支出，因而也导致相应产生的制度性交易成本具有了较强的隐蔽性。综上所述，在一定程度上，可以认为制度性交易成本是隐蔽的。

第三节　我国企业制度性交易成本的现状

自 2015 年起，我国政府不断转变政府职能，提高行政效率，实现简政放权，多项并举着力推动降低企业的制度性交易成本，到目前为止已取得了显著的成果。但可以看到的是，受制于不完善的制度体系和管理体制等，企业和政府实现降成本目标面临的形势仍然相对严峻。

一、企业制度性交易成本下降趋势明显，总体规模仍较大

（一）我国制度性交易成本的提出

我国对于制度性交易成本的研究，首先是从政府部门提出制度性交易成本这一概念开始的。2015 年，中央经济工作会议明确提出"要开展降低实体经济企业成本行动，打出'组合拳'。要降低制度性交易成本，转变政府职能、简政放权，进一步清理规范中介服务"。2016 年，国务院印发《降低实体经济企业成本工作方案》，方案从四个方面入手，提出通过"打破地域分割和行业垄断，加强公平竞争市场环境建设；深化'放管服'改革，为企业创造更好的营商环境；加快社会信用体系建设，加强知识产权保护；提升贸易便利化水平，合理降低服务收费标准；加快剥离国有企业办社会职能和解决历史遗留问题，减轻企业负担"等，3 年左右实现"制度性交易成本明显降低"的目标任务。2017 年 6 月，国务院总理李克强主持召开国务院常务会议，决定推出新的降费措施，要求各级政府建立行政事业性收费财政补助事业单位收费等目录清单制度，从源头上防范乱收费，绝不让已"瘦身"的制度性交易成本反弹。2018 年 9 月 28 日，李克强总理在浙江台州主持召开座谈会，明确表示，下一步要更大力度简政、减税、减费。"简政"要继续深化"放管服"改革，"减费"动真格地降低合规收费，坚决惩治乱收费，降低制度性交易成本。2019 年政府工作报告中也提出，"政府要坚决把不该管的事项交给市场，最大限度减少对资源的直接配置，审批事项应减尽减，确需审批的要简化流程和环节，

让企业多用时间跑市场、少费功夫跑审批"①。同时要进一步缩减市场进入负面清单，推动"非禁即入"普遍落实。

如表 3－1 所示，2017 年来一系列政策文件的出台和会议的召开，都表明了降低制度性交易成本对于市场交易和深化改革的重要作用，同时也从侧面反映了我国目前企业制度性交易成本仍然相对高昂这一严峻形势。

表 3－1　　　　　　2017～2019 年出台的主要降成本政策文件概览

政策类型	出台时间	文件名称
总体	2017 年 6 月 16 日	《关于做好 2017 年降成本重点工作的通知》
	2018 年 4 月 28 日	《关于做好 2018 年降成本重点工作的通知》
	2019 年 5 月 7 日	《关于做好 2019 年降成本重点工作的通知》
降低收费负担	2017 年 4 月 25 日	《关于清理规范涉企经营服务性收费的通知》
	2017 年 5 月 8 日	《国家发展改革委关于开展涉企收费检查的通知》
	2017 年 6 月 22 日	《关于降低电信网码号资源占用费等部分行政事业性收费标准的通知》
	2017 年 6 月 28 日	《国家发展改革委关于降低中国人民银行征信中心服务收费标准的通知》
降低融资成本	2017 年 6 月 28 日	《国家发展改革委关于降低中国人民银行征信中心服务收费标准的通知》
	2017 年 6 月 30 日	《国家发展改革委 中国银监会关于取消和暂停商业银行部分基础金融服务收费的通知》
	2017 年 9 月 29 日	《中国人民银行关于对普惠金融实施定向降准的通知》
	2018 年 6 月 23 日	《关于进一步深化小微企业金融服务的意见》
	2018 年 12 月 5 日	《国家发展改革委关于支持优质企业直接融资进一步增强企业债券服务实体经济能力的通知》
	2019 年 1 月 25 日	《关于加强金融服务民营企业的若干意见》
	2019 年 2 月 14 日	《国务院办公厅关于有效发挥政府性融资担保基金作用切实支持小微企业和"三农"发展的指导意见》
降低人工成本	2017 年 2 月 16 日	《人力资源社会保障部 财政部关于阶段性降低失业保险费率的通知》
	2018 年 4 月 20 日	《人力资源社会保障部 财政部关于继续阶段性降低社会保险费率的通知》
	2019 年 4 月 1 日	《国务院办公厅关于印发降低社会保险费率综合方案的通知》

① 2019 年政府工作报告. 中国政府网，http：//www. gov. cn/zhuanti/2019qglh/2019lhzfgzbg/index. htm.

续表

政策类型	出台时间	文件名称
降低用能成本	2018 年 3 月 28 日	《国家发展改革委关于降低一般工商业电价有关事项的通知》
	2018 年 4 月 17 日	《国务院办公厅关于印发电价改革方案的通知》
	2018 年 5 月 15 日	《国家发展改革委关于电力行业增值税税率调整相应降低一般工商业电价的通知》
降低物流成本	2017 年 8 月 17 日	《国务院办公厅关于进一步推进物流降本增效促进实体经济发展的意见》

资料来源：根据中国财政科学研究院"降成本"课题组《降成本：2018 年的调查与分析》及公开资料整理。

（二）我国制度性交易成本的变化趋势

数量方面，如表 3 - 2 所示，整体来看，近年来我国企业的制度性交易成本在企业的总成本中保持着一个较高的比重，给企业带来了较大的资金和费用负担。同时，随着政府"简政放权"的推进，制度性交易成本虽然有下降趋势，但在绝对数量上仍然保持着较大的规模。

表 3 - 2　　　　　　　　　国家非税收入及行政事业性收费

年份	GDP（亿元）	国家非税收入（亿元）	国家行政事业性收费（亿元）	国家罚没收入（亿元）	非税收入占GDP 比重（％）	行政收费及罚没收入占非税收入比重（％）
2007	270092.30	5699.81	1897.35	840.26	2.11	48.03
2008	319244.60	7106.56	2134.86	898.40	2.23	42.68
2009	348517.70	8996.71	2317.04	973.86	2.58	36.58
2010	412119.30	9890.72	2996.39	1074.64	2.40	41.16
2011	487940.20	14136.04	4039.38	1301.39	2.90	37.78
2012	538580.00	16639.24	4579.54	1559.81	3.09	36.90
2013	592963.20	18678.94	4775.83	1658.77	3.15	34.45
2014	641280.60	21194.72	5206.00	1721.82	3.31	32.69
2015	685992.90	27347.03	4873.02	1876.86	3.99	24.68
2016	740060.80	29244.24	4896.01	1918.34	3.95	23.30
2017	820754.30	28222.90	4745.27	2394.14	3.44	25.30

注：国家非税收入包含国家专项收入、国家行政事业性收费、国家罚没收入、国家其他收入等。

资料来源：《中国统计年鉴》（2007～2018）。

如图 3-1 所示，从我国国家非税收入及其占 GDP 的比重来看，十年间非税收入呈现持续增长趋势，总量相较 2007 年增长了三倍多，保持了较大的规模，这其中既有我国制度性交易成本居高不下的"功劳"，也有我国企业的规模和数量不断增加的"贡献"。但同时可以看到，国家非税收入在 2017 年出现了首次下降，并于 2018 年呈现持续性的下降趋势，尽管其中的原因是多方面的，但政府着力"降低制度性交易成本"的一系列措施是最重要的影响因素之一。从占 GDP 的相对比重来看，这一比重总体呈上升趋势，但同样，从 2015 年起开始逐渐下降。结合我国的政策来看，2014 年政府提出要继续深入推进简政放权、放管结合，并出台了一系列相关政策。这些政策从一定程度上有效地缓解了企业的负担，降低了其制度性交易成本。但同样需要看到的是，制度性交易成本总量仍相对较大，为企业松绑减负的压力依然巨大。

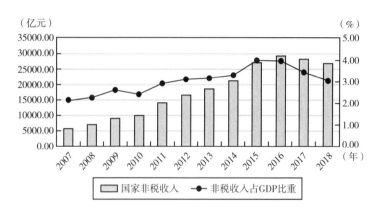

图 3-1　国家非税收入及占 GDP 比重

资料来源：国家统计局官方网站。

如图 3-2 所示，与国家非税收入的变化类似，国家行政性事业收费及国家罚没收入在总量上也呈现出明显的增加。但从 2015 年起，国家行政性事业收费出现了明显的降低。从行政事业性收费和罚没收入占非税收入的比重来看，更是显著地从 2007 年的 48.03% 降到了 2017 年的 25.3%，行政事业性收费的比例大大降低。而这与政府的"简政放权""多证合一"等政策的推行不无关系。由此可见，目前我国现行的各项"减税降费"政策均具有较强的有效性，在进一步降低企业制度性交易成本的过程中，应首先坚持将"简政放权"作为工作的重点，从行政审批程序简化、行业规制政策明确、营造良好营商环境等多方面入手，切实降低企业尤其是中小企业的成本负担，支持实体经济发展。

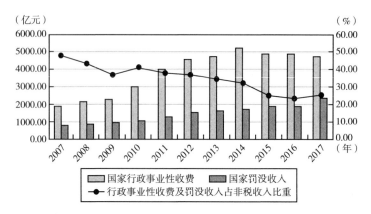

图3-2   国家行政事业性收费及罚没收入

资料来源：国家统计局官方网站。

以上是从宏观层面来分析的，而从微观数据来看，自 2013 年《国务院机构改革和职能转变方案》中提出"简政放权"后，我国政府持续推行简政放权、放管结合的改革政策，且取得了良好的效果。2014 年全年取消和下放 246 项行政审批事项，取消评比达标表彰项目 29 项、职业资格许可和认定事项 149 项，新登记企业数量呈现井喷式增长，达到 1293 万户，同比增长 45.9%。如表 3-3 所示，2015 年全国新登记企业 443.9 万户，比 2014 年增长 21.6%，注册资本（金）29 万亿元，增长 52.2%，均创历年新登记数量和注册资本（金）总额新高。① 同时，"制度性交易成本"概念提出，企业进一步"松绑"，2016 年全国新登记企业数同比增长 24.53%。2017 年和 2018 年也同样保持着较高的增速。

表3-3   **全国市场主体发展情况**

年份	全国新登记市场主体（万户）	新登记企业数（万户）	全国新登记企业数同比增长率（%）
2014	1292.50	365.10	45.90%
2015	1479.80	443.90	21.60%
2016	1651.30	552.80	24.53%
2017	1924.90	607.40	9.88%
2018	2149.60	670.00	10.31%

资料来源：国家市场监督管理总局官方网站。

————————————

① 资料来源：中国政府网。

从行政性收费项目来看，2017年6月29日财政部网站公布了全国政府性基金和行政事业性收费目录清单"一张网"。清单包括中央设立政府性基金和行政事业性收费目录清单、省（区、市）设立行政事业性收费目录清单和省（区、市）设立涉企行政事业性收费目录清单。明确了全国政府性基金21项、全国性及中央部门和单位行政事业性收费49项、全国性及中央部门和单位涉企行政事业性收费31项，以及各省（区、市）自主设立的涉企行政事业性收费共200余项。由此，企业需承担的行政事业性收费有了明确的条目，资金去向和收费依据也清晰可查，各地区违法违规收费项目得到进一步整治。

除此之外，国务院办公厅先后出台《关于加快推进"五证合一、一照一码"登记制度改革的通知》《关于加快推进"多证合一"改革的指导意见》等文件，鼓励地方政府和相关机构提升行政服务效率，激发市场活力。仅2017年上半年，已出台的4批政策就实现了减税降费7180亿元。而2017年下半年更是增加了四项新的降费措施，[①] 再次减轻了企业负担2830亿元，合计全年为企业减负超过1万亿元，其中降费占60%以上。

二、涉企收费、高额成本及转移性显性成本为主要构成

随着国家一系列降成本政策的推行，企业所面临的税费负担、登记注册费用等显性成本具有一定程度的降低，但同时，涉企收费仍居高不下。制度性因素成为进一步降低企业制度性交易成本的主要阻力，也是目前我国企业面临的制度性交易成本的主要组成部分，具体来看，包括涉企收费、高额成本及显性成本转移三类。

首先，从涉企相关收费来看，其中的三种费用给企业带来了巨大的负担。一是政府性基金收费，是为支持特定事业发展，由政府依据相关法律法规向企业征收的各种基金、资金、附加或专项收费，如水利建设基金、电影事业发展基金。二是行政事业性收费，指政府或准政府机构向企业提供公共服务时收取的用于弥补服务成本的费用，如证件证照类收费、鉴定类收费、检验检疫收费等。三是经营服务性收费，指公共机构、社会组织或中介机构向企业提供劳动、技术、信息、设施等服务时收取的费用，如公路车辆通行费、公证服务

---

① 四项政策包括：将建筑领域工程质量保证金预留比例上限由5%降至3%；清理能源领域政府非税收入电价附加，取消其中的工业企业结构调整专项资金，将国家重大水利工程建设基金和大中型水库移民后期扶持基金征收标准降低25%；降低电信网码号资源占用费、农药实验费、公安部门相关证照费等6项行政事业性收费标准及暂免征银行业和保险业监管费等。

费、评估服务费等（武靖州，2017）。这些费用使企业的额外支出大大增加，形成了较大的资金负担。

其次，从制度因素带来的高额成本方面来看，融资成本、用地成本、人力成本等仍然居高不下，这些高昂的成本直接压缩了企业的利润空间，增加了其经营风险。

除制度性因素外，白景明等（2017）也指出，非直接制度性交易成本包括第三方评估费用、资格审核等机会成本和隐性成本也是目前企业所要承担的成本压力。虽然税费负担仍然是企业降低成本的一大壁垒，但在过去的几年里内国家在企业减税方面出台了一系列的支持政策，这在一定程度确实起到了缓解作用。因此，从企业制度性交易成本的构成来看，制度性因素仍然占据着主要地位。

三、不合理规制导致企业制度性交易成本上升

制度性交易成本具有一定的正当性，然而，一旦企业的制度性交易成本超过某一合理水平，就会给企业造成额外负担，破坏其正常的经营生态链。

首先，审批程序烦琐、周期过长导致的人力、时间与机会成本依然较高。在新一轮的简政放权过程中，企业开办和登记方面的费用政府不再收取，但企业注册或注销要经过较长时间的行政审批程序，一些许可办理所需的周期也大多被拉长，加上部分企业对于烦琐的审批程序并不熟悉，因而造成了大量的时间成本和机会成本。审批权力下放并没有带来实际意义上的审批事项减少，某些方便企业的"网上申报"反而效率更低。以土地审批为例，一部分土地投资项目的立项程序复杂，手续无法简化，难以实现真正意义上的并联审批，因而往往会导致审批延迟，影响项目的整体进度。

其次，政府规制不到位会带来的制度性交易成本的上升，这主要体现在政府的职能未能发挥完全，本应由政府提供的企业相关服务并未执行到位，由此企业不得不自行寻找渠道来满足其自身日常经营的需求，由此更易导致不良政企关系的形成，最终产生的成本仍作用于企业自身。

四、降低企业制度性交易成本面临现实难题

自中央提出"降成本"后，我国企业目前面临的制度性交易成本已出现了明显的降低，但要看到的是，要实现这一目标，仍然面临着各种各样的现实

难题。具体来看，对于降低制度性交易成本来说，下放政府权力是关键且重要的一环，如果权力下放执行不到位，制度性交易成本的降低就难以落到实处。而目前，政府权力下放在执行过程中也遇到了诸多困难。第一，国家基本政策有时在基层单位难以落到实处，有些地方单位出于各种利益考虑，会以各种理由或借口拒绝企业降成本的合理要求，"降成本"成了空谈。第二，存在基层单位"接不住"或"不想接"的问题。对于上层单位下放的权力，基层单位办事人员囿于能力或人员数量的限制，不能透彻地理解政策内涵，或者不想接受"额外的"工作任务，因而存在推脱或者拖延的现象，从而造成政策执行不到位。第三，缺乏系统的"降成本"政策体系。由于国家的各项"降成本"政策实行期限较短，又多为方向指导性的意见，缺乏具体的实施细则和相应的配套措施。同时，尚未形成良性的政策反馈机制，政策实行的具体效果监测难度大，政策实施中存在的问题也不能得到及时的解决和弥补，因而可能会使现行政策的效果大打折扣。

由此，我们可以看到，目前降低我国企业的制度性交易成本仍然面临着很大的阻力，必须要弄清这些问题存在的根源，才能用真正有效且针对性强的政策来进行弥补。

除了制度供给的局限性之外，政府治理能力的滞后和定位不清晰也会导致制度失灵。不能很好地落实各项制度，如频繁变更行业标准给企业带来无端的耗费，增加成本。同时，权力下放难以落到实处。要从根源上解决问题，必须要推进政府治理能力的现代化，实施大部门制改革，进一步提高基层单位"接手"权力的能力，建立起透明、规范的商业友好型政府规制环境，使国家的"降成本"政策真正能够行之有效，保证企业享受到"降成本"的成果。

第四节 政府规制与企业制度性交易成本

从企业交易成本产生的来源来看，制度性交易成本属于企业的外部成本，是政府的相关制度规定给企业生产经营带来的额外耗费。从这一角度来看，政府的规制行为会显著影响企业的制度性交易成本。而具体来看，这一部分额外耗费中既包括企业因为要承担社会责任而必然承担的费用，也包括因为政府规制行为的变化或行为的低效率给企业带来的成本变化。因此，在面临高额的制度性交易成本时，企业往往通过将自身承担的高额制度性交易成本转移给社会来减少自身耗费，且最终以物价上涨的形式表现出来。本节就政府规制行为与企业制度性交易成本的相互联系及可能存在的影响渠道进行分析，尝试揭示二者之间的复杂关系，如图 3-3 所示。

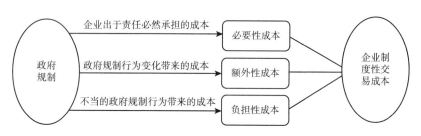

图 3-3　政府规制与企业制度性交易成本

一、必要性成本

企业的制度性交易成本中，有很大一部分是企业出于自身的社会责任或义务考虑而不得不承担的成本，而政府通过制度或法律法规的形式将这一部分成本固定了下来，本书称这一部分成本为必要性成本。必要性成本是政府发挥自身职能，维持市场秩序与安全，保障社会经济良好运行的重要"武器"和有效工具之一，无论是对于企业自身还是对于整个社会都有着重要意义。其中，最具代表性的必要性成本就是社会性规制中的环境规制、产品质量规制和劳动力市场规制等所带来的成本。

具体来看，环境规制指的是"以环境保护为目的、个体或组织为对象、有形制度或无形意识为存在形式的一种约束性力量"（赵玉民，2009）。具体到政府与企业行为，就是政府通过禁止、特许、补贴、限价、税费及押金—退款等政策手段来对企业的排污排废等行为进行规范。企业依法对生产过程中产生的有害或有毒排放物进行处理，达标后再排放，这是企业理应承担的社会责任，也是其生产成本的组成部分之一。也就是说，企业为达到政府规定的污染物排放标准而产生的费用，是企业需支付的必要性成本，政府的规制行为仅仅是将这一部分成本进行了固定化和具体化，政府规制的力度过强或过弱，都会导致企业的污染物排放行为发生改变，产生不良后果。也正是因为此，可以认为，必要性成本既是有效的，也是应当的。

类似地，产品质量规制和劳动力市场规制分别是政府针对企业产出品的质量达标要求和劳动者合法权益的保护而进行的规制。产品质量规制中，政府出于保证市场中产品流通安全性的目的，会制定一系列的制度和行业标准等来规范企业的生产行为，进而促使企业主动或被动地付出相应成本来提升产品质量，这部分成本就是企业应对政府的规制行为所形成的制度性交易成本。而在劳动力市场规制中，政府主要依托法律条文和政策性法规的形式来规范企业行为，维护劳动者在工资薪金、人身安全、医疗保障、养老保障等方面的权益，在这一过程中，企业出于降低成本、减少花费的目的，可能会采用不正当的方法或手段来寻找制度的漏洞，因此政府的规制十分必要。从成本的性质来看，企业保障其所生产的产品的质量，或是为企业员工提供权益的保障，都是企业自身的义务和责任，也是实现公司良好经营，树立正面的企业形象以及完成企业担负的社会责任的必然要求。也正基于此，此类政府规制带来的成本均为企业正常运营所必然承担的成本，即必要性成本。

二、额外性成本

与必要性的企业制度性交易成本相对应，由于政府规制重点、方向、强度及具体政策法规发生的变化而影响企业的经营行为从而带来额外的成本改变，本书称之为额外性成本。额外性成本与政府的决策行为和发展规划等因素有着紧密的联系，政府建设、管理重点的转移、规制强度的变化、法律条文的修订或是规制主体的改变等都会促使企业及时做出反应，并由此产生企业预算外的开支，形成额外性成本。额外性成本是政府在管理过程中不可避免的一项成本，但良好的政企关系有利于降低这一成本。

三、负担性成本

除了企业正常生产经营过程中产生的必要性成本和由于政府规制行为变化带来的额外性成本外，政府规制的低效率、政府不必要的规制行为甚至腐败行为等都会造成企业的不必要的成本增加，本书称其为负担性成本。负担性成本源于政府不合理的规制行为，也源于规制体制自身存在的问题。首先，规制机构的独立性和透明性对于企业的发展有着重要的影响。我国很多行业由相关产业部门牵头代行规制机构的责任，从而容易造成监管机构自身证监不分，以证代管，规制权限混乱或多头管理的问题（于良春，2003）。规制机构的不独立可能会造成产业政策或行业发展重点的偏移，从而在规制过程中出现损害企业和消费者利益的行为，给企业带来负担性的成本，违背政府规制的初衷。其次，过度的政府规制或者低效率的政府规制行为等也会大大提升企业面临的负担。政策法规朝令夕改、行业标准频繁变动或政府过度插手企业事务等现象都使企业难以高效率运转，这不仅降低了政府的公信力，也会使政策的执行效果打折扣。

四、企业面临制度性交易成本的行为选择

面临政府规制行为带来的制度性交易成本，根据自身的经营规模、资本数量及风险承受能力等情况的不同，企业既可能会通过将外部成本内部化的方式来将这一成本消化承担，并通过经营行为来予以补偿，也可能会通过将外部成本外部化的方式来解决。具体可以分为三种情况。

第一，退出市场型。对于规模较小的小型企业或个体企业，由于其客户群体和资金规模的限制，当政府规制发生变化时，很容易对其自身的成本产生较大影响，而当制度性交易成本的上升超出了其自身的承受能力，企业无法再维持正常的经营活动时，就可能选择退出市场，从而及时止损。

第二，自我消耗型。对于风险承受能力较强、资金量相对较大的企业，政府规制虽然不会直接带来企业的破产或倒闭，但迅速上升的制度性交易成本会大大压缩其利润空间，而受制行业的经营模式或公司综合能力等原因，企业无法将提高的成本转嫁给其他主体，因而只能将成本内部化，通过优化公司经营效率、提高产品质量等途径吸收激增的成本。

第三，成本转嫁型。对于已实现规模化、现代化经营的行业龙头企业或大型集团，政府规制带来的制度性交易成本的上升同样也在一定程度上压缩了其利润空间，但依托于其行业影响力，企业可通过市场机制将上升的成本以价格上涨的形式转嫁给消费者，即将自身承担的高成本转移给社会，由广大居民来负担政府规制带来的成本增加，并最终以物价上升的形式表现出来。

第四章 经济性规制与企业
制度性交易成本

我国实行的经济性规制，给企业成本带来了双重影响。一方面，具有市场经济特点的政府规制体制的形成降低了行业经营风险，提高了市场绩效，从整体上减少了企业的制度性交易成本；另一方面，由于制度安排不合理、市场失灵等，又导致企业制度性交易成本进一步增加。因此，本章对经济性规制、企业制度性交易成本以及二者之间的关系进行讨论，深入剖析导致企业制度性成本上升的原因，以提高经济规制效率、改善企业经营环境。

第一节　经济性规制实践

经济性规制是政府为了维持行业经营秩序、规范市场主体行为，对企业的进入、退出、价格等方面的活动采取的一系列规制措施的总称。经济性规制涉及的行业广泛，包括电力、城市供水、城市燃气、邮政、电信、交通运输和金融等产业。传统的规制内容包括市场行为规制与行业规制。

一、经济性规制的内容

（一）对一般市场行为的规制

1. 价格行为规制

在市场经济条件下，价格行为是企业基本的市场行为之一。1998 年 5 月 1 日颁布的《中华人民共和国价格法》（简称《价格法》），主要对经营者的价格行为和政府的定价行为进行了规制。在经营者的价格行为方面，重点规范经营主体可能存在的操纵市场价格、以极低成本倾销、哄抬物价、欺诈或者价格歧视等不正当行为。在政府定价行为方面,政府指导价的制定、施行范围和管理是规制重点。自1998年《价格法》实施以来,价格法律体系得到完善、市场秩序不断规范、经济活力也持续增强。但随着我国市场经济运行过程中仍面临着诸多难题,哄抬物价、价格垄断与价格歧视等不正当价格行为频繁出现在市场运行之中,在此情况下,传统单一的市场监管方式较为乏力。

2. 市场进入规制

市场进入是指各种生产要素参与市场的程度,获得市场进入是企业实施市场行为的前提。市场进入规制一方面可保证投资的有效性,避免因重复建设而导致企业丧失发展的持续性;另一方面通过"门槛"效应,提高进入企业的质量,促进有效竞争局面的形成。市场进入规制通常包括以下四个方面。第一,一般市场进入规制。这是对经营主体进入市场,从事基本市场活动的规制。申请者需要在进入市场条件审查通过的基础上在工商行政管理部门进行企业法人登记或者营业登记,从而获得实际营业权。第二,特殊市场进入规制。它是指对经营主体进入特殊市场①从事经营活动的规制。对于设立这类企业,主要采取审批许可制度,以审批、许可证、许可营业执照等形式进行规制。第三,涉外市场进入规制。它是指一国对外国资本进入国内市场或一国对本国资本进入国际市场而规定的各种条件和程序规则。

3. 竞争行为规制

市场竞争行为是指生产经营者在市场竞争过程中获取某种经济利益的行为,包括合法竞争和不合法竞争行为。其中,后者又可分为垄断、限制竞争和不正当竞争行为。由于在此探讨的是对一般市场行为的规制,所以重点研究不正当竞争行为。根据1993年12月1日实施的《反不正当竞争法》,不正当竞争行为主要包括擅自使用他人的企业特征而导致的市场混淆、对商品的性能等作引人误解的虚假宣传、以盗窃等手段侵犯商业秘密、违反规定有奖销售、商业贿赂和诽谤及其他影响用户选择、经营者正常经营等。

4. 消费者权益保护

消费者权益,是指根据社会经济关系的需要,消费者在有偿获得商品或服务后依法可享有的权益。消费者权益的保护涉及多个方面,包括消费者人

---

① 特殊市场主要包括药品、金融、文物、化学危险品、麻醉药品、锅炉压力容器等。

身自由、商品和服务质量、商品服务标识管理、消费者安全保障和公平交易等内容。对企业行为的规制主要包括：供给符合保障人身、财产安全要求的商品，且商品信息真实完整；明码标价；出具发票等购货凭证或者服务单据；使用格式条款的相关要求；按规进行退、换货和修理；保守消费者个人信息等。

（二）对特定行业的规制

1. 对公用事业的规制

公用事业往往具有很强的自然垄断性、公益性和必要性，主要包括电力、城市供水、城市燃气、公共汽车、地铁、城市出租车和邮政等行业。电力经济规制的重点在于市场进入和价格，一方面通过行政审批、发放行政许可证、提高进入标准，限制电力企业数量；另一方面放开输电和配电价格，以政府询价和定价管住发电和售电价格。此外，在普遍服务规制上，电力行业主要采用交叉补贴的方式，保证贫困、边远地区的电力供给。城市供水管网逐渐开放、引入民营资本和外国资本，特许经营方式逐渐凸显；供水价格采用商品管理模式，地方政府拥有自主定价权。城市燃气采取地方垄断经营的进入规制模式，价格由政府价格主管部门采取成本加成模式定制。公共汽车、地铁等公共交通行业强调特许经营的进入规制，鼓励各种社会资本以合资、合作或委托经营等方式参与公共交通市场，政府对票制、票价进行规定，并实施财政补贴。城市出租车实行严格的进入规制，控制出租车数量，司机必须取得驾驶员客运资格证，车辆必须取得道路运输许可证，才可从事营运活动；价格规制主要采取政府指导价下的行业自主定价。网约车的出现对出租车行业的价格规制和进入规制形成巨大冲击。我国邮政业曾经实行国家垄断经营的进入规制，其价格由国家物价管理部门和邮政主管部门定价，近年来突飞猛进的快递业对传统邮政业务的冲击促使政府规制进行改革。其中，邮政普遍服务是规制重点，强调邮政业通过优化网络节点布局、加强邮路通道建设、加快邮政口岸建设、完善城镇服务体系和巩固农村邮政网络，实现邮政普惠发展。

2. 对电信业的规制

电信业的业务类型分为基础电信业务和增值电信业务。基础电信业务中的本地通信和网络接入设施服务业务具有强自然垄断性，而长途通信属于弱自然垄断性质，移动通信具有潜在竞争性，IP电话和无线寻呼具有竞争性（王俊豪，2005）；增值电信业务往往也具有竞争性。在电信行业，进入规制实行许可证制度，但根据其业务性质的不同，进入规制的类型相应存在差异，主要体现在进入的难易程度上。在价格规制上，根据《中华人民共和国电信条例》（简称《电信条例》），电信资费分为政府定价、政府指导价和市场调节价。上述三种定价方式均适用于基础电信业务资费，而增值电信业务资费主要以市场调节价或者政府指导价为主。国务院信息产业主管部门在国务院价格主管部门的监管下负责制定和管理电信业务资费标准。电信业经营者根据政府制定的资费标准及调整幅度，结合自身情况，自主确定业务收费标准，实现李克强总理在 2019 政府工作报告中提出的"移动网络流量平均资费再降低 20% 以上"的目标。在普遍服务规制上，《电信普遍服务补助资金管理试点办法》对农村、边远地区光纤和 4G 等宽带网络建设运行维护资金的管理进行了规定。在《2019 年度电信普遍服务试点申报指南》与《2019 年度电信普遍服务试点实施方案》中，对电信普遍服务补偿做了细致规定，实现偏远和边疆地区 4G 网络的覆盖。

3. 对交通运输业的规制

交通运输业主要包括铁路运输、航空运输、水路运输、公路运输和管道运输等。铁路包括国家铁路、地方铁路和专用铁路。对国家铁路实行国家垄断经营，对地方铁路和专用铁路采用审批制进入。根据《中华人民共和国铁路法》（简称《铁路法》），对铁路的价格规制主要有政府指导价、政府定价和市场调节价。其中，铁路旅客和货物运输的收费项目与标准由企业自主确定。对于航空运输业，采用经营许可的进入规制，实行分类规制和结构性鼓励进入。价格由中国民用航空局和国家发展改革委员会物价司共同管理，运输票价由实行政府指导价改为市场调节价，逐步实现运价市场化。此外，民航普遍服务也逐渐成为政府规制的重点。在《支线航空补贴管理暂行办法》与《民航中小机场补贴管理暂行办法》中，对提供普遍服务支持的航空公司与机场的补贴额度、补贴标准进行了明确规定。对于水路运输和公路运输实行营业执照的进入规制，在价格规制方面则实行行业指导价。对于管道运输行业，由于行业的特殊性，采用特许制度进行进入规制，在价格规制方面则由国家统一实行成本加成定价。

4. 金融业的规制

金融业的规制对象包括商业银行和证券、保险、信托投资公司、城市信用合作社和农村信用合作社等非银行金融机构。根据《商业银行法》，商业银行的设立须满足注册资本、专业人员、组织机构、管理制度、营业场所和有关设施的要求，由国务院银行业监督管理机构颁发经营许可证，并由商业银行领取营业执照，实行法定指导利率的价格规制。根据《证券法》，规制对象包括股票、公司债券、期货等，实行进入审批制。国内证券交易实行最高上限向下浮动制度，证券公司在规定范围内向客户收取的佣金。根据《保险法》，保险公司的设立须满足注册资本、专业人员、组织机构、管理制度、营业场所和有关设施的要求，由国务院保险监督管理机构审批决定，并颁发经营保险业务许可证。对信托投资公司、城市信用合作社和农村信用合作社均实行经营许可的进入规制。

5. 其他特殊行业的规制

对于建筑业，实行建筑工程施工许可证和资质等级许可的进入规制；采用公开招标和邀请招标的招投标制度，政府机构对工程报建监管、投标报名监管、资质审查监管、审核招标文件、评标专家选取以及开标评标定标监督这六大环节进行规制（李建，2009）；实行以质量为前提的工程造价管理的价格规制。对于烟草业，根据《中华人民共和国烟草专卖法》（简称《烟草专卖法》），对烟草专卖品在生产等多个环节实行专卖管理，并实行烟草专卖许可证制度。在价格规制上，由政府统一定价。

二、经济性规制的规制依据及规制机构

我国经济性规制的主要规制依据包括4类。（1）法律。由最高权力机关全国人民代表大会和全国人民代表大会常务委员会制定。（2）行政法规。由国务院制定，一般以条例、办法、实施细则、规定等形式呈现。（3）地方性法规、自治条例和单行条例。由各省、自治区、直辖市的人民代表大会及其常务委员会制定。（4）规章。制定者是国务院各部委、中国人民银行、审计署和具有行政管理职能的直属机构或各省、自治区、直辖市和较大的市的人民政府。这些规章仅在本部门的权限范围内或行政区域内有效。

经济性规制主要包括进入规制和价格规制，其规制机构主要是中华人民共和国国家市场监督管理总局（国家工商总局）和国家发改委价格司，但经济规制涉及公用事业、电信业、交通运输业、金融业等多个行业，规制机构也包括国家能源局、建设部、交通运输部、银保监会、证监会等多个机构。从中央到地方，各个部门、各个机构共同承担着经济性规制的职责（见表4-1）。

表 4 - 1   经济性规制的规制依据及规制机构

规制内容			规制法规	规制机构
一般市场行为	价格行为		《价格法》（1998 年 5 月 1 日）	国家发改委价格司
	市场进入		《中华人民共和国行政许可法》（2003 年 8 月 27 日）《公司法》（1993 年 12 月 29 日）	国家工商总局国家市场监督管理局
	竞争行为		《反不正当竞争法》（1993 年 12 月 1 日）	国家工商总局
	消费者权益保护		《中华人民共和国消费者权益保护法》（1994 年 1 月 1 日）《工商行政管理机关受理消费者申诉暂行办法》（1996 年 3 月 15 日）	国家工商总局
			《中华人民共和国计量法》（1986 年 7 月 1 日）	各级计量行政部门
			《中华人民共和国产品质量法》（2000 年 7 月 8 日）《中华人民共和国食品安全法》（2009 年 2 月 28 日）	各级产品质量监督部门
			《中华人民共和国侵权责任法》（2009 年 10 月 26 日）	食品安全委员会、卫生部
特定行业	公用事业	电力	《电力法》（1995 年 12 月 28 日）	国家能源局①
			《国家电力公司组建方案》（1996 年 11 月 13 日）	地方经济综合主管部门
			《电力监管条例》（2005 年 2 月 15 日）	国家发改委价格司
		城市供水	《中华人民共和国城市供水条例》（1994 年 7 月 19 日）	各级城市住房和城乡建设部门
		城市燃气	《城镇燃气管理条例》（2010 年 10 月 19 日）	住房和城乡建设部各级地方燃气管理部门
		公用汽车地铁	《市政公用事业特许经营管理办法》（2004 年 2 月 24 日）《国务院关于城市优先发展公共交通的指导意见》（2012 年 12 月 29 日）	各级地方住房和城乡建设部门
		城市出租车	《城市出租汽车管理暂行办法》（1988 年 6 月 15 日）	各级地方住房和城乡建设部门
		邮政	《邮政法》（1986 年 12 月 2 日）	国家邮政局各级地方邮政局

---

① 原电力部。

续表

规制内容			规制法规	规制机构
特定行业	电信业		《电信条例》（2000 年 9 月 25 日）	国务院信息产业主管部门 国家发改委价格司 国家无线电管理委员会 各级电信管理机构
	交通运输业	铁路运输	《铁路法》（1990 年 9 月 7 日）	交通运输部① 国家发改委价格司
		航空运输	《民用航空法》（1995 年 10 月 30 日） 《民航体制改革方案》 （2002 年 3 月 3 日）	中国民用航空局
			《民航国内航空运输价格 改革方案》（2004 年 3 月 17 日）	国家发改委物价司
		水路运输	《国内水路运输管理条例》 （2012 年 10 月 13 日）	各级交通运输主管部门 国家发改委物价司
		公路运输	《中华人民共和国公路法》 （1997 年 7 月 3 日）	各级交通运输主管部门 国家发改委物价司
		管道运输	《天然气管道运输价格管理 办法（试行）》（2016 年 10 月 9 日）	石油天然气总公司 （管道局）
			《天然气管道运输定价成本监审 办法》（2016 年 10 月 9 日）	国家发改委物价司
	金融业	商业银行	《商业银行法》（1995 年 9 月 10 日）	银监会
		证券	《证券法》（1999 年 7 月 1 日） 《证券投资基金管理公司 管理办法》（2012 年 9 月 20 日）	证监会
		保险	《保险法》（1995 年 6 月 30 日）	保监会
		信托投资 公司	《中华人民共和国信托法》 （2001 年 4 月 28 日） 《信托投资公司管理办法》 （2006 年 12 月 28 日）	银监会
		城市信用 合作社	《城市信用合作社管理规定》 （1988 年 8 月 16 日）	中国人民银行
		农村信用 合作社	《农村信用合作社管理暂行 规定》（1997 年 7 月 29 日）	中国人民银行
	其他特殊 行业	建筑业	《中华人民共和国建筑法》 （1997 年 11 月 1 日）	各级城市住房和 城乡建设部门
		盐业	《食盐专营办法》（1996 年 5 月 27 日）	各级盐业主管部门各级食 盐质量安全监督管理部门
		烟草业	《烟草专卖法》（1991 年 6 月 29 日）	各级烟草专卖行政主管部门

① 原铁道部。

第二节　经济性规制下的企业制度性交易成本

经过多年的努力，中国政府经济性规制改革取得了明显成效，传统的规制体制逐渐被打破，与市场经济要求相适应的新的政府规制体制已经形成，规制进入审批程序精简化、透明化阶段，价格规制措施也更能准确反映供需的变化。目前看来，我国进入规制和价格规制的总体趋势是逐步放松、向市场化发展。一方面，行业经营环境明显改善、市场绩效有效提高。以电力业为例，针对电力产业的经济性规制，使中国电力产业总体规模保持了较高的发展水平，在进入条件规制的影响下，其产业的市场结构发生变化，清洁能源发电增速较快，火电同比增长出现下降。另一方面，由于各行业历史、制度和市场等因素的影响，使企业在面对各种规制时，不可避免地产生种种成本，包括直接成本和间接成本，这里重点讨论企业层面的制度性交易成本。经济性规制下企业的制度性交易成本主要包括寻租成本、效率损失和时滞成本等。

一、寻租成本

寻租是指经济主体为了获取稀缺资源或维持垄断地位，并谋取垄断利润而进行的一系列非生产性寻利活动。通常包括院外游说、广告宣传、贿赂等寻租行为。布坎南（Buchanan，1980）将寻租定义为一种在政府庇护下的财富转移活动，这是某种制度环境的产物，与创造社会剩余相反，财富转移活动会导致社会浪费。政府的经济性规制，如经营许可证的发放、配额、行业进入的高门槛（如进入企业和从业人员资质和数量等诸多限制）以及价格规制等，人为地创造出了稀缺性。在这种情形下，相关经济主体并非通过提高全要素生产率来增加利润，而是投入大量的生产要素用于争夺政府优惠和稀缺资源从而获取利益。如获取政府的垄断许可、平价物资、低息贷款、减免税收、无偿投资和营销权的争夺等。这类获取利益的方式并没有创造任何社会财富，而是对现有社会财富的再分配，是对经济资源的浪费，这种浪费构成寻租成本之一。寻租成本还包括寻租者从事非生产性寻利活动的种种花费以及因寻租而失去的技术创新机会等。后者可以转化为社会成本且难以计量，而前者是寻租者的私人成本，是企业需要负担的制度性交易成本，只要这种私人成本不超过垄断利润，企业的寻租活动就会持续下去。

二、效率损失

经济性规制给企业带来诸多效率损失。一是进入规制多采用经营许可证方式，给企业和从业人员设置了较高的进入门槛，构成进入壁垒，如电信业的本地电话业务。这使得在位企业免受进入者的竞争，从而缺乏降低成本、提高效率、改善产品质量的动机。正如莱本斯坦（Leibenstein）认为，由于缺少有效竞争，企业实际经营过程中并不能完全有效地购买和使用投入要素，导致实际成本高于理论最低成本，因而存在生产效率损失。而且，由于在位企业缺乏其他企业作为参照，没有适当标准判断其经营的有效程度如何，垄断企业比竞争性企业更难有效地监督和提高内部效率（Carlton and Perloff，1990）。二是价格规制，当政府采用公正报酬率定价，收益会随资本的变化而变化，导致被规制企业倾向于使用过度的资本来替代劳动等其他要素的投入，在缺乏效率的高成本下形成产出是，从而产生效率损失。当采用边际成本定价时，企业通常会发生亏损。若政府选择对企业给予税收或者其他形式的财政补贴，会使企业产生一旦发生亏损就可以获得补贴的念头，使得效率降低。另外，许多行业产品（如电力）的定价往往先采取询价方式，再由政府行政部门审批，但由于电力产品的多样性，存在多种价格标准，从而电价也不同，使得电价并不能正确反映电力市场真正的供需关系，大大削弱了电力企业的积极性和创造力，生产效率降低。价格规制缺乏动态变化，也可能使得产品价格无法反映市场真正的供求关系，从而产生效率损失。

三、时滞成本

时滞成本主要产生于进入规制，一个新项目或新投资由申请、审查到许可，经过层层审批，需要花费很长一段时间，这段时间被称为规制的时滞。由于市场环境是瞬息万变的，一旦在这段时间内市场环境发生不利于企业的变化，企业对此很难做出反应，大大增加了企业投资的机会成本，尤其对于一些具有很强时效性的项目，这些项目往往前期具有较大投入且多属于沉淀资本，这会导致企业承受大量损失。各行业市场的需求和技术状况是不断变化的，当市场需求发生变化，产业结构也会随着技术进步发生相应的变化，可能由强自然垄断发展为弱自然垄断，或失去垄断特性而转变为竞争性产业。这时就需要对规制制度及时做出调整，以适应新市场环境的变化以及企业据此做出决策变化，否则会使企业承受不必要损失。另外，价格规制同样也会产生时滞成本。产品成本并非一成不变，若价格的变动滞后于成本的变动，产出无法弥补投入，也会使企业蒙受损失。

第三节　行业分析：中国民航业

一、中国民航业经济性规制改革的历史和现状

民航运输业的政府规制，一般包括进入规制、价格规制、投资规制、产权主体规制、普遍服务规制、安全规制等方面，这里重点讨论进入规制和价格规制。

（一）进入规制

为了防止民航业运输能力的相对过剩，保证有效竞争的形成，政府在市场主体、航线航班、飞机购置、外商投资等多方面设置了较高的准入门槛，但总体趋势仍然是不断放松准入，持续推进民航业的市场化改革。我国民航业的进入规制历程大体可分为以下五个阶段。

1. 1980 年之前：严格规制

在 1980 年之前，实行的是严格的计划经济政策，中国民航业采用政企合一的管理体制。相关主体的经营活动受到中国民用航空局的严格规制，尤其体现在行业的进入退出、航线的设立取消等方面，审批流程十分复杂，存在较高的行政审批成本。

2. 1980～1986 年：企业化改革和放松规制的初步尝试

1980 年 3 月，根据邓小平同志"民航一定要走企业化道路"的指示，把中国民用航空局改为国务院直属局，由国务院领导，为探索民航的企业化道路指明了方向。机构改革是企业化改革的开端，中国民用航空局在 20 世纪 80 年代初期进行了两次机构改革，成立各业务司作为政府的主管部门。这虽给企业化管理提供了一定的条件，但实行的仍是政企合一的国家垄断经营，政府规制力度并无明显变化。20 世纪 80 年代初，中央加快了民航政企分开的节奏，并于 1984 年和 1985 年，分别成立了中国联合航空公司和上海航空公司。1985年，中国民用航空局与国家工商总局联合发布《关于开办民用航空运输企业审批程序的通知》，标志着航空运输业的市场进入有了初步松动。该通知的发布明晰了承办民用航空运输企业的审批程序，降低了企业办理无效手续的资金、时间、人力等制度性交易成本。

3. 1987～1996 年：政企分开，全面放松进入规制

1987 年初，国务院发布了《关于民航系统管理体制改革方案和实施步骤的

报告》，报告在机构调整和企业重组方面对民航体制内部进行了全面调整，意味着民航业的发展开始步入新的时期。一是政企分开。在政企分开思想的指导下，民航业逐步转变为政府规制部门、航空公司及机场相互独立的经营管理模式。1987～1994年，通过对北京、上海等六大地区航空管理局的改革，分别组建了华北、华东等六大地区的航空管理局，并先后成立了东方航空公司、中国国际航空公司、南方航空公司等六大航空公司，实现了航空运输与机场经营环节的分离。在这种经营管理模式下，政府规制效率进一步提高，但由于民航总局逐渐将航空公司、规制机构、监督机构融为一身，而难以兼顾消费者、航空公司和政府三者之间的利益，使消费者和生产者剩余受损，政府规制成本也大为提升。二是放开各地、各部门筹办航空公司的规定。1993年《开办航空运输业审批基本条件和承办程序细则》的出台，鼓励地方政府和民间资本建立航空公司和机场，标志着民航运输业基于所有制形式的歧视性控制政策的结束（胡洪斌，2014），在此期间地方航空公司和机场的数量迅速增加，开办航空运输业审批条件和承办程序进一步细化。三是民航国内航线经营审批的放松。在民航主管部门的控制下，航线进入逐渐放松，审批制度开始在民航国内航线经营中实行。但由于法律法规的缺失，使国内航线经营管理在一定程度上出现了无序的局面。四是外资准入的改革取得了新进展。1994年，中国民用航空局与中华人民共和国对外经济贸易部共同发布了《关于外商投资民用航空业有关政策的通知》，对运用外商资本建设机场、航空运输企业、通用航空企业和民用航空企业等方面进行了初步规定。

4. 1997～2002年：严格进入规制

前一阶段对规制的全面放松，使航空运输业市场需求趋于饱和、供给能力过剩，航线过度进入以及各航空运输公司纷纷实行"价格战"，民航业陷入无序竞争的泥淖。由此，民航业重新恢复严格的进入规制，具体表现为以下三个方面。一是严格进入规制，鼓励和引导企业联合和兼并。1997年，中国民用航空局明确提出实施"大公司、大集团"战略，鼓励加快建立具有规模经济效益的航空集团公司。其间，没有新的航空公司成立，兼并反而使得企业数量呈下降趋势，缺乏竞争，生产效率低下。二是控制飞机数量，加强国内航线进入规制。1996年，中国民用航空局发布《中国民用航空国内航线和航班经营管理规定》，对国内航线经营许可的相关规定进行了细化，缓解了航线管理的无序、混乱局面，在一定程度上避免了不必要的成本或损失的发生。三是加强国际航线的进入规制。20世纪90年代末期，国家开始重视提高国际航线市场的占有率，鼓励国内外航空公司加强合作，实现航线联营与代码共享。21世纪初期，中国民用航空局通过增强航线经营的竞争性，解决了因进入部分国际航线的航空公司过多而造成的效率损失问题，在一定程度上提高了航空公司的市场份额和载运率。

5. 2002 年至今：市场化改革

2002 年 1 月 23 日，国务院通过了《民航体制改革方案》，标志着民航业开始了新一轮的改革。一是对国有航空公司实行战略重组。2002 年，完成了对中国航空、中国东方航空及中国南方航空三大航空集团的组建，以及中国航空信息、中国航空油料和中国航空器材等三大航空服务保障集团的组建。六大集团的成立，标志着我国民航运输业改革进入了深化阶段，航空运输服务业寡头竞争的格局初步形成。这种寡头竞争格局在带来一定规模经济的同时，也会限制民航运输业有效市场结构的效果发挥，产生社会福利损失。二是基于资本所有制的进入规制的突破。2005 年，出台了《国内投资民用航空业规定（试行）》和《公共航空运输企业经营许可规定》，鼓励不同性质的资本投资于民航业，这标志着我国开始从资本角度全面放松行业进入门槛。此后，奥凯、春秋等多家民营航空公司开始进入民航市场。引入多种所有制形式参与民航业，对于激发民航业的市场活力、促进有效竞争具有积极作用。三是逐步放宽国内航线经营的许可规制。2006 年，正式施行《国内航线经营许可规定》，明确了分类、分级许可的初级模式。2010 年，中国民用航空局发布《改革国内航线经营许可和航班管理的办法》，对国内航线分类、分级管理的许可模式进行了详细规定，强调仅北京市、上海市、广州市三大城市四个机场的航线进入许可工作由民航局负责，其他国内航线的进入许可工作由地区管理局负责。随着国内航线经营许可的逐步减少，市场资源配置作用也在逐渐增强，我国正在实现以"天空开放"为主题的航空运输自由化。四是外商投资进入规制放松。2002 年 8 月，颁布了《外商投资民用航空业规定》，放宽了对外资进入航空运输业的范围、方式、比例等的规定。2005 年 2 月，三部委通告《〈外商投资民用航空业规定〉的补充规定》施行，为香港特别行政区和澳门特别行政区在内地的民航运输业投资打开大门，我国的对外开放水平不断提高。五是强化简政放权，着力降低企业制度性交易成本。2018 年 10 月 1 日，新版《公共航空运输企业经营许可规定》正式开始实施。该规定按照"先照后证"的管理方式，将企业名称预先核准通知书调整为企业法人营业执照，并根据注册资本制度改革要求，不再要求企业提交验资报告。并取消了经营许可证上与企业法人营业执照重复的内容，将经营许可证的有效期限改为长期有效，通过年度报告加强监管。这一系列的举措，有利于减轻企业办理行政事务的负担，并进一步加强市场监管，规范公共航空运输企业的经营许可工作。

总体看来，2002 年以后的民航业改革是全面市场化的改革，我国继续放宽国内航线航班管理、规范国际航线航班运营秩序，完善公共运输行业经营许可，不断减少事前审批、强化事后监管。未来，仍要继续深化市场化改革，不断放宽市场进入规制，引入竞争机制，促进行业有效竞争的形成。

（二）价格规制

中国民用航空局和国家发展改革委员会价格司是我国民航业价格规制的主要机关，随着我国经济体制逐步实现向社会主义市场经济的转变，中国民航业的市场化改革不断发展，民航业的价格规制政策也不断完善。我国民航业的价格规制历程大体可分为五个阶段。

1. 1992 年之前：严格规制

在 20 世纪 80 年代之前，实行的是严格的计划经济政策，政府部门负责制定航空运输价格，企业没有定价自主权。1980 年 3 月，根据邓小平同志"民航一定要走企业化道路"的指示，民航在机构改革的背景下开始进行独立核算。在这一阶段，由于航空运输的价格始终维持在较低水平，使民航运输业不得不依靠政策性补贴来缓解其持续亏损的境况。这种低票价政策不能正确反映民航运输市场真正的供求关系，且国家的政策补贴使企业产生亏损即可获得补贴的念头，进一步降低了企业效率，使政府和企业均负担了高额的成本。此外，为了配合民航体制改革，实行政企分开，1986 年，中国民用航空局发布了《民用机场收费标准暂行规定》，将飞机起降服务费、地面服务费和航路费等作为主要收费项目，并明确了上述项目的收费标准。

2. 1992～1997 年：逐步放松价格规制

随着民航业市场进入的放松，国家也逐渐放松对价格的规制。20 世纪 90 年代初期，企业逐步恢复定价自主权，航空公司票价可上下浮动 10%。1996 年 3 月 1 日，中国民用航空局与国家计委①开始以政府指导价的形式管理国内航线票价。1997 年 7 月 1 日起，对境内外旅客乘坐国内航班实行同价政策。1997 年 11 月，中国民用航空局推出的"一种票价，多种折扣"政策，在 5%～40% 的范围内给消费者提供优惠，进一步给予了企业一定的定价权，以适应市场需求的变化。与此同时，1992 年，中国民用航空局颁布《关于调整民航机场收费标准的通知》，将机场分为三类，首次对机场进行分类管理。收费项目细化为机场飞机起降服务费、地面服务费、航路费、机场进近指挥费，收费标准均有提升，加大了航空公司的成本支出。

---

① 国家计委现为国家发展和改革委员会。

3. 1998~1999 年：再次收紧价格规制

在票价规制和市场进入规制双重放松的背景下，进入者越来越多，各航空公司为了争夺有限的资源、抢占市场份额，纷纷实行"价格战"，恶性竞争使得全行业在 1998 年出现了巨额亏损，产生了高额的制度性交易成本，不得不放弃"一种票价，多种折扣"政策。放松价格规制带来的恶性竞争，一方面反映了价格规制的两重性，另一方面反映了规制依据的滞后性。为了整顿市场秩序，1999 年初，中国民用航空局会同国家计委发布了《关于加强民航国内航线票价管理，制止低价竞销行为的通知》，要求航空公司按照国家规定价格提供运输服务，不得滥用折扣，违规者将面临取消航班的严厉处罚。"禁折令"的推行，使民航业扭亏为盈，但消费者福利和相关产业的利益被极大地削弱，违背了市场化原则。

4. 2000~2003 年：价格改革尝试和探索

21 世纪初期，在推行"禁折令"的同时，中国民用航空局通过采取行政命令的方式使经营国内主要航线的航空公司实现航线收入联营。但航线联营在遏制低价竞争的同时，也极大地增加了规制成本以及企业之间的交易成本，"禁折扣"和"航线联营"均收效甚微。2001 年 5 月，中国民用航空局在新星联盟海南联营航线上试行多级票价体系，采取"定价协商、共同报批"的票价制定新模式。同年 8 月，航空公司可在国家规定的支线机票价格 10% 的幅度内自主定价，国家对支线票价的规制有所放松。2002 年 11 月，机票在原票价的基础上全部上浮 5%~6%，取消航线联营，机票告别统一价格，各航空公司有了更多的自主权。2003 年 7 月，民航国内航空运输价格改革方案听证会召开，政府开始实行宏观浮动管理模式。

5. 2004 年至今：运价市场化

2004 年 4 月 20 日，经国务院批准的《民航国内航空运输价格改革方案》的实行，意味着我国民航运输业的定价机制开始向鼓励竞争与市场化的方向转变。

此改革方案存在两点重大突破。一是在票价管理方面实现了主管部门由直接监管向间接监管的转变。方案规定，国内航空运价以政府指导价为主，航空运输基准价和浮动幅度由政府价格主管部门间接管理。二是更加重视市场力量。政府价格主管部门在确定航空运输基准价和浮动幅度时，必须考虑民航运输的社会平均成本、社会承受能力及市场供需等要素，这在某种程度上给予了企业一定的自主定价权。据此方案，我国民航客运价格存在双重定价主体——政府和航空运输企业，当价格规制部门以航空运输企业上报的成本为主要规制依据时，很可能会导致企业丧失降低成本的内在驱动力，使得企业经营成本增加、运输服务价格提升。为适当缓解航空公司成本增支压力，2005年，开始降低航油进销差价，并对国内航线旅客、货物运输恢复收取燃油附加费。2008年，调整机场收费标准。在提高国内中小型机场收费标准的同时，降低了大型机场收费标准，进一步理顺了机场收费项目体系，促进了全行业协调发展。

2010年6月，民航国内航线头等舱、公务舱票价实行市场调节价，具体价格由各运输航空公司自行确定，以进一步深化民航国内航空运输价格改革。2013年，中国民用航空局和国家发改委联合下发的《关于完善民航国内航空旅客运输价格政策有关问题的通知》规定，对于实行政府指导价的国内航线，航空公司可依据政府确定的基准价在浮动范围内自主定价，其中上浮不超过25%、下浮不受限制；对与铁路、公路等主要交通方式形成竞争关系，且由两家及以上航空公司共同经营的国内航线，其旅客运输票价实行市场调节价。这一系列的举措表明，民航运价市场化改革的步伐显著加快。2014年12月，中国民用航空局发布了《关于进一步完善民航国内航空运输价格政策有关问题的通知》，在放开民航国内航线货物运输价格的同时，对部分在相邻省份之间与铁路、公路等主要交通方式形成竞争的短途航线的旅客运价实行市场调节价。2015年12月，中国民用航空局印发《中国民用航空局关于推进民航运输价格和收费机制改革的实施意见》，对国内航空运价的市场化改革提出更高要求，并强调继续深化民用机场收费、空管服务收费、飞行校验服务收费和航空油料销售价格改革。

总体看来，我国不断推进民航运价的市场化、持续改进价格形成机制与管理机制，各项制度政策为此提供了强有力的保障，这有利于民航业健康有序的发展。当然，未来还要继续深化运输价格市场化改革，完善市场决定价格的价格形成机制，建立起一套科学、规范、透明的价格监管体系。

二、规制对成本的影响

随着经济性规制改革在中国民航运输业的有序开展，民航运输业的进入门槛有所松动，定价行为渐趋市场化，在运能增长水平、产业规模、运输效率、航空安全和服务质量等方面均有所改善。具体而言，在运能增长水平上，2008～2018年，我国民航运输总周转量、旅客运输量和货邮运输量年均增长分别达12.58%、12.43%和6.56%，市场需求旺盛，产业发展迅速；在产业规模上，按不重复距离计算的航线里程从2008年的246.2万公里增长至2018年的837.98万公里，航线条数从1532条增长至4945条，飞机架数也是2008年的2.89倍，产业规模不断扩大；在运输效率上，正班客座率和正班载运率不断上升，运营能力持续提高。虽然民航运输业在市场结构、市场行为和市场绩效等方面都有所改善，但仍需清楚地认识到，在经济规制改革的推进过程中，中国民航运输业在市场进入、航线获取、机场使用等方面均存在着较高的制度性交易成本，而这也抑制着民航运输业效率的进一步提升。

（一）航线与时刻审批权过于集中

随着我国航空业的不断发展，航线和时刻资源都成为稀缺资源。对航空公司而言，航线、航班时刻资源直接关乎客流量和最终收益，因此航线审批、航班时刻分配显得至关重要。在我国，航线审批主要采取分级、分类的经营许可制管理模式；航班时刻分配坚持行政和市场配置相结合，采取分类管理和量化管理两种方式。航线和时刻资源的管控权均集中于中国民用航空局和民航地方管理局。这种过于稀缺的资源和过于集中的审批，很容易出现"灰色地带"。2010 年，中国民航业内刮起了一场前所未有的反腐风暴。审计署在审计某些航空公司的财务报表时发现多笔百万元以上的"航线协调费"并未记录，由此牵扯出数位民航局高管。这些高额的"航线协调费"，可能被直接计入航线运营成本，也可能通过其他形式不计入报表，但无论其以何种形式呈现，均增加了社会的交易成本，尤其是航空运输企业的制度性交易成本。

自此之后，我国加速了对民航国内航线、航班时刻经营管理体制的改革，进一步简政放权，实现航线航班资源分配公开透明。但是国内航线经营许可制度在国内航线审批规则的制定，在北京市、上海市、广州市三大城市四个机场的黄金航线的审批上，依然给予了民航局较大的自由裁量权，从而难以根除航线分配的"潜规则"，航空运输企业仍存在潜在的制度性交易成本。

（二）进入门槛高

中国民航运输业在市场主体、航线航班、民用航空器等多方面设置了较高的进入门槛，但总体趋势仍然是不断放松的。一是市场主体进入。根据 2018年 8 月 31 日交通运输部发布的《公共航空运输企业经营许可规定》，公共航空运输企业申请经营许可不再需要提交验资报告，且经营许可证由 3 年有效期限改为长期有效，进而简化了审批管理流程、降低了企业的制度性交易成本。若违反该规定，视情节性质和严重程度，企业将被警告或处以罚款。二是航线进入。根据《中国民用航空国内航线经营许可规定》《定期国际航空运输管理规定》，企业需提供相关文件和材料，申请获得航线经营许可登记证。相比于国内航线的进入，为获得国际航线的经营许可，企业需提供较多的申请材料、经历较为烦琐的程序和周期，进而承担较高的制度性交易成本。三是民用航空器的适航管理。公共航空运输企业的民用航空器必须具有民航局颁发的适航证才可飞行，因此，标准适航证的获取也是市场进入的要素之一。《中华人民共和国民用航空器适航管理条例》规定，在中华人民共和国境内飞行的民用航空器必须具有国籍登记证，国籍登记证是获取标准适航证的前提。在《关于重新发布民航系统行政事业性收费标准及有关问题的通知》的附件中，对民用航空器的国籍登记费、权利登记费和适航审查费进行了明确规定。若未取得、超出有效期使用适航证或超出适航证规定范围使用民用航空器从事飞行活动的责任主体，将会受到警告或罚款。这些行政审批费用和罚款构成了航空运输企业的制度性交易成本，如表4-2所示。

表4-2　　　　　　公共航空运输企业进入市场的行政事业性收费标准

收费项目		收费标准
公共航空运输企业经营许可证及其变更和换发		—
国内航线经营许可核准书（登记证）		—
国际、港澳台航线经营许可证		—
民用航空器国籍登记费		首次、临时：1000 元/架（其中特殊类航空器：400 元/架） 变更：首次登记费收费标准的50% 补办：首次登记费收费标准的20% 注销：首次登记费收费标准的10%
民用航空器权利登记费		首次：1000 元/架（其中特殊类航空器：400 元/架） 变更：首次登记费收费标准的50% 注销：首次登记费收费标准的10%
适航审查费	初始适航检查费	航空器、发动机、螺旋桨：200 元/工时材料、零件和机载设备：150 元/人天
	持续适航检查费	运行中的航空器：200 元/工时

资料来源：《关于重新发布民航系统行政事业性收费标准及有关问题的通知》附件及中国民用航空局官方网站，"—"表示不收费。

（三）规制定价的行政化

航空煤油销售价格改革是我国民航体制改革的主要内容之一，尽管民航业一直在加快实现航空煤油销售价格从政府定价、政府指导价到完全由市场形成价格的转变，但考虑到中国航空油料集团有限公司（简称"中航油"）的垄断地位及中航油和航空公司之间的价格博弈，航油销售价格在短期内仍然会以行政定价为主。根据《关于印发航空煤油销售价格改革方案（试行）的通知》，内地航空公司内地航班航空煤油销售价格由国产航空煤油出厂价格和进销差价构成，分别由国家发展改革委和中国民用航空局负责管理。一方面，政府基于供油成本、市场供求状况、航空公司的承受能力等因素合理制定航空煤油进销差价基准价；另一方面，政府为实现发展规划目标，助推航油高价形成。如，根据中国民用航空局发展计划司的要求，中航油需要在"十二五"期间增加航油供给，满足新增 70 个机场的航油需求，到 2015 年全国机场总数将增加 35%。民航总局不计亏损地建机场，为了补贴亏损又不得不维持航油"计划式"高定价，导致航油价格较高的局面形成。

航空油料成本一直都是航空公司直接运营成本中占比最高的部分。由图 4-1 可知，近年来我国四大航空公司的航油成本占营业成本的比重波动较大，且从 2016 年起再次呈现较快的上升趋势。这一方面是由于 2018 年全球航油平均价格同比上涨约 31%，国际原油价格再次上涨使得全球各航空公司的利润均受到不同程度的影响；另一方面是由于国家发改委对航油出厂价的调整，2018 年航油出厂价上涨 28.4%，增至 5359 元/吨，使航空公司的航油成本大幅增加。另外，2017 年 11 月国家发改委对燃油附加费机制做出调整，规定只有当国内航空煤油综合采购成本变动超过 250 元/吨时，燃油附加费才能做出调整，而当成本上调幅度小于此标准时，航空公司将承担更多的成本。

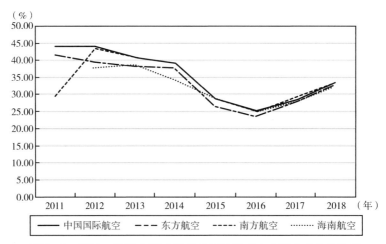

图 4-1　2011~2018 年四大航空公司航油成本占营业成本的比重

资料来源：我国前四大航空公司 2011~2018 年年报。

（四）价格规制中的利益冲突

依据《民用机场收费改革实施方案》，机场收费项目包括两部分：一是起降费、客桥费、旅客服务费、停场费和安检费等航空性业务收费；二是头等舱和公务舱休息室出租、办公室出租和地面服务收费等非航空性业务收费。机场收费管理采用政府指导价和市场调节价相结合的方式，在航空性业务收费和二类、三类机场的地面服务费上，由中国民用航空局和国家发改委制定统一标准的基准价进行管理（具体收费标准参见表4－3）；而非航空性业务收费实行市场调节价。其中，航空性业务收费中的起降及停场费是航空公司营业成本的重要组成部分。图4－2显示，近年来，主要航空公司的起降成本占营业成本的比重有小幅下降，但其仍是企业的主要成本支出。

表4－3　　　　内地航空公司内地航班起降费和停场费的收费标准基准价

机场类别	起降费（元/架次）					停场费（元/架次）
	T：飞机最大起飞全重					
	25吨以下	26~50吨	51~100吨	101~200吨	201吨以上	
一类1级	240	650	1200+24（T－50）	2400+25（T－100）	5000+32（T－200）	2小时以内免收；2~6（含）小时按照起降费的20%计收；6~24（含）小时按起降费的25%计收；24小时以上，每停场24小时按起降费的25%计收。不足24小时按24小时计收
一类2级	250	700	1250+25（T－50）	2500+25（T－100）	5100+32（T－200）	
二类	270	700	1300+26（T－50）	2600+26（T－100）	5200+33（T－200）	
三类	270	800	1400+26（T－50）	2700+26（T－100）	5300+33（T－200）	

资料来源：《民用机场收费标准调整方案》附件。

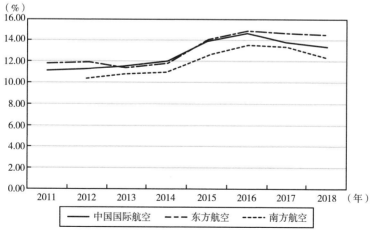

图4－2　2011~2018年国航、东航和南航的起降成本占营业成本的比重

资料来源：国航、东航、南航三家航空公司2011~2018年年报。

《民用机场收费改革实施方案》理顺了机场收费项目体系，调整了收费基准价格，该方案自 2008 年 3 月 1 日实施以来，各类机场的收入均有所提高，而各大航空公司的航空性费用支出也相应增加，形成制度性交易成本。随着民航体制改革的不断深化以及经济的发展和国际化的要求，2017 年，民航局颁布了《民用机场收费标准调整方案》，进一步调整了起降费、停场费、客桥费等费用的标准基准价，并首次允许起降费收费标准在基准价基础上上浮（不超过 10%），而这意味着航空公司在起降及停机费用上可能面临更高的成本支出。

第四节　优化经济性规制，降低企业制度性交易成本

一、全面完善经济性规制法律体系，避免制度滞后成本增加

法律保障的缺失，使得市场很难实现有序竞争，企业效率也得不到提升。在欧美发达国家的规制实践中，"立法—政企分开—放开市场"是其放松规制的必经程序，而立法是被置于首要地位的。在新旧规制方式和市场运行模式更替之前，需要先以立法的形式明确改革方向和改革思路，从而为市场参与者提供一个有法律保障且公平公正的经营环境，实现有序竞争，提升企业经营效率。在我国的规制实践中，市场放开被置于首要地位，其次是政企分开，最后才是立法。在法律保障缺失的情况下选择放开市场，势必会扭曲市场竞争秩序，滋生寻租、产生腐败，使各类问题层出不穷。此外，规制法律存在滞后性，跟不上行业发展速度。以民航运输业为例，我国现行运价政策制定的主要依据为《民航国内航空运输价格改革方案》，且有《价格法》《民用航空法》《反不正当竞争法》等法律作为政府有关部门制定运价体系的参考，但《消费者权益保护法》并未在参考范围内，这势必引起消费者群体的不满。因此，必须加强相关行业政府规制立法，加强政府规制法律体系的建设，为经济规制改革提供法律依据。

首先，要处理好改革和立法的关系。只有明确了政府规制改革的方向，才能保障政府规制改革工作的推进。改革目标、方向和思路的确定，需要基于对改革框架的整体把握，进而明确规制改革的实施主体及其职能。立法后，相关部门可直接依据法律进行规制，从而在一定程度上可减少规制实施过程中的主观性。

其次，弥补缺失的法律法规。在经济规制改革的推进过程中，各个行业的规制机构依照各行业发展要求对其规制方向和政策均做了相应的调整，但仍然存在许多法律不健全的地方。因此，相关部门应该对存在的法律漏洞进行精准识别，健全规制法律，为政府规制改革提供基础的法律保障，发挥法律的先导作用。

最后，制定行政监管的法律条例。通过法律条例明确相关部门的行政监管权，进而确定监管机构的监管范围、监管程序等准则，减少监管的主观性，避免出现监管灰色地带。

二、保证经济性规制机构的独立性，减少企业寻租成本

在推进经济性规制改革的过程中，规制对象、规制机构和政府部门之间常常会因利益交叠而出现不同程度的冲突，这极大地便利了寻租活动，使企业制度性交易成本增加。以民航运输业为例，国务院国有资产监督管理委员会（简称"国资委"）负责管理国有航空公司的注册资本、债券发行和利润分配等，而中国民用航空局主要负责制订行业规制方案等。国资委和民航局作为政府机构，在解决政府、企业和消费者之间的利益冲突时，陷入了社会效益与经济效益互相制衡的困境，而国资委、中国民用航空局与国有航空公司之间存在的权利交叠问题更是加重了规制机构的选择困境。因此，保证经济性规制机构的独立性是顺利推进规制改革的前提。基于此，必须严格明确规制对象、规制机构和政府机构的权限范围，理清三者之间的关系，避免出现权利交叠。

具有独立性的规制机构依据法律进行规制解决不同主体之间的利益争端，完全不受企业和政府约束，从而可以真正建立起一个自由、公开和高效的竞争市场。要确保经济性规制机构的独立性，首先要进一步明确政府的职能定位。政府要减少对市场主体微观经济活动的直接干预，给予市场与企业充分的自主权，并根据市场运行情况，及时完善政府规制体制细则。其次，保证规制立法部门的独立性，防止其被相关利益主体左右。最后，规制机构应退出参与被规制对象的经营管理，从而打破某些行业政企合一的规制安排。只有这样，规制机构才能发挥法律的普遍性、强制性，依据法律客观公正地解决不同主体的利益冲突，从而减少垄断、寻租现象的出现，降低企业制度性交易成本，提高市场运行效率。

三、完善进入退出规制，降低冗余交易成本

可竞争理论提出，无论是寡头市场，还是垄断市场，只要市场可以在正常的进出成本下保证市场进入的自由，任何市场结构下的企业都会在无形的竞争压力下采取手段进行竞争（夏大慰，1999）。在这样的竞争环境下，即使是具有超高集中度的自然垄断市场结构，也是存在效率的。这种情况也适用于自然垄断逐步弱化的产业，如民航业。民航业在民营资本进入规制方面存在严重滞后。以 2005 年为界，在此之前，民航业的市场结构基本上是以国有资本为主导的，之后才有民营资本进入。而民营资本在激发民航业活力、遏制行政垄断、提高行业效率等方面发挥着重要作用，这在世界民航业以及我国民航业的发展历程中都得到了证明。因此，减少规制弊端，完善进入、退出机制，对不同行业的不同环节采取针对性的规制显得尤为重要。

首先，有针对性地进行进入规制改革。识别行业及行业内各个经济环节的垄断特性，对已经具有竞争性或自然垄断性相当弱化的部分放松规制，减少不必要的行政审批程序和手续，降低企业制度性交易成本。同时，充分发挥市场在资源配置中的决定作用。在配置行业资源时，尽量减少行政命令的使用，更多地发挥市场机制的作用。既要放松对竞争性或自然垄断性较弱行业的规制，又要继续保持和加强对具有明显自然垄断性行业及行业内某个环节的规制力度。对于后者，其发生的制度性交易成本是企业必须承担的一部分。在识别行业市场结构特性的过程中，应坚持动态性原则，随时精准把握行业经济特征的发展变化情况，从而科学准确地判断出行业的市场结构。

其次，在加大规制放松力度的过程中，要注意坚持适度、逐步放松的原则，既要引入市场竞争，促进行业内企业提升效率，又要避免放开过快给行业、企业带来较大冲击，导致出现无序竞争的局面，产生不必要的效率损失，增加额外的制度性交易成本。

最后，应完善市场退出机制。根据以往经验，补贴、增加资本投入是政府在挽救经营困难甚至即将倒闭的企业时采取的常规措施。从表面上看，这种行为是对企业的保护，但事实上是对市场的破坏。在长期运行中，这会助长企业不思进取的风气，导致低效率运营，产生较高的制度性交易成本。因此，政府必须要控制其干预市场的力度，尊重市场优胜劣汰的基本法则，帮助企业建立起完善的外部约束机制和内部激励机制。

四、放松价格规制与价格再规制，合理控制企业制度性交易成本

从整体上看，放松价格规制与价格再规制都十分必要。价格规制既关乎消费者的切身利益，又直接影响市场运行效率。因此，规制机构常常会陷入社会福利与市场效率选择的困境。一旦价格规制放松，在自然垄断弱化的行业，企业便会基于自身利益的考量，采取各种手段迅速抢占市场，形成恶性竞争，导致市场秩序出现严重混乱。反之，若采取严格的价格规制，某些企业会将其低效率以高收费的方式转移给消费者，形成社会福利损失，这是企业间接负担的制度性交易成本。此外，相当大部分的消费需求在规制形成高价的过程中被抑制，企业市场规模扩张受阻，由此增加了应由企业直接负担的制度性交易成本。而在自然垄断性较强的产业，如公用事业，采取严格的价格规制，企业因价格始终维持在较低水平而难以获得合理利润，甚至难以弥补成本，不得不承担亏损经营的制度性交易成本。

采取有针对性的价格规制，是规制改革的重点。对自然垄断性较弱或者非垄断性的行业及行业内某个经济环节，应充分发挥市场的调节作用，让市场决定其价格，促进资源合理配置，减少效率损失。竞争机制的引入可打破在位者对信息的垄断，使价格规制部门获取更多的规制信息，减少规制双方因信息不对称而产生的制度性交易成本，进而完善政府定价管理，促进经营企业全要素生产率的提升，提高服务质量和降低价格。而对仍具有明显自然垄断性的行业及行业内的某个环节，应继续保持或加强现有规制力度。因为市场对价格的形成虽具有灵活性较强和可自动调节等优点，但也存在着自发性、盲目性与滞后性等缺点。

所以，政府对这些行业必须采取严格合理的价格规制，避免产生不必要的制度性交易成本。此外，必须坚决依法打击哄抬物价、价格垄断与价格歧视等不正当价格行为，通过制度化、程序化的市场监管规范市场秩序。

第五章　社会性规制与企业
制度性交易成本

社会性规制是政府为了减少或控制负外部性而采取的一系列规制措施的总称，主要包括环境规制、生产安全规制和产品质量规制，本章主要总结三种社会性规制的方法、规制机构以及发展历程，并进一步分析各项社会性规制对企业的制度性交易成本的影响。选取煤炭、食品等代表性行业对环境、生产安全、产品质量规制效果进行评价，提出提高规制效率，降低不必要的制度性交易成本的对策建议。

第一节　社会性规制实践

环境、生产安全、产品质量规制构成了社会性规制的主要内容。环境规制是指规制机构以环境保护为目的而制定实施的各项政策与措施的总和，依据政策工具的强制程度可将其分为三类（Testa et al.，2011）：直接规制（标准、命令、控制）、经济工具（税费、可交易的排放许可证等）、软手段（自愿产业协议、环境认证方案等）（胡元林等，2018）。生产安全规制是政府针对工作场所中可能造成负外部性和负内部性的客体或行为而实施的，目的在于督促企业进行合规合法的安全生产，降低事故发生的概率，保障从事生产的人员安全、健康等，构筑安全生产的屏障。产品质量规制是政府对微观产品质量进行宏观管理的行政行为。是由特定规制主体实施的，直接影响产品生产主体及其行为的制度总和。能够起到规范市场行为、营造良好的法制环境与秩序、保护消费者和竞争者的合法权益、促进市场涌现出更多优质产品的作用。

一、社会性规制机构

社会性规制的机构大都经历了由单一到复杂、由大包干到分工明确的发展过程。目前，国家在各领域的社会性规制中一直遵循着"国家监察、地方监管、企业负责"的基本原则。虽然不同的社会性规制所涉及的规制机构各不相同，主要表现在对企业生产过程的规制中。但在企业进入市场以及发生事故时，不同内容的社会性规制往往可以由某一类机构进行集中规制、集中处理、集中处罚。

（一）环境规制机构

从 2008 年设立环保部以来，基本实现了环境的集中规制，但是职能分工往往存在交叉，任务分配不够明确。在 2018 年进行新一轮机构改革之后，我国目前的环境规制机构主力是生态环境部①，如图 5 - 1 所示，主要包括中央纪委国家监委驻生态环境部纪检监察组、机关司局、派出机构、直属事业单位、社会团体。并依照统一标准分别建立地方环保部门。生态环境部共分为 24 个机关司局，与环境管理直接相关的司局共 19 个，主要负责建立健全生态环境基本制度、重大生态环境问题的统筹协调和监督管理、监督管理国家减排目标的落实等工作，基本实现了环境不同领域的规制分工，有助于明确规制的范围及标准。

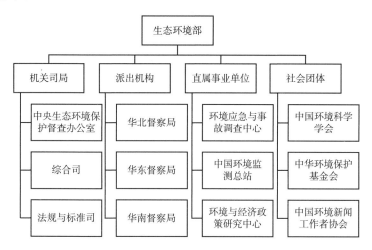

图 5 - 1 生态环境部组织架构

注：生态环境部 24 个司局：办公厅、中央生态环境保护督察办公室、综合司、法规与标准司、行政体制与人事司、科技与财务司、自然生态保护司、水生态环境司、海洋生态环境司、大气环境司、应对气候变化司、土壤生态环境司、固体废物与化学品司、核设施安全监管司、核电安全监管司、辐射源安全监管司、环境影响评价与排放管理司、生态环境监测司、生态环境执法局、国际合作司宣传教育司、机关党委、离退休干部办公室、生态环境部党校。

———————————

① 2018 年 3 月根据第十三届全国人民代表大会第一次会议批准的国务院机构改革方案设立。

生态环境部的 24 个司局分工明确,针对不同类型的环境问题进行了职责的划分。

(二) 生产安全规制机构

如图 5 - 2 所示,在 2018 年机构改革后,生产安全规制的主要规制机构是中华人民共和国应急管理部 (简称"应急管理部")①、国家卫健委、人力资源和社会保障部以及国家市场监督管理总局。直接行使安全生产规制的主体是中华人民共和国应急管理部,主要职责是指导安全生产类应急救援、负责安全生产综合监督管理和工矿商贸行业安全生产监督管理等工作,其主要由议事机构、机关司局、派驻机构、部属单位组成,形成联动的生产安全应急管理体系。

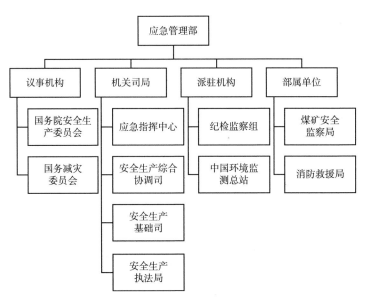

图 5 - 2   应急管理部组织架构

与国家应急管理部配合规制的机构是国家市场监督管理总局,在生产安全方面的主要任务是对锅炉压力容器等特种设备实施安全监督管理,承担特种设备的安全监察监督工作,负责监督跟踪高耗能特种设备节能标准和锅炉环境保

① 2018 年 3 月,根据第十三届全国人大第一次会议批准的《国务院机构改革方案》,方案规定:"将国家安全生产监督管理总局的职业安全健康监督管理职责整合,组建中华人民共和国国家卫生健康委员会;将国家安全生产监督管理总局的职责整合,组建中华人民共和国应急管理部;不再保留国家安全生产监督管理总局。"

护标准的具体执行情况。国家卫生健康委员会主要负责拟订、修订和组织实施职业卫生、放射卫生等方面的政策和标准，对重点职业病进行监测和专项调查，负责职业健康风险评估、职业人群健康管理及职业病防治等工作。人力资源和社会保障部主要负责拟订和完善工伤保险政策、规划和标准及工伤预防、认定和康复政策；组织拟订相关标准，如工伤伤残等级鉴定标准，定点医疗机构、药店、康复机构、残疾辅助器具安装机构的资格标准等。

（三）产品质量规制机构

中国进行产品质量规制的机构主要有国家市场监督管理总局[①]、国家卫健委、国家中医药管理局等。对产品质量进行直接把关的主要机构是国家市场监督管理总局，主要负责市场综合监督管理、市场主体统一登记注册、组织和指导市场监管综合执法、产品质量安全监督管理、食品安全监督管理、药品监督管理等工作。其由总局机关与直属单位组成，直接行使产品质量规制的主要部分集中在总局机关，共计 28 个部门，具体如图 5 - 3 所示。

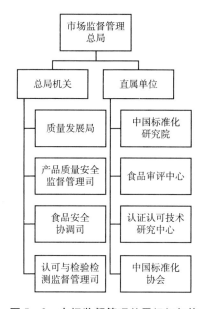

图 5 - 3　市场监督管理总局组织架构

---

① 2018 年 3 月，根据第十三届全国人民代表大会第一次会议批准的国务院机构改革方案，将国家工商行政管理总局的职责、国家质量监督检验检疫总局的职责、国家食品药品监督管理总局的职责、国家发展和改革委员会的价格监督检查与反垄断执法职责、商务部的经营者集中反垄断执法以及国务院反垄断委员会办公室等职责整合，组建国家市场监督管理总局，为国务院直属机构。

在食品、药品、化妆品等行业，现阶段的国家市场监督管理总局主要负责对该类产品的标准、质量、卫生等方面进行规制。例如起草制定药品行业的国家标准，定期抽查检查，以保证产品的合格率。国家卫健委则负责制定该类产品生产的卫生标准、技术规范等，例如规定食品行业的生产卫生规范，以保证产品生产过程中符合卫生要求，从而保证产品质量。国家中医药管理局负责制定中医药相关的标准，以保证该行业的优质发展。

二、社会性规制方法

如表 5 - 1 所示，社会性规制的措施众多，按照规制客体的生产活动过程，可以将社会性规制分为事前、事中、事后规制三个部分，按照这一分类标准厘清过程规制中的多种规制方法。

表 5 - 1　　　　　　　　　　　　社会性规制方法

规制过程	规制方法	具体措施
事前规制	市场进入规制	许可证制度（生产许可、上市许可）
	标准规制	环境污染排放标准、安全生产标准、产品质量标准
	法律规制	《环境空气质量标准》《产品质量法》《安全生产法》等
事中规制	监察监管规制	抽查、检验、专项整治
事后规制	责任追究规制	罚款、刑事责任、民事责任

（一）事前规制方法

社会性规制中的事前规制，主要是指企业在进入市场之前所需要具备的条件与所要遵守的制度与法规，主要包括市场进入规制、标准规制和法律规制。

市场进入规制中的许可证制度，主要包括：环境规制类（排污许可证）、生产安全规制类（采矿许可证、安全生产许可证、煤炭生产许可证、矿长资格证、矿长安全资格证等）、产品质量规制类（化妆品卫生许可证、全国工业产品生产许可证、食品流通许可证、餐饮许可证等）。

标准规制是社会性规制最显著的特点之一，政府针对不同行业制定了相应标准，各企业遵照标准进行规范化的生产，这也是目前社会性规制的主要方法。从标准分类来看，主要包括国家标准、行业标准、地方标准、团体标准、企业标准，其中，行业标准在国家标准实施后自行废止，同样，地方标准在国家标准或行业标准实施后自行废止。环境规制部门颁布了《环境空气质量标准》《污水综合排放标准》等，对企业的环保情况做出了具体的要求。生产安全规制部门制定了《作业场所安全条件及安全健康标准》《安全生产资金投入及工伤保险费用标准》等，对企业进行安全生产的条件进行了规范的设定。产品质量规制部门制定了不同产品生产的标准，例如添加剂标准、药品与保健品生产标准等，对产品生产企业进行合格产品生产的细则进行了明确的规定。

法律规制是政府运用强制手段进行规制的有力武器，也是企业进行生产所不能随意触及的红线。例如环境规制中的《大气污染防治法》《中华人民共和国草原法》等、生产安全规制中《生产安全法》、产品质量规制中的《中华人民共和国食品卫生法》（简称《食品卫生法》）、《中华人民共和国药品管理法》（简称《药品管理法》）、《产品质量法》等。强制而完善的法律的是政府对违规企业进行处罚的依据，也是企业进入市场所必须要熟知的规则。

（二）事中规制方法

社会性规制主要集中于事前规制，由于事中规制存在操作困难以及工作内容重复等问题，容易导致规制效果不理想，造成环境污染、生产安全事故、产品质量不达标等现实问题。事中规制主要表现为规制机构对企业生产过程的监察与监督，目的在于从过程中进行动态的监测，防止事故的发生。环境事中规制主要体现在规制机构的动态实时监督方面，例如监督国家减排目标的落实情况、针对环境污染问题推行各地区实时的污染指数公布、污染源监督、生态环境质量监测等。生产安全监督管理的体制是综合监管与行业监管相结合、国家监察与地方监管相结合、政府监督与其他监督相结合。生产安全监督管理的方式多种多样，主要是日常的监督检查、安全大检查、重点行业和领域的安全生产专项整治、许可证的监督检查等。产品质量监管主要通过技术监督、舆论监督、抽查检验等措施督查产品的质量，依据一定的质量管理规范以及产品经营质量管理规范进行严格的监督，对于流通中的产品进行过程监督，进行不定时的抽查，以保证市场中产品的合格率。

（三）事后规制方法

事后规制主要指利用强制的行政手段进行责任追究。环境事后规制主要表现在：在实施动态监管的过程中，对环境污染的事件进行信息披露，督促企业或个人进行整改，对于造成环境污染的企业或个人进行取证并给予不同程度的环境行政处罚，例如对污染环境企业收取排污费。生产安全事后规制表现在：企业一旦发生生产安全事故，首先要报告给上级安全监督管理部门并积极采取抢救措施，另外要对生产安全事故单位和责任人追究法律责任，并根据事故罚款的相关规定，结合发生事故的具体情况，对相关人员进行事故赔偿。产品质量事后规制主要表现在产品质量监测预警机制、产品质量责任体系两方面。即对于不符合规范的企业、产品进行信息披露，公布其质量信息，并依据相关的法律法规，对生产违规产品对消费者造成重大伤害的企业或个人进行相应的责任追究，并进行处罚。

三、社会性规制发展变化历程

我国社会性规制经历了由分散、模糊向集中、清晰的方向转变，主要涉及规制范围、规制方法、规制机构、规制强度的转变。

（一）规制机构由简至繁，逐步统一

政府社会性规制的机构经历了由单一至烦琐再到统一的转变，规制主体的分工逐渐走向了清晰、职责分明。环境、生产安全、产品质量规制机构的不断演化，使社会性规制的权责不断明晰。

环境规制机构的演变主要经历了以下几个时期：1974 年国务院环境保护领导小组正式成立；1982 年将国家建设委员会、国家城市建设总局、国家建工总局、国家测绘局、国务院环境保护领导小组办公室合并，组建了城乡建设环境保护部；1984 年成立国务院环境保护委员会，将城乡建设环境保护部环境保护局改为国家环境保护局；1988 年将环保工作单独剥离出来，成立独立的国家环境保护局；2008 年国家环境保护总局升级为环境保护部；2018 年机构改革后组建生态环境部，不再保留环境保护部。环境规制机构经历了分散到统一的发展过程，逐步建立起完善有序的规制机构，对环境问题的各个方面进行管控，减少了负外部性。

生产安全规制机构在 2018 年改革之后，主要由国家安全生产监督管理总

局、中华人民共和国卫生部（简称"卫生部"）、人力资源和社会保障部以及质量技术监督局共同承担生产安全规制工作。随着规制制度的逐步完善，2018年机构改革将国家安全生产监督管理总局的职业安全健康监督管理职责整合，组建国家卫健委；将国家安全生产监督管理总局的职责整合，组建应急管理部，不再保留国家安全生产监督管理总局。生产安全规制机构的统一有利于协调部门之间的分工，应对生产安全问题时更为机动有效。

产品质量规制机构主要经历了以下演变：1954 年国家成立了计量局；1956 年成立国家标准局；1988 年将两局与原国家经委质量管理总局合并，成立国家技术监督局。在 2018 年之前，对产品质量进行规制的部门主要包括国家质量监督检验检疫总局、卫生部、国家食品药品监督管理局、国家中医药管理局，属于典型的"多部门规制"。2018 年 3 月，国家决定将国家质量监督检验检疫总局的职责、国家食品药品监督管理总局的职责进行合并，成立国家市场监督管理总局，实现了产品质量规制部门的集中与统一。这类规制分类以及规制机构的统一，有利于集中力量进行规范的产品质量规制。

（二）规制范围由窄到广，不断延伸

政府社会性规制的范围随着经济发展的程度与广度逐渐扩大，由早期的单一环境问题、生产安全问题、产品质量问题不断转变为综合性的社会性规制内容。由早期的单一中央规制、城市规制逐步扩展为中央与地方、企业联合规制，由城市向农村延伸规制。

环境规制最初采用笼统的规制范畴，并未严格区分不同环境问题所需的规制模式。随着机构的不断改革，环境问题的不断出现，目前规制范围主要集中于水、土、海洋、大气、固体废物等不同类别。

生产安全规制主要经历了初建和调整（1949～1991 年）、快速发展（1992～2002 年）、完善发展（2003～2015 年）、创新改革（2016 至今）四个阶段。由初期单一的工矿检查制度、劳动者伤亡制度逐步向规范的安全生产、职业病防治与煤矿安全生产制度过度，规制的范围不断扩大，力求保证各个领域进行安全生产。生产安全规制主体的纵向范围不断延伸，由最初的政府一手抓向"企业负责、行业管理、国家监察和群众监督"模式转移。

产品质量规制则经历了由片面到全面、由重数量到重质量的转变。例如在食品质量规制方面，以前侧重于农产品的数量、质量规制方面，集中在粮食安全与粮食供给层面。随着经济社会的发展，市场提供的物质产品丰富起来，国家从而扩大了规制范围，规制对象几乎囊括了所有的产品，并成立专门的规制机构进行管理监督。

（三）规制方法由浅至深，灵活多样

我国社会性规制的方法经历了由简到繁、由浅至深的转变。随着市场不断出现新的问题，政府实时更新规制手段及方法，借鉴国内外经验，逐步打造与国际接轨的统一社会性规制方法，力求解决不同领域的负面问题。

社会性规制的方法基本经历了由单一行政手段向多品类、灵活的规制方法转变。环境、生产安全、产品质量规制的共同点在于事前的标准规制方面，通过规制机构的完善，逐渐建立起来了国家标准、行业标准、地方标准、企业标准，使不同领域的环境治理、安全生产问题、产品质量问题都有据可依，能够在一定标准范围内进行规范生产。在法律规制方法方面，环境、生产安全、产品质量规制均由单一的环境法律法规、安全法律法规、质量法律法规逐步转向多维度的分行业、分领域的细化法律法规，使不同生产领域的部门有法可依。社会性规制的手段也从单一的法律行政手段向灵活的准入规制、监督规制转变。由环境、生产安全、产品质量规制组成的社会性规制也逐步建立起统一的规制方法，按照企业生产的过程，形成了事前、事中、事后的分段规制方法，旨在监督整个生产规程的质量，减少市场失灵所带来的负面影响。

（四）规制强度由弱渐强，成效显著

随着经济社会的发展，社会对企业、产品、环境的要求越来越高，社会性规制的力度由弱到强，主要体现在规制标准的提高、法律的管制范围加大、力度加强等方面。

环境规制在建立初期，主要依靠《刑法》《中华人民共和国宪法》（简称《宪法》）中提及的环保条例进行规制，尚未形成独立的法律规制。在发展时期，分类推出了《中华人民共和国矿产资源法》《中华人民共和国水土保持法》《中华人民共和国气象法》等法律，基本建立了不同的规制法律依据，更加细化。环境规制力度加强主要表现在《中华人民共和国标准化法》（简称《标准化法》）、《中华人民共和国野生动物保护法》《大气污染防治法》《中华人民共和国土壤污染防治法》《海洋环境保护法》等的落实，实现了分领域的有效规制。

生产安全规制在初期和调整阶段时，主要规制的依据是《工厂安全卫生规程》《建筑安装工程安全技术规程》《矿山安全条例》等，力度较弱，因此容易出现安全生产问题。在其快速发展阶段，主要规制的依据是《中华人民共和国矿山安全法》《中华人民共和国煤炭法》《企业职工工伤保险试行办法》等，规制的力度逐渐加强。在其完善发展阶段，主要规制依据是《安全生产法》，这一法律的颁布，标志着生产安全规制步入正轨。在其创新改革阶段，延续前期法律规制的前提下，加强安全生产风险管控和隐患排查治理体系、安全生产监管信息化和监察监管能力建设，力图打造统一、高效、严格的安全生产规制。

政府对产品质量规制的力度由弱渐强，主要体现在阶段性规制制度的建立。例如，对食品行业的规制，主要经历了三个重要的阶段：第一阶段是1995 年《食品卫生法》的正式实施到 2002 年《食品生产企业危害分析与关键控制点（HACCP）管理体系认证管理规定》的实行；第二阶段是 2002 年到2009 年《食品安全法》施行；第三阶段是 2009 年至今。对食品行业的规制，由最初的笼统性质的《食品卫生法》到引入与国际接轨的 HACCP 管理体系，再到强制性的《食品安全法》，体现了政府对产品质量规制强度的加大。

第二节　社会性规制对企业制度性交易成本的影响

一、社会性规制下的企业制度性交易成本

社会性规制机构、方法等体系的建立，能够对经济活动中出现的负外部效应进行有效的规制。在环境、生产安全、产品质量规制实施的过程中，政府规制行为会对企业经营决策产生影响，因此会产生制度性交易成本。根据企业的生产过程，由社会性规制导致的企业制度性交易成本主要包括事前、事中与事后的规制成本。

（一）事前、事中规制的制度性交易成本

环境事前规制所带来的企业制度性交易成本主要包括企业生产过程的事前、事中环境成本（见表 5 - 2）。事前的环境成本是指为减轻对环境的污染而事前予以开支的成本。事中的环境成本是指企业生产过程中发生的环境成本，包括耗减成本和恶化成本。其中，耗减成本是指企业生产经营活动中耗用的那部分环境资源的成本；恶化成本是指因环境污染导致企业生产经营恶化从而成本上升的部分，如水质污染导致饮料厂的成本上升甚至无法开工而增加的成本（张小平等，2015）。

表 5 - 2　　　　　　　　　环境事前、事中规制的企业制度性交易成本

成本类型	具体内容
事前环境成本	(1) 环境资源保护项目的研究、开发、建设、更新费用 (2) 社会环境保护公共工程和投资建设、维护、更新费用中由企业负担的部分 (3) 企业环保部门的管理费用等
事中环境成本	(1) 耗减成本 (2) 恶化成本

　　生产安全事前规制所带来的企业制度性交易成本主要包括市场进入成本、安全设备安装与升级费用、生产安全培训费用、风险保证金与工伤保险等（见表 5 - 3）。

表 5 - 3　　　　　　　　生产安全事前、事中规制的企业制度性交易成本

成本类型	具体内容
市场进入成本	(1) 采矿登记办证费：大型矿山 500 元；中型矿山 300 ~ 500 元；小型矿山 200 ~ 300 元 (2) 采矿权使用费：根据矿区范围的面积逐年缴纳，缴费标准为每平方公里每年 1000 元，小于 0.5 平方公里每年 500 元
安全设备安装与升级费用	(1) 矿山使用的自救器 (2) 灭火设备 (3) 以及各种安全检测仪器等
生产安全培训费用	(1) 安全培训人员：主要负责人、安全生产管理人员、特种作业人员和其他从业人员 (2) 企业应当保证本单位安全培训工作所需资金 (3) 在培训期间应当向从业人员支付工资和必要的费用
风险保证金与工伤保险	(1) 每个建设工程项目需预留工程总价款的 1.2% 用作劳动保护用品的购置经费、安全教育经费、安全技术措施经费及突发安全事故的急救、处理、善后等工作 (2) 安全教育专项培训的保障资金为 30% (3) 安全劳动防护用品的保障资金为 30% (4) 安全生产技术措施的保障资金为 40% (5) 用人单位缴纳工伤保险费的数额应为本单位职工工资总额乘以单位缴费费率之积，职工个人不缴纳
生产过程安全监督管理	(1) 日常的监督检查 (2) 安全大检查 (3) 重点行业和领域的安全生产专项整治 (4) 许可证的监督检查

　　资料来源：数据由作者根据《中华人民共和国安全生产法》《矿产资源开采登记管理办法》《探矿权采矿权使用费和价款管理办法》等相关法规整理得到。

　　产品质量事前规制的成本主要包括预防成本与鉴定成本（见表 5 - 4）。预防成本是检验费用和为减少质量损失而发生的各种费用，是在结果产生之前为了达到质量要求而进行的一系列活动的成本。产品质量规制的鉴定成本，是按

照质量标准对产品质量进行测试、评定和检验所发生的各项费用，是在结果产生之后，为了评估结果是否满足要求进行测试活动而产生的成本。

表 5－4　　　　　　产品质量事前、事中规制的企业制度性交易成本

成本类型		具体内容
产品质量规制事前成本	预防成本	（1）实施各类策划所需的费用，包括体系策划、产品实现策划 （2）产品/工艺设计评审、验证、确认费用 （3）工序能力研究费用 （4）质量审核费用 （5）质量情报费用 （6）培训费用 （7）质量改进费用
产品质量规制事中成本	鉴定成本	（1）检验费用 （2）监测装置的费用 （3）破坏性试验的工件成本、耗材及劳务费

资料来源：A. V. 菲根堡姆. 全面质量管理 [M]. 杨文士，廖永平，译. 北京：机械工业出版社，1991：75 - 78.

（二）事后规制的制度性交易成本

如表 5－5 所示，环境事后规制的企业制度性交易成本主要包括企业自身的环境修复成本以及政府规制施加的排污费、行政罚没等成本。环境修复成本是指企业在排放污染物之后为恢复环境水平而进行的投入。

表 5－5　　　　　　　　环境事后规制的企业制度性交易成本

成本类型	具体内容
环境修复成本	（1）恢复成本 （2）再生成本
排污费	（1）污水排污费 （2）废气排污费 （3）固体废物及危险废物排污费 （4）噪声超标排污费
行政罚没	（1）排污者未按照规定缴纳排污费：处应缴纳排污费数额 1 倍以上 3 倍以下的罚款 （2）排污者以欺骗手段骗取批准减缴、免缴或者缓缴排污费：并处所骗取批准减缴、免缴或者缓缴排污费数额 1 倍以上 3 倍以下的罚款 （3）《环保法》要求的其他事项

资料来源：依据《排污费征收使用管理条例》整理。

其中，恢复成本是指对因生产遭受的环境资源损害给予修复而引起的开支；再生成本是指企业在经营过程中对使用过的环境资源使之再生的成本，如

造纸厂、化工厂对废水净化的成本，此类成本具有对废弃物进行"把关"的作用（张小平等，2015）。排污费是指政府对企业已经排放的污染物进行核算后收取的费用，包括非超标排污费和超标排污费两种。[1]

生产安全事后规制的制度性交易成本主要表现为安全事故发生后企业进行事故处理所需要支付的成本，主要包括抚恤金、诉讼成本、行政罚没等。根据《中华人民共和国安全生产法》，因生产安全事故受到损害的从业人员，除依法享有工伤社会保险外，依照有关民事法律尚有获得赔偿的权利的，有权向本单位提出赔偿要求，具体的赔偿标准因各地区各单位不同而不同。各企业要配合安全监察部门的工作，否则会被依法惩治，同时安全检查不合格或存在安全生产违法行为的企业会受到相应的行政处罚。企业安全生产违法行为主要包括投资人未依法保证安全生产所必需资金而致使生产经营单位不具备安全生产条件、私自转让安全生产许可证、发生安全事故。一般采取的方法主要有警告、罚款、没收违法所得、责令停产停业整顿、吊销执照等。对于发生重大安全生产事故的企业，企业所受处罚因事故产生的社会影响程度不同而不同，如表5－6所示。

表5－6　　　　　　　　　　　　发生安全事故行政处罚标准

违法行为	处罚标准
发生安全事故	（1）发生一般事故的，处20万元以上50万元以下的罚款 （2）发生较大事故的，处50万元以上100万元以下的罚款 （3）发生重大事故的，处100万元以上500万元以下的罚款 （4）发生特别重大事故的，处500万元以上1000万元以下的罚款 （5）情节特别严重的，处1000万元以上2000万元以下的罚款

资料来源：依据《中华人民共和国安全生产法》整理。

如表5－7所示，产品质量事后规制的制度性交易成本是指当产品质量安全事件爆发后，规制主体行使监督权力，对涉事企业的产品进行抽查、检验，并进行相应的信息披露。在这一过程中，涉事企业配合质检部门的检查，需要为之付出相应的成本。这类成本主要包括质量成本中的故障成本与政府产品质量规制下的行政处罚成本。故障成本是在结果出现后，通过质量测试、检验等相关活动发现项目结果不符合质量标准，为了纠正其错误、使其满足质量要求而产生的成本，主要包括两部分：内部损失和外部损失。

---

[1]　排污者向城市污水集中处理设施排放污水、缴纳污水处理费用的，不再缴纳排污费。排污者建成工业固体废物储存或者处置设施、场所并符合环境保护标准，或者其原有工业固体废物贮存或者处置设施、场所经改造符合环境保护标准的，自建成或者改造完成之日起，不再缴纳排污费。

表 5 – 7   产品质量事后规制的制度性交易成本

成本类型	具体内容
内部损失	（1）废品损失 （2）返工损失 （3）复检费用 （4）停工损失 （5）质量故障处理费 （6）质量降级损失
外部损失	（1）索赔费用 （2）退货损失 （3）保修费用 （4）降价损失 （5）处理质量异议的工资、交通费 （6）信誉损失
行政罚没	（1）在产品中掺杂、掺假，以假充真，以次充好，或者以不合格产品冒充合格产品 （2）生产国家明令淘汰的产品，销售国家明令淘汰并停止销售的产品 （3）销售失效、变质的产品 （4）产品质量检验机构、认证机构伪造检验结果或者出具虚假证明

资料来源：依据《中华人民共和国产品质量法》整理。

根据《中华人民共和国产品质量法》规定，产品的生产者与销售者若流通假冒、伪劣等不合格产品的，采取责令停止生产与销售、没收、罚款等行动，及时阻止不符合保障人体健康和人身、财产安全的国家标准、行业标准的产品流通，国家根据不同程度的违法行为，分类采取不同的处罚措施。

二、社会性规制对企业制度性交易成本的影响

社会性规制是政府为了纠正市场失灵所带来的负面影响而进行的保证市场有序运行、保障人民生活健康的手段总和。首先，这些规制制度的产生及规制方法的运用会加重企业的负担，提高企业的交易成本，并且在制度运行过程中，规制的效率和质量也会对企业的制度性交易成本产生影响。本节从规制方法、规制力度、规制缺（越）位、制度供给方式等角度分析了社会性规制对企业制度性交易成本的影响。其次，由于当前我国供给侧结构性改革的落脚点就是要降低企业的制度性交易成本，不合理的制度安排会导致制度性交易成本上升从而经济下行。如何处理好政府与市场的关系，创新社会性规制来降低给企业带来的制度性交易成本已成为一项至关重要的工作（卢现祥，2017）。

（一）规制方法多样性、多变性增加企业制度性交易成本

随着经济与社会的发展，社会性规制的内容与方法不断丰富，政府规制活动在具体实施过程中在具有一定的多样性与多变性特点。第一，进入规制多样性，在产品质量规制方面，许可证规制作为进入规制的主要代表，主要分为生产许可证与经营许可证。许可证具有不同有效期，生产许可证有效期为 5 年，但食品加工企业生产许可证有效期为 3 年，企业为了进行产品的生产与销售，需要提前取得该类许可并及时更新，这将会增加企业的成本。第二，经营标准多变性，当新的国家标准产生时，旧的地方标准或行业标准就自动废止。企业所生产的产品必须符合国家的标准，因此当新颁布的国家标准取代地方标准时，企业需要按照国家标准对生产工艺进行调整，以保证产品质量达标。第三，规制立法不断丰富，在环境、生产安全、产品质量规制方面，其所依据的法律不断丰富与完善。例如环境规制中诸如《中华人民共和国水法》《海洋资源法》等资源法律，生产安全规制中《安全生产法》《中华人民共和国矿山安全生产法》以及各类安全生产的条例；产品质量规制中的以前只有《产品质量法》，后期不断出台了细化的《标准化法》《食品安全法》《药品管理法》等。企业为了适应不同规制方法的多样性与多变性，需要不断调整经营决策，导致其制度性交易成本的增加。

（二）规制强度波动增加企业制度性交易成本

社会性规制强度的波动主要包括两个方面的内容：一是时间维度上的规制强度不同；二是事件维度上规制强度的变化。时间维度上的规制强度波动主要表现为不同年份规制的强度不一致，从而导致企业为了适应不断调整的规制强度需付出一定的成本。但是，这类规制不是经常性改变的，往往给企业留有一定的缓冲期，因此，时间维度上的产品质量规制强度波动对企业成本的影响是渐进的。事件维度上的规制强度波动主要表现在发生环境、生产安全、产品质量问题之后，往往使得企业的制度性交易成本在短时间内迅速改变，给企业带来较大冲击。未发生事故时地方政府规制保持相对宽松，一旦发生事故，由于舆论的压力其又会在很短的时间内提高规制的强度，规制强度的迅速变化会对企业经营造成一定的负面影响。一方面，因为规制强度不断调整，地方政府的公信力下降，即使企业选择主动减少环境污染、改善安全生产条件、生产优质产品，也可能出现部分企业发生事故时全行业均停业整顿的情况。另一方面，企业在适应频繁变化的安全规制强度时，需要消耗一定的协调成本。如企业在

环境治理、安全生产、产品生产等方面投入更多的资金，以升级设备、改进技术和进行教育宣传等，这将导致企业的制度性交易成本增加。

（三）规制缺/越位增加企业制度性交易成本

社会性规制的缺位是指在环境保护、安全生产、产品生产领域存在规制缺失的情况，或者是对监管的行业未能充分履行规制职责，而导致监管缺位问题。社会性规制的越位是指，政府规制行为超出其合理范围，对正常的生产经营活动产生影响的现象。造成越位的最主要原因是寻租行为的存在，由于中央政府、地方政府、主要规制部门及企业等各主体之间的目标函数不完全一致，各部门之间产生利益博弈，为寻租行为制造了存在空间，增加了企业的成本，降低了规制效率（何琴、许佳佳，2012）。地方政府的规制部门拥有部分自由裁量权，缺乏完善的权力监督体系，部分规制执法人员在规制过程中存在执法不合理与执法不到位的现象，导致出现规制越位与规制缺位的问题。缺乏完善约束体系的规制执法人员不仅有可能滥用自己的规制权力，还有可能通过行政审批等手段变相开展寻租行为，损害政府规制行为的合理性与有效性，一定程度上增加了社会的交易成本，尤其是企业的制度性交易成本。

第三节　环境规制与企业制度性交易成本

随着我国经济的发展和人民物质生活的改善，公众对于生态环境的要求不断提高，因此，规制部门近年来对环境规制强度进行了较为明显的调整。衡量环境规制强度的指标较多，主要包括污染治理投资、排放标准的严厉程度、污染治理成本、污染控制设备投资、环境规制政策数量、治污投资占企业总成本、治理污染设施运行费、检查、监督次数、污染排放量等。

一、环境规制现状

环境规制力度加强，投入不断增加。环境规制的强度主要表现在资金的投入与人力的投入、执法力度方面。第一，在资金投入上，如表5-8所示，近年来我国在环境规制方面的投入力度不断加大，环境污染治理投资总额从2001年的1166.7亿元增长到2017年的9539亿元，年投资额在此期间增长了近8倍。在2008年之前，我国城镇环境基础设施建设投资增长相对较慢而工业污染源治理投资增长相对较快，而在 2008 年之后，城镇环境基础设施建设投资增长率实现了对工业污染源治理投资增长率的反超，说明目前我国污染治理的重点已经逐步从工业污染转向居民生活污染。

表 5 - 8　　　　　　　　　2001 ~ 2017 年全国环境污染治理投资　　　　　　单位：亿元

年份	环境污染治理投资总额	城镇环境基础设施建设投资	工业污染源治理投资	当年完成环保验收项目环保投资	环境污染治理投资占 GDP 比重
2001	1166.70	655.80	174.50	336.40	1.05
2002	1456.50	878.40	188.40	389.70	1.20
2003	1750.10	1194.80	221.80	333.50	1.27
2004	2057.50	1288.90	308.10	460.50	1.27
2005	2565.20	1466.90	458.20	640.10	1.37
2006	2779.50	1528.40	483.90	767.20	1.27
2007	3668.80	1749.00	552.40	1367.40	1.36
2008	4937.00	2247.70	542.60	2146.70	1.55
2009	5258.40	3245.10	442.60	1570.70	1.51
2010	7612.20	5182.20	397.00	2033.00	1.84
2011	7114.00	4557.20	444.40	2112.40	1.45
2012	8253.50	5062.70	500.50	2690.40	1.53
2013	9037.20	5223.00	849.70	2964.50	1.52
2014	9575.50	5463.90	997.70	3113.90	1.49
2015	8806.40	4946.80	773.70	3085.80	1.28
2016	9219.80	5412.00	819.00	2988.80	1.24
2017	9539.00	6085.70	681.50	2771.70	1.15

资料来源：依据《中国环境统计年鉴》整理。

第二，在人员投入与执法力度上，我国环保系统机构数和从业人员数量近年来稳步增加，如表 5 - 9 所示，机构数从 2001 年的 11090 个增加至 2015 年的 14812 个。其中增长最快的是环境监察机构及其从业人员，从业人员从 2001 年的 3.8 万人增加至 2015 年的 6.6 万人，这说明近几年我国环境规制力度的增强主要体现在基层环保执法力度的增强，着眼点是将我国的环保制度落到实处。

表 5 - 9 　　　　2001 ~ 2015 年我国环境规制机构数及从业人数

| 年份 | 环保系统 | | 环境监测机构 | | 环境监察机构 | | 科研机构 | |
	机构（个）	人员（万人）	机构（个）	人员（万人）	机构（个）	人员（万人）	机构（个）	人员（万人）
2001	11090	14.3	2229	4.4	2567	3.8	246	—
2002	11798	15.4	2356	4.7	2693	4.2	269	—
2003	11654	15.7	2305	4.6	2795	4.4	263	—
2004	11555	16.0	2289	4.6	2800	4.7	266	—
2005	11528	16.7	2289	4.7	2854	5.0	273	—
2006	11321	17.0	2322	4.8	2803	5.3	260	—
2007	11932	17.7	2399	4.9	2954	5.7	243	—
2008	12215	18.4	2492	5.2	3037	5.9	244	—
2009	12700	18.9	2535	5.3	3068	6.1	241	0.7
2010	12849	19.4	2587	5.5	3068	6.2	237	0.6
2011	13482	20.1	2703	5.6	3121	6.4	244	0.7
2012	13225	20.5	2742	5.7	2898	6.1	326	0.7
2013	14257	21.2	2754	5.8	2923	6.3	324	0.7
2014	14694	21.5	2775	5.9	2943	6.3	323	0.7
2015	14812	23.2	2810	6.2	3039	6.6	297	0.7

注："—"表示数据缺失。
资料来源：依据《中国环境统计年鉴》整理。

　　基层执法队伍壮大确实增强了环保执法力度，如表 5 - 10 所示，2001 ~ 2015 年，环保领域内的行政处罚案件数一直维持在高位，2015 年达 102084 件。同时，缴纳排污费的企业数量虽然在减少，但是平均每个企业所缴纳的排污费金额却明显增加，说明环保执法力度的增强提升了企业排污行为的成本，迫使部分企业将环境成本内部化，进而改进生产技术。

表 5 - 10 　　　　　　　　2001 ~ 2015 年环境规制执行情况

年份	当年受理行政复议案件数（件）	当年行政处罚案件数（件）	排污费解缴入库户数（万户）	排污费解缴入库金额（亿元）
2001	290	71089	77.0	62.2
2002	285	100103	91.8	67.4
2003	230	92818	103.0	73.1

续表

年份	当年受理行政 复议案件数（件）	当年行政处罚 案件数（件）	排污费解缴入库 户数（万户）	排污费解缴入库 金额（亿元）
2004	271	80079	73.3	94.2
2005	211	93265	74.6	123.2
2006	208	92404	67.1	144.1
2007	520	101325	63.6	173.6
2008	528	89820	49.7	185.2
2009	661	78788	44.6	172.6
2010	694	116820	40.1	188.2
2011	838	119333	37.1	189.9
2012	427	117308	35.1	188.9
2013	550	139059	35.2	204.8
2014	544	97084	31.8	186.8
2015	701	102084	27.8	178.5

资料来源：依据《中国环境统计年鉴》整理。

本节主要通过分析工业"三废"的排放情况来反映近年来我国环境规制的效果。首先来看工业固体废弃物的排放情况，如图5-4和图5-5所示，虽然近年来我国工业固体废弃物的产生量在不断上升，但是由于环境规制力度的增强，实际的工业固体废弃物排放量却在不断减少，同时工业固体废弃物的综合利用率也在不断提升，由2000年的45.9%提升为2015年的60.2%，这说明工业固体废弃物污染问题在这一时期得到了有效缓解。

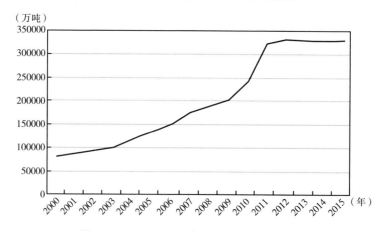

图5-4　2000~2015年工业固体废物生产量

资料来源：2000~2015年各年度《中国环境统计年鉴》。

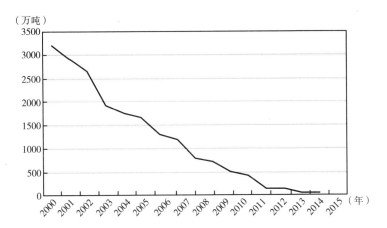

图 5 – 5　2000～2015 年工业固体废物排放量

资料来源：2000～2015 年各年度《中国环境统计年鉴》。

其次，如图 5 – 6 和图 5 – 7 所示，2001～2015 年，全国废水及其污染物的排放情况不容乐观，尤其是生活废水的污染问题仍十分突出。第一，无论是废水总量还是废水中污染物的排放量都体现出较为明显的增长趋势，说明我国的水污染问题整体上仍在不断加剧；第二，工业废水排放总量相对稳定，且工业废水中的污染物总量在不断下降，说明工业企业生产过程中的废水污染问题得到了有效治理；第三，随着经济的发展，生活废水污染逐渐成为废水污染的核心问题，并且该问题正在不断恶化，未来必须加大处理生活废水污染问题的力度。

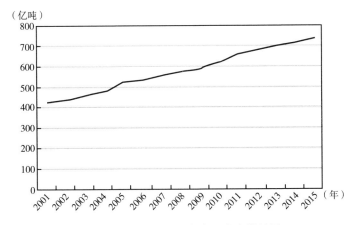

图 5 – 6　2001～2015 年全国废水排放量

资料来源：2001～2015 年各年度《中国环境统计年鉴》。

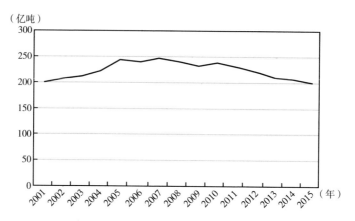

图 5 - 7   2001~2015 年全国工业废水排放量

资料来源：2001~2015 年各年度《中国环境统计年鉴》。

如表 5 - 11 所示，2001~2015 年，我国工业废气排放总量在不断增加，15 年间，排放总量增加了三倍多。不过在废气排放总量增加的同时，工业二氧化硫的排放总量经历了先上升后下降的过程，废气中污染物的增加主要是烟尘排放量的增加导致的。在废气的来源方面，无论是二氧化硫还是烟尘，工业生产过程都是这些污染物的主要源头，生活废气的排放总量相对稳定。因而在大气污染治理方面，环境规制政策的结果仍不甚理想，工业废气排放仍然是造成大气污染现象的主要原因。

表 5 - 11   2001~2015 年全国废气排放及处理情况

年份	工业废气排放总量（亿立方米）	二氧化硫排放总量（万吨）	工业二氧化硫排放总量（万吨）	烟（粉）尘排放总量（万吨）	工业烟尘排放总量（万吨）
2001	160863	1947.2	1566.0	1059.1	990.6
2002	175257	1926.6	1562.0	1012.7	941.0
2003	198906	2158.5	1791.6	1048.7	1021.0
2004	237696	2254.9	1891.4	1095.0	904.8
2005	268988	2549.4	2168.4	1182.5	911.2
2006	330990	2588.8	2234.8	1088.8	808.4
2007	388169	2468.1	2140.0	986.6	698.7
2008	403866	2321.2	1991.4	901.6	584.9

续表

年份	工业废气排放总量（亿立方米）	二氧化硫排放总量（万吨）	工业二氧化硫排放总量（万吨）	烟（粉）尘排放总量（万吨）	工业烟尘排放总量（万吨）
2009	436064	2214.4	1865.9	847.7	523.6
2010	519168	2185.1	1864.4	829.1	448.7
2011	674509	2217.9	2017.2	1278.8	1100.9
2012	635519	2117.6	1911.7	1235.8	1029.3
2013	669361	2043.9	1835.2	1278.1	1094.6
2014	694190	1974.4	1740.4	1740.8	1456.1
2015	685190	1859.1	1556.7	1538.0	1232.6

资料来源：依据《中国环境统计年鉴》整理。

二、环境规制对企业制度性交易成本的影响

环境规制关乎整个国家的发展，随着生态环境的恶化，环境规制力度不断加强，企业主动或被动地改善生态环境，使得整治污染、改善环境的成本增加。但是，政府在履行环境规制职能时，也存在规制效率低下的问题。过于频繁的管制会导致企业制度性交易成本的上升，影响企业的经济收益，过度宽松的管制则会导致企业发展存在隐患，当企业过度排放污染物时，会导致社会效益的损失。

（一）环境规制强度波动导致企业制度性交易成本上升

规制部门在行使规制职能时，往往会根据外部环境的变化调整规制强度，规制强度的不稳定、不一致、不协调，导致企业为了适应环境规制强度变化，不得不频繁变更投入，造成企业经济效益预期的不稳定，不利于企业经营发展。如图5-8所示，根据《中国企业年鉴》公布的数据，国有经济及中央企业每年投入的节能减排、环保及生态恢复费用存在明显的波动。当政府加强环境规制时，企业为了应对规制不断增加治理费用，随着政府规制水平的降低，企业逐步减少治理费用，这会造成环境污染物的不稳定排放，不能从根源上治理环境污染问题。

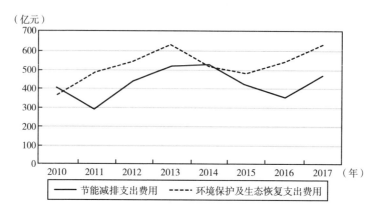

图 5 - 8　国有经济及中央企业节能减排、环境保护及生态恢复支出费用
资料来源：历年《中国企业年鉴》。

政府规制力度的频繁波动，将导致规制失效，规制的公信力下降，企业对污染物的排放存在侥幸心理，"先污染后治理"的情况未能得到有效改善。图 5 - 9 展示了利用中国生态环境部数据统计出的 11 个省市国家重点监控企业排污费征收情况。[①] 2001 ~ 2017 年，代表性地区缴纳的排污费呈现明显波动，前期排污费的多缴会刺激企业在下一期进行减排，但在减排之后，企业会放松治理，又会导致下一期的排污增加。这类由规制强度波动引起的企业制度性交易成本的变更，不能从根本上治理环境污染问题。

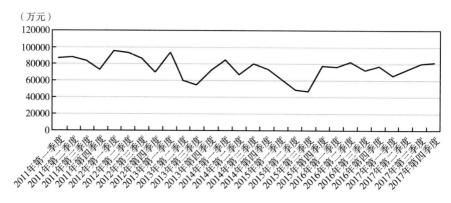

图 5 - 9　2011 ~ 2017 年代表性地区各季度排污费征收情况
资料来源：我国生态环境部官方网站。

---

① 十一个省（区、市）包括：安徽省、北京市、广东省、广西壮族自治区、贵州省、河南省、湖南省、青海省、山东省、云南省、重庆市。

（二）排污收费制度低效率增加企业的制度性交易成本

环境规制是政府规制的一项重要内容，政府通过相应政策约束市场主体的排污行为来保护环境，早期主要采取罚款或者购买污染许可证的形式让企业为排污付出相应的成本，在利润最大化的情况下减少排污量。排污收费是国家依照相关法律规定对向环境排放污染物或超过规定标准排放污染物的组织和个人征收排污费的一种制度，是环境规制的重要措施。我国在 1979 年确立了排污费制度，2000~2015 年，全国累计征收排污费 2290.73 亿元，缴纳排污费的企事业单位达到 925.45 万户。[①] 虽然排污费制度对预防和治理环境污染发挥了重要作用。但其自身存在诸多局限，如执法刚性不足、征收标准偏低、征缴率不足等，这大大降低了环境规制的有效性，从表 5-12 中呈现的内容可以看出，2011~2017 年安徽、北京、广东三省市历年的排污费征缴率均不足 100%，部分季度入库金额不足开单金额的 1/3。

表 5-12　　　　　　　　　2011~2017 年部分省份各季度征缴率

项目	安徽			北京			广东		
	开单金额（亿元）	入库金额（亿元）	征缴率（%）	开单金额（亿元）	入库金额（亿元）	征缴率（%）	开单金额（亿元）	入库金额（亿元）	征缴率（%）
2017 年第四季度	8854.61	8441.51	95.33	2117.62	2032.39	95.97	6069.46	5891.57	97.07
2017 年第三季度	7882.28	5111.49	64.85	2099.11	2015.92	96.04	4897.22	4755.92	97.11
2017 年第二季度	8301.61	6773.08	81.59	2233.35	2134.69	95.58	5475.45	4351.68	79.48
2017 年第一季度	8021.63	6268.58	78.15	2325.08	2061.01	88.64	4621.74	3945.84	85.38
2016 年第四季度	8007.04	7827.74	97.76	2899.14	2508.75	86.53	6926.49	6924.34	99.97
2016 年第三季度	8296.41	7097.06	85.54	2088.97	1744.69	83.51	5140.88	4707.19	91.56
2016 年第二季度	9106.52	5415.85	59.47	9956.81	1897.79	19.06	3024.03	2770.29	91.61

---

① 数据来源于历年全国环境统计公报。

续表

项目	安徽			北京			广东		
	开单金额（亿元）	入库金额（亿元）	征缴率（%）	开单金额（亿元）	入库金额（亿元）	征缴率（%）	开单金额（亿元）	入库金额（亿元）	征缴率（%）
2016年第一季度	7461.55	3061.40	41.03	2598.48	2598.48	100.00	6592.31	6547.62	99.32
2015年第四季度	8345.00	5357.45	64.20	2469.47	2448.19	99.14	7001.63	6963.77	99.46
2015年第三季度	7271.16	2338.97	32.17	1330.70	1137.96	85.52	4821.62	2065.95	42.85
2015年第二季度	7316.73	4203.53	57.45	1238.48	1150.92	92.93	5762.02	3173.04	55.07
2015年第一季度	7752.22	6819.42	87.97	1864.51	1864.51	100.00	6500.29	6014.48	92.53
2014年第四季度	7977.39	7954.49	99.71	1786.31	1786.31	100.00	8358.57	8270.92	98.95
2014年第三季度	8353.68	8328.56	99.70	2197.61	2192.39	99.76	8386.87	8385.04	99.98
2014年第二季度	6051.67	4167.27	68.86	2182.63	1854.37	84.96	6447.62	4327.59	67.12
2014年第一季度度	6295.51	5256.94	83.50	3278.15	3278.15	100.00	9028.25	8055.48	89.23
2013年第四季度	8839.05	3080.24	34.85	363.39	198.57	54.64	8995.29	4582.70	50.95
2013年第三季度	1797.21	405.27	22.55	162.29	99.50	61.31	8461.35	2800.79	33.10
2013年第二季度	5192.92	1288.85	24.82	170.64	49.81	29.19	5860.67	2095.45	35.75
2013年第一季度	8975.07	6958.47	77.53	374.05	370.53	99.06	8102.54	6821.64	84.19
2012年第四季度	5560.47	1736.56	31.23	325.44	60.60	18.62	7310.41	2854.79	39.05
2012年第三季度	8143.95	7321.64	89.90	321.65	321.14	99.84	9499.86	8400.57	88.43
2012年第二季度	9164.93	9030.57	98.53	274.59	273.82	99.72	9540.18	9296.88	97.45
2012年第一季度	8863.36	8701.89	98.18	379.88	379.88	100.00	9587.40	9407.99	98.13

续表

项目	安徽			北京			广东		
	开单金额（亿元）	入库金额（亿元）	征缴率（%）	开单金额（亿元）	入库金额（亿元）	征缴率（%）	开单金额（亿元）	入库金额（亿元）	征缴率（%）
2011年第四季度	6051.47	2959.25	48.90	146.84	60.69	41.33	6709.20	4333.69	64.59
2011年第三季度	7871.66	7646.50	97.14	379.45	367.09	96.74	9803.76	9154.52	93.38
2011年第二季度	8077.53	7973.59	98.71	331.24	331.24	100.00	10005.92	9702.49	96.97
2011年第一季度	7835.63	7592.78	96.90	456.67	454.66	99.56	9025.46	8754.81	97.00

资料来源：通过生态环境部官网数据整理得到。

表5-12中各地区各季度排污费征缴率均小于100%，表明在一定程度上存在少征甚至未征现象，即排污费并没有足额征收。这不仅会阻碍我国污染治理资金的筹集，还会影响各地区环保设施的建设。

同时，排污费制度具有事后性，通常是在企业实施污染行为后才进行处罚，实质上是末端治理，并不能从根本上解决污染问题。此外，排污费的征收范围也具有局限性，一般只针对生产过程中产生的"三废"、噪声等项目收费，而消费领域中大量存在的污染行为并没有包含在其中，如白色垃圾等，实际上这些消费环节同样会给环境带来巨大的压力，使污染治理变得相对困难。

第四节　生产安全规制与企业制度性交易成本

生产安全规制多集中在工程领域，现以煤炭行业作为代表，分析生产安全规制对企业制度性交易成本的影响。煤矿生产安全问题一直是中国煤炭产业发展中一个不容忽视的问题，为解决煤矿生产过程中存在的安全隐患，政府从多方面入手，致力于煤矿生产的安全规制，并不断强化。反映煤矿生产安全规制强度的指标主要有生产安全投入、安全教育培训费用、监督检查次数、安全整顿次数等。从上述指标可以看出，煤矿生产安全规制会直接影响煤矿开采企业的制度性交易成本。

一、生产安全规制现状——以煤矿生产为例

煤矿生产安全已经成为中国经济社会发展进程中不可忽视的重要问题，近年来，我国煤矿的安全生产形势在总体上有所好转，但是煤矿生产安全事故仍时有发生，造成重大人员伤亡、财产损失、环境污染等问题。据国家煤矿安全监察局的不完全统计，2018 年全国煤矿共发生事故 224 起，同比减少 2 起，下降 0.9%；死亡人数 333 人，同比减少 50 人，下降 13.1%。其中，较大事故 17 起、死亡 69 人，重大事故 2 起、死亡 34 人，同比均有所下降；连续 25 个月没有发生特别重大事故；煤矿百万吨死亡人数为 0.093，同比下降 12.3%，首次降至 0.1 以下。全国大部分地区煤矿安全生产形势明显好转，如表 5 - 13 所示。

表 5 - 13　　　　　　　　全国各地区煤矿生产安全形势比较

生产安全形势	省份
事故发生数和死亡人数"双下降"	北京市、河北省、山西省、内蒙古自治区、辽宁省、河南省、湖南省、广西壮族自治区、甘肃省、新疆维吾尔自治区
未发生较大以上事故	北京市、河北省、山西省、辽宁省、江苏省、安徽省、广西壮族自治区、甘肃省、青海省、新疆维吾尔自治区和新疆生产建设兵团
事故死亡人数 5 人以下	河北省、江苏省、广西壮族自治区、青海省、甘肃省、新疆生产建设兵团
"零死亡"	北京市
煤矿百万吨死亡人数 0.05 以下	内蒙古自治区、河北省、山西省、陕西省、新疆维吾尔自治区

资料来源：中华人民共和国应急管理部。

表 5 - 14 统计了 2002 ~ 2018 年我国煤炭事故发生起数、死亡人数、煤炭生产总量及百万吨死亡率。

表 5 - 14　　　　　　　　2002 ~ 2018 年全国煤矿事故统计

年份	事故起数（起）	死亡人数（人）	百万吨死亡人数	原煤产量（亿吨）
2002	4344	6995	4.940	14.2
2003	4143	6434	3.710	17.3
2004	3641	6027	3.080	20.0

续表

年份	事故起数（起）	死亡人数（人）	百万吨死亡人数	原煤产量（亿吨）
2005	3306	5938	2.810	21.5
2006	2945	4746	2.040	25.7
2007	2421	3786	1.480	27.6
2008	1954	3215	1.182	29.0
2009	1616	2631	0.890	31.2
2010	1403	2433	0.749	34.3
2011	1201	1973	0.564	37.6
2012	779	1384	0.374	39.5
2013	604	1067	0.286	39.7
2014	556	931	0.246	38.7
2015	352	598	0.162	37.5
2016	249	538	0.156	34.1
2017	222	383	0.106	35.2
2018	224	333	0.093	36.8

资料来源：国家及各省煤矿安全生产监察局网站、煤炭行业发展年度报告等。

由表5-14可以看出，2002～2018年以来，我国的煤矿事故起数、死亡人数和煤炭百万吨死亡率逐年减少，尤其是死亡人数的下降呈现出明显的阶段性。根据变化趋势，大致可以分为3个时段，2002～2005年（事故频发，死亡人数较多），2006～2011年（事故缓和，死亡人数开始下降）和2012～2018年（事故转型，无特别重大事故，死亡人数大幅度减少）。近几年来，随着科技的不断发展，煤炭行业开始运用更高效自动化的机械开采技术，煤矿安全形势进一步得到明显的改善。

除了技术改进之外，国家在煤炭生产安全规制方面也做出了诸多努力。首先是持续加大执法力度，各级监管监察部门定期检查煤矿，查处企业生产过程中出现的（重大）隐患，不合规的煤矿责令停产整顿，并进行罚款和相应的行政处罚，必要时可注销和暂扣企业的安全生产许可证，约谈出现违规行为的煤矿企业，提请地方政府关闭煤矿等，一系列措施只为规范企业的安全生产行为，促进企业可持续发展。其次，稳步提升煤矿安全基础保障能力，修建多处

一、二、三级标准化煤矿，优化安全生产环境，指示煤矿完成监控系统升级改造，建设智能化采煤工作面，并印发煤矿机器人重点研发目录。再次，扎实有序推进煤矿检查机构改革。2018 年，根据国务院发布的机构改革方案，国家煤矿安全监察局进行顶层设计，统领 26 个省级煤矿安全监察局，各个产煤省份的安全监管部门根据省级政府改革方案进行调整和重组，完善自身机制。最后，持续优化煤矿产业结构，在供给侧机构性改革的大方向下，坚持去产能，淘汰退出煤矿，支持优质产能。

二、生产安全规制对企业制度性交易成本的影响

生产安全规制的强化使得我国煤矿安全形势得到了很大程度上的改善，但由于规制强度存在波动、规制方法出现变化以及供给方式上的局限性，煤炭生产安全规制也导致了企业成本尤其是制度性交易成本的上升，最终导致政府规制的无效率。

（一）双层委托代理体系导致的机会成本

煤炭生产安全规制俘获是指煤矿企业采取各种手段影响煤矿安全规制执法机构从而规避安全规制政策法规所产生的生产安全责任的行为，分为事前规制俘获和事后规制俘获。随着 2002 年《安全生产法》的实施，生产安全规制发生了实质性的改变，企业被赋予根据有关法律法规制定本企业安全生产规章制度的权利，地方政府也需要按照《安全生产法》中的相关规定修订地方性的安全生产法规。随着安全生产规制法律体系的不断完善，我国现行的生产安全规制体系以国家安全生产监督管理总局的综合指导为核心，中央政府与地方各级政府统一领导，其他相关的监督管理机构协同工作，奉行"国家监察、地方监管、企业负责"的基本原则，解决生产领域的安全需求。如图 5 - 10 所示，煤矿安全规制领域主要涉及中央政府、地方政府和煤矿企业三个对象，三者之间存在着双层委托代理关系。由于中央政府和地方政府之间往往存在着信息不对称，导致中央政府难以准确及时地了解地方煤矿企业尤其是乡镇小煤矿企业生产安全方面的信息，相反，主管地区内经济发展和事务的地方政府更加了解范围内煤矿企业的安全生产经营状况。因此，为了让煤矿安全生产规制政策法规实施与企业发展相适应，中央政府将部分规制权力下放给地方政府，这是第一层委托代理关系；地方政府实施日常监督检查，促使企业合法合规进行安全生产，这是第二层委托代理关系（郭启光，2016）。

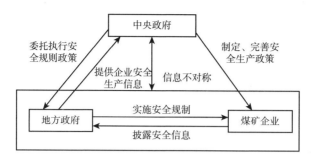

图 5 - 10　中国煤炭生产安全规制结构

由图 5 - 10 可以看出，地方政府在遏制矿难发生、优化煤矿安全生产水平方面发挥着至关重要的作用。一方面通过搜集整理煤矿企业安全生产方面的信息及时向中央政府报备，有助于中央政府制定和完善相应的安全生产政策法规，另一方面，对煤矿企业进行安全规制有利于及时发现并排查存在的安全事故隐患，监督煤矿企业实施安全投入，避免安全生产事故的发生。虽然地方政府在生产安全规制体系中处于十分重要的地位，但是我国政府规制行为缺乏完善的规制权力监督体系，部分规制执法人员在履行生产安全规制职责的过程中，有可能因为害怕承担事故风险而进行"一刀切"式规制，让企业无法在生产经营过程中发挥自身特点，影响自身优势发挥，进而导致效率损失。无论上述哪种行为都将导致企业制度性交易成本上升。

（二）生产安全规制波动产生的规制成本

作为中国最重要的消费能源之一，煤炭在经济中的作用无可替代。基于地方政府存在经济发展与社会效益的双重目标，中国煤矿安全规制存在规制过松和规制过严交替出现的现象。对于一些重特大煤矿安全事故，停产整顿已经成为地方政府处理问题的常用"标准"手段。2003 年 3 月 13 日，河南省伊川县半坡乡发生重大透水事故，省煤炭工业局责令伊川县及其他县乡镇煤矿全部停产整顿；2011 年 11 月 10 日，云南省曲靖市师宗县煤矿发生煤与瓦斯突出事故，省政府要求全市煤矿全面停产整顿；2016 年 7 月 2 日，山西省、内蒙古自治区、贵州省先后发生三起矿山事故，这再次引起国家部门对煤炭安全生产的重视，同时引发了新一轮的煤矿停产整顿运动。在每一次重特大煤矿事故发生之后，人们都有当地煤矿就会停产整顿的预期（肖兴志等，2011）。

从图 5 - 11 可以看出，2007 ~ 2018 年，煤矿事故死亡人数逐年下降且呈现出锯齿式波动的特点。其中，2007 ~ 2011 年这几年表现得最为明显，这段时期也是煤矿安全事故频发、问题较突出的阶段，发生了 2006 年山西省

"11·12"煤矿特别重大火灾事故、2010年鸡西市"7·31"煤矿重大透水事故、2010年宜春市"4·20"重大煤与瓦斯突出事故、2011年白山市"3·24"煤矿重大瓦斯爆炸事故等。此后，中央政府极其重视煤矿安全生产经营并大力解决煤矿安全问题，死亡人数出现了明显下降，但仍然以锯齿式波动出现。

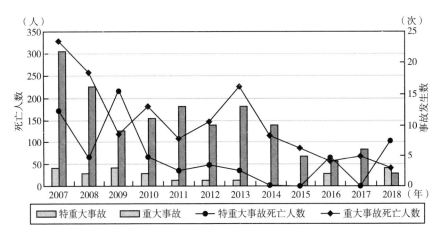

图5-11　2007～2018年全国煤矿重特大事故和死亡人数统计

资料来源：2007～2018年各年度《中国社会统计年鉴》。

　　重特大事故发生后的停产整顿和事故伤亡人数的锯齿式波动之间存在着某种联系。频繁发生的煤矿安全事故使中央政府意识到，在社会发展过程中要更加强调科学性和社会稳定性，不断调整政绩考核方法，加大煤矿安全生产考核的权重。总体来说，地方政府面临经济增长和社会稳定的双重目标，这在一定程度上会影响到生产安全规制政策的制定和执行。由于煤矿安全事故的发生具有偶然性且安全规制投入带来的收益是隐性的，因此是否进行安全生产投入与投入多少更多取决于是否发生安全事故，而完成经济发展目标的程度却可以通过地方GDP增长率得到充分体现，所以在没有生产安全事故发生时，地方政府面临的更多是外部经济压力，这时降低安全规制水平就是最好的选择，与此同时，政府还采取多种手段激励煤矿企业的生产，扩大经济规模，这直接影响到安全规制水平的稳定性，无法充分发挥其促进安全生产的作用；而在发生事故之后，由于社会舆论反响使得中央政府不得不进行强力干预，这时地方政府面临的更多是社会压力，导致其与煤矿企业之间的利益联盟瓦解，短时间内提高安全规制水平成为最优选择，于是就出现了停产整顿现象（肖兴志等，2011）。随着安全事故影响的逐渐淡化，经济增长收益再次受到重视，政府的生产安全规制水平开始放松，如此往复，最终导致规制波动现象的出现。

在现实生活中，事故发生之后地方政府经常会根据事故规模的大小或者影响程度，对当前安全规制水平进行调整，开展大规模的煤矿关停整顿行动，其波及范围取决于事故影响的大小。但是，这种治理方式也有很多弊病，大量没有发生事故的煤矿企业要被迫停产整顿，煤炭产量大大降低，而在事故造成的社会影响逐渐减弱之后，地方政府为了完成经济目标，又会放松相应的规制水平，激励企业进行生产，增加煤炭产量。在这种情况下，煤矿企业由于规制水平的变化，不断在停产、复产二者间切换，消耗了大量成本，加重了企业负担，最终影响安全规制执行的结果和效率。

（三）中国煤矿安全规制方法的局限性带来效益损失

长期以来中国的煤炭安全规制主要采取的是事后处罚规制，对一些非法生产或管理不规范的煤矿企业进行处罚或整治，对其他企业警示教育，要求要保障煤矿从业人员的安全，减少安全事故的发生。通常是利用定期煤矿安全执法检查和重点区域煤矿安全突击检查相结合的方式。对煤矿企业的事前管理以安全教育、指导、审批为主，大多企业都忽视了这一环节的重要性，往往企图蒙混过关。同时多头治理导致各部门职能交叉重合，责任、权利和利益不统一，形成互相推诿的现象，影响管理效率，增加监管的成本。部门内部的工作人员缺乏降低规制成本的动力，大大降低了煤炭安全管理部门的权威性和决策科学性，使得规制收益减少（蔡利群，2014）。

虽然中国煤矿安全生产的政府规制取得了一些成绩，如事故起数减少、死亡人数降低，但与发达国家相比还存在一定差距，煤矿安全生产形势依然严峻，安全规制效率依旧不高。2002～2012年中美两国煤矿安全事故死亡人数对比情况如表5-15所示，出现这种现象的原因主要有四点。第一，我国的煤矿开采自然条件较恶劣，大多数国外的煤矿地质条件比我国要好。美国煤矿的自然条件属于世界上最好的，开采深度较浅、每层地质构造简单，大多为缓倾斜或近水平，瓦斯含量低，发生事故的概率较低。第二，相比美国而言，我国煤矿法律与监察体制不够完善，美国煤矿安全监察机构对美国煤矿的检查次数较为频繁，检查方式也更为规范，并且对安全隐患排查实行矿长责任制，如果整改不到位，矿长将会受到处罚甚至判刑。第三，我国煤矿开采技术机械化、自动化程度低，大多数井下煤矿依靠人工操作，而美国更加重视新技术的应用，煤矿机械化自动化程度高，井下作业人数少，因而事故死亡人数也少。第四，我国的煤矿从业人员技术培训有待提高，许多企业的安全培训不规范、走过场，培训内容与实际操作不符合，导致人为操作引起事故发生的风险加大，美国则更加重视煤矿从业人员的安全教育及培训，《美国矿山安全规程》明确规定煤矿从业人员在上岗之前必须岗前培训，上岗之后每年还要接受再培训。总体来说，中国煤矿安全规制方法的局限性以及规制体制的不完善会导致企业的制度性交易成本增加。

表 5-15　　　2002~2012 年中国与美国国家煤矿安全事故死亡人数对比　　　单位：人

年份	中国煤矿事故死亡人数	美国煤矿事故死亡人数
2002	6995	27
2003	6434	30
2004	6027	28
2005	5938	23
2006	4746	47
2007	3786	34
2008	3215	30
2009	2631	18
2010	2433	48
2011	1973	21
2012	1384	19

资料来源：国家煤矿安全监察局、美国矿山安全局。

第五节　产品质量规制与企业制度性交易成本

产品质量规制涉及的范围广、种类多，近年来出现的食品安全问题引起了社会的广泛关注，反映出目前我国的产品质量规制效率仍不够高，部分规制环节的越位与缺位现象明显。本节以食品安全规制为例，分析产品质量规制的效率问题以及对企业制度性交易成本的影响。借鉴《食品安全规制经济学分析》的方法，评价一项产品质量的效率，可以采用成本-收益分析法。产品质量规制的收益主要体现为社会中各类产品质量的提升，例如食品发生安全事故的事件减少、药品产生的不良反应概率降低、化妆品的次品率下降、餐饮业提供的服务质量提升等。产品质量规制的成本主要包括政府主动规制的成本、企业进行产品质量提升的成本。

一、产品质量规制现状——以食品质量为例

食品行业的质量规制又称食品安全规制，主要是指政府部门为了保证市场流通食品的安全性，制定一系列制度、标准来规范企业的生产，促使企业主动或被动地付出相应的成本进行产品质量提升。衡量食品安全规制的成本、效益通常采用的几类指标如图 5 – 12 所示。

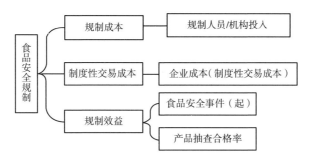

图 5 – 12　食品安全规制力度与效益指标

食品安全规制力度加强，规制范围逐步扩大。食品安全规制的力度主要表现在政府规制部门对食品安全的重视程度上，最直接的表现是规制部门颁布的各类标准以及法律的数量、级别。如图 5 – 13 所示，根据国家食品药品监督管理总局（CFDA）公布的国家与地方标准数据，我国 2010 ~ 2018 年共计颁布食品安全国家标准 1253 条，其中现行有效 1189 条，废止 64 条。2010 ~ 2018 年颁布的国家标准数量差距较大，其中 2016 年颁布的国家标准数量最多（530条），反映出 2016 年的食品安全规制力度加大。

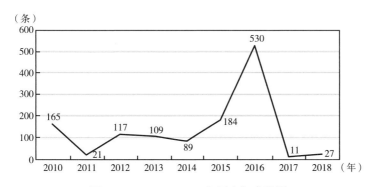

图 5 – 13　2010 ~ 2018 年国家标准数量

资料来源：食品安全国家标准数据检索平台。

如表 5-16 所示，从食品安全法律法规角度出发，2005~2017 年共计颁布 25 部法律法规，其中 1 部废止。法律颁布的数量增加，范围扩大凸显出食品安全规制力度加强。与国家标准数量一致的是，在 2016 年，颁布的食品安全类法律数量达 7 条，体现出政府规制力度的加强。

表 5-16　　　　　　　　　2005~2017 年食品类法律法规

年份	法律法规
2005	《保健食品注册管理办法（试行）》【废止】
2007	《食品召回管理规定》 《新资源食品管理办法》
2009	《中华人民共和国食品安全法》
2010	国家质量监督检验检疫总局《食品生产许可管理办法》 国家质量监督检验检疫总局《食品添加剂生产监督管理规定》 《食品添加剂生产监督管理规定》 餐饮服务食品安全监督管理办法 餐饮服务许可管理办法
2011	《中华人民共和国行政许可法》
2014	《食品安全抽样检验管理办法》
2015	《食品经营许可管理办法》 《食品生产许可管理办法》 《中华人民共和国食品安全法》 《食品召回管理办法》
2016	《网络食品安全违法行为查处办法》 《婴幼儿配方乳粉产品配方注册管理办法》 《特殊医学用途配方食品注册管理办法》 《食品生产经营日常监督检查管理办法》 《保健食品注册与备案管理办法》 国家食品药品监督管理总局关于公布食品生产许可分类目录的公告 《食用农产品市场销售质量安全监督管理办法》
2017	《食品经营许可管理办法》 《食品生产许可管理办法》 《网络餐饮服务食品安全监督管理办法》

我国食品质量安全规制成效显著，但仍存在安全隐患。针对食品行业的特点，衡量规制效益的指标包括食品安全事件发生的数量、食源性疾病发生率、食品抽查合格率等。以食品抽查合格率为例，2012~2016 年，食品质量国家

抽查合格率保持在 95% 以上，国家食品药品监督管理总局组织抽检的食品合格率为 96.8%。国家市场监督管理总局公布的数据显示，2017 年食品抽查合格率为 96.6%，2018 年食品抽查合格率提升为 97.6%，食品安全规制取得了显著的成效。但食品安全问题仍时有发生，方便食品、冷冻饮品等合格率低，微生物污染、农兽药残留超标等问题仍较突出。[①]

从业内观点看，食源性疾病才是当今食品安全的头号敌人，根据世界卫生组织的定义，食源性疾病是指病原物质通过食物进入人体引发的中毒性或感染性疾病，常见的包括食物中毒、肠道传染病、人畜共患病、寄生虫病等。[②]

如图 5 - 14 所示，从全国数据上看，2011～2017 年食源性疾病事件数量不断增加，主要原因是：第一，2012 年全国首次开展食源性疾病主动监测工作，形成了食源性疾病数量监测统计的平台，加大了食源性疾病数量的统计力度；第二，近年来食品品类不断增多，安全隐患增加导致食品安全事故频发，且前期食品安全规制漏洞不断显现，因此，政府食品安全规制的效率有待提高。

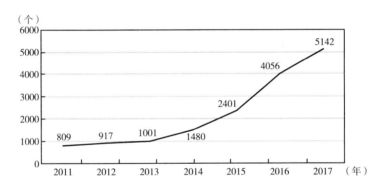

（个）

图 5 - 14　全国 2011～2017 年食源性疾病事件发生数

资料来源：依据《中国卫生健康统计年鉴》整理。

食源性疾病事件在我国不同的地区呈现出不同的态势，如图 5 - 15 所示，在我国东部、中部、西部，2011～2017 年的食源性疾病事件均呈现逐年增长的态势，其中，东部、西部地区此类事件的发生频率较高，中部地区相对较低。这不仅与地域体量有关，还与经济发展水平相关。

① 市场监管总局：http：//www.samr.gov.cn/zfjcj/sjdt/gzdt/201904/t20190401_292478.html。
② 刘治.中国食品工业年鉴［M］.北京：中国统计出版社，2018：8 - 9。

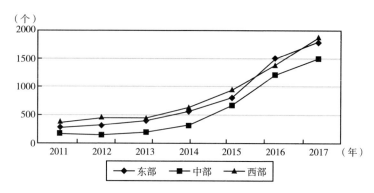

图 5 - 15　分地区 2011 ~ 2017 年食源性疾病事件数
资料来源：依据《中国卫生健康统计年鉴》整理。

第一，从体量上看，中部地区包含的省份数量较东部与西部少，因此呈现出食源性疾病相对较少的现象；第二，东部地区经济发达，食品种类更加丰富，其存在的安全隐患相对更大；第三，西部地区经济发展相对落后，食品安全规制的力度和范围无暇全面顾及，民众对于食品安全的意识相对较弱，安全隐患相对更大。从地区的角度看，据《中国卫生与健康统计年鉴》《中国卫生与计划生育统计年鉴》《中国卫生统计年鉴》公布的数据，山东、湖南、云南分别是东部、中部、西部地区暴发食源性疾病事件的集中地。因此，政府在食品安全规制方面仍有待加强，规制效率的提高才能保证食品安全水平提升。

二、产品质量规制对企业制度性交易成本的影响

成本是衡量政府实施食品安全规制效率的重要指标，政府实施食品安全规制时，企业或主动或被动地进行产品质量提升，从而直接影响企业的成本，这部分成本称为制度性交易成本。食品安全规制成本包括食品生产者的遵从成本、规制者的行政成本以及社会福利净损失（Antel, 1999；Bruceetal, 2009）。必要的产品质量规制虽然会增加企业的成本，但是也会提升产品质量水平，整体而言有益于社会发展，只有不合理的产品质量规制才会额外增加企业的制度性交易成本。因此，政府在实施食品安全规制时，应当正确划定规制范围，提高规制效率，避免给企业带来额外的制度性交易成本。在某些缺少监管的领域，应当加强规制，减少安全隐患，减少不必要的事故发生成本。在现行食品安全规制发展中，比较突出的问题是：规制的强度不断变化、部分领域存在规制越位与缺位问题。

（一）食品质量安全规制强度波动带来的制度性交易成本

政府对食品安全规制的强度波动主要包括两个方面的内容：一是不同年份即时间维度上的食品安全规制强度不同；二是食品安全问题事件爆发后带来的规制强度的变化。这两类主要的食品安全规制强度波动都会增加企业的制度性交易成本。时间维度上的规制强度波动对企业的影响是循序渐进的，而事件维度上的规制强度波动往往使企业的制度性交易成本在短时间内迅速改变，给企业带来较大冲击。

政府在未发生食品质量安全事件时，往往保持较为宽松的规制强度，主要表现在对企业生产过程中的监管上。一旦食品安全事件爆发时，政府又会在短期内提高规制的强度，施压于涉事企业。这类由事件带来的政府食品质量规制强度的波动往往产生巨大的制度性交易成本。一方面，企业在日常生产中，由于政府规制的松懈，其为了节约成本通常会萌生造假动机；另一方面，事件爆发后，面对巨大压力的涉事企业不得不进行停业整顿，变更现有设备，进行集中的质量检查，产生更高的成本费用。这种产品质量规制强度的短期波动的现象，会增加企业的成本，不利于培育健康、有效的商品市场。

（二）食品质量安全规制越位带来的制度性交易成本

规制出现越位一般都集中在"有利可图"的领域，在利益驱动下，规制机构自我扩张的内驱力使规制越位的情况日益严重（金今花等，2009）。在我国，规制越位的首要表现是大量的行政审批项目，例如各类资格证书的发放。除此之外，在食品安全规制领域，规制越位主要表现在各地方规制主体故意刁难企业取得正规渠道的生产资格、无依据不定期对企业进行抽查检查等。这类由于政府规制主体权力越位带来的企业制度性交易成本的上升，是企业目前面临的主要压力，也是造成消费者无法享有公平选择权的重要原因之一。

在我国，认证审批是食品安全准入规制的第一道门槛，也是企业制度性交易成本的重要来源。截至2017年底，全国认证认可检验检测机构达到36797家，数量较2016年底增长9.44%。在食品检验检测领域，2017年全国检测机构为3456家，创造收入147.92亿元。虽然近些年在"放管服"的改革下有所改善，但是认证认可检验机构的发展仍不充分，部分地区仍然存在认证受阻、程序繁杂等不必要的制度性交易成本。从不同区域发展来看，在经济发达、检验检测需求大的地区，例如环渤海地区、华东沿海地区以及华南沿海地区，其检验检测机构数量更多也更为集中，资源也更加丰富，而在西部等经济较落后地区，检验检测机构权力仍然集中在规制部门手中，检验检测常常受阻，资源利用不够充分，不利于市场的健康发展。

（三）食品质量安全规制缺位带来的制度性交易成本

在食品安全规制领域，规制的缺位现象十分突出。在我国，市场中销售的许多商品仍未建立统一的标准，如辣条、田螺肉等具有地方特色的产品，在制定标准的时候比较困难，往往不同地域生产的产品质量差异很大。在众多具有统一国家或者地方标准的产品中，往往存在一些未被有效监管的商品，食品安全问题时有发生。在具体执行食品安全规制的过程中，往往侧重于前期的市场进入，对于食品生产过程的监管存在失灵现象，出现了规制的缺位。当爆发食品质量问题时，涉事企业很难单独依靠自身力量妥善处理问题，导致企业成本的急剧上升。除此之外，由个别不合格企业带来的负面影响，会导致整个行业中企业的成本增加。这类规制缺位带来的制度性交易成本是一种机会成本，若规制部门未对生产企业进行食品质量规制，仅依靠企业自身的质量水平意识，极易导致产品质量问题爆发。除此之外，当产品质量规制不到位时，导致企业可能为了追求利益而忽视对产品质量的投入。在出现食品质量问题时，所造成的企业质量成本急剧上升，相比政府规制带来的前期质量成本的投入，其影响范围更广、程度更深。

第六节　提高社会性规制效率，降低企业制度性交易成本

一、创新规制制度改革，提高规制效率

从上述经验来看，我国企业制度性交易成本相对较高的一个重要原因在于社会性规制不够完善、缺乏效率。政府作为规制的主体应当建立更加灵活有效的激励机制，将政府规制与市场化有机治理结合起来，将政府的社会性规制放置在合理有效的范围内。

加强监管监察，推进执法专业化。政府推进社会性规制时，应当针对不同领域制定专业的规制手段，减少以往过于频繁、漫无目的的大水漫灌式规制，推动政府规制的专业化，提升规制水平。对于生产安全、环境与产品质量规制领域，应当重视社会效益，除了制定专业的规制制度，还应当配备专业的规制人员，加强监管监察，减少不必要的规制波动给企业带来的制度性交易成本。

优化外部环境，重视舆论机制建设。政府要更多地倾听来自公众、来自市场的声音，建立更加公开透明的环境，实现政府引导、企业参与、全民监督的规制机制。改善以往脱节的社会性规制制度，更加注重市场发展的实际，在制定相应规制政策的时候，能够多方位、多角度衡量该项规制实施与实际运行的情况，减少政府政策资源的浪费，减少给企业带去的不必要成本，实现政企相对和谐的外部环境。

重视精准规制定位，发挥精准规制效力。政府规制分为不同领域，针对不同领域所采用的规制方法、实施的规制力度均不同，因此，准确的规制定位才能让政府提升规制的水平、减少制度性交易成本。改善"撒胡椒面式"规制，尽快建立精准的规制机制。在社会性规制领域，不同的行业，不同的市场应当对应不同的规制方法与范围。例如环境规制，应当区别于生产安全规制与产品质量规制，不可均按照"先发生再治理"的思路进行无差别规制。这样不仅不能充分发挥规制的效力，而且会增加不必要的制度性交易成本。政府在不同领域履行规制职能时，应当充分发挥主观能动性，更加关注社会发展的实际，针对不同的领域制定相应的规制方法，应该充分进行市场分析，精准定位社会性规制的实施范围、影响范围，尽快建立符合我国发展实际的政府规制机制。

二、更大程度简政放权，减少寻租机会

我国社会性规制体制的完善，关键还在于进一步转变政府职能，推动"服务型"政府建设，更大程度地简政放权，破除企业与政府之间的利益联盟，实现健康规制，提高规制效率。

精简规制程序，减少寻租机会。深化政府职能改革，由全能型政府向服务型政府转变，以解决问题、提高效率为目标，简化社会性规制程序，树立服务者的角色并承担相应责任。使得企业与政府部门之间形成良好的合作关系，调查倾听企业的实际需求，主动与企业沟通，通过民主、平等的方式，公开对话，制定更加实际、有效、有利于企业发展的政策。打破企业与政府之间的信息不对称，达到政府正确行使规制权力、企业认真遵从规制程序的效果，杜绝权钱交易，减少寻租成本。

适当下放规制权力，实现全民监督。政府需要进一步完善与企业之间的关系，简政放权、平等民主、公开公正，与企业形成健康的合作伙伴关系。同时，政府要进行一定程度的权力下放，让企业有权根据自身的实际情况进行自主约束与管理，制订切合市场实际的计划、采取有效的措施等，解决企业的实

际生产问题。加强政府社会性规制工作的透明度，确保各方可以了解整个规制过程和结果，明晰各自的责任，也能够主动发现问题和提出相应对策，实现全民监督，提升社会性规制的效率，从而实现降成本的目标。

建立独立规制机构，重新划分职责权限。政府应当继续完善规制机构划分，减少或合并重复履职的部门，精简规制程序，集中主要力量，推进不同领域的规制。对前期交叉履职、纵横挂钩的机构、部门进行资源整合，打造清晰、完善、便捷的规制形式，剔除不必要的制度性交易成本，减轻企业负担，充分发挥规制的活力。针对不同领域，例如环境规制、生产安全规制与产品质量规制，应当建立独立且清晰的规制机构，打造服务型的部门，履行政府的服务职责。将不同领域规制的方法、范围、强度进行划分，让企业少走弯路，在特定的领域进行特定的规制，以实现规制效用最大化，企业收益最大化。

三、整治规制缺位现象，维护市场秩序

补齐规制短板，优化规制范围。在政府履行社会性规制职能时，应当不断优化规制的范围，对于以往规制缺位的现象进行整改，尽快建立完善的规制机制，不让漏网之鱼有机可乘。尤其是对于新兴的领域，政府应该开展与行业的合作，利用智囊团尽快建立符合市场发展的规制制度，改变以往出现问题再进行规制的方式。在某些规制失效的领域，应当尽快改变规制方法，例如环境规制的"费改税"举措，能够尽快优化环境规制的效力，监督企业进行内化的环境治理，实现绿水青山的目标。

构建规制组合拳，推动市场良性发展。在社会性规制领域，政府要善于使用组合拳，既要利用政府部门集中力量的能力，又要利用企业及公众对市场的灵敏反应力，将二者结合起来，减少规制缺位现象的发生。在社会性规制领域也可以借鉴经济规制的方法，实现二者的有机结合，使用组合拳，构建市场良性发展环境，重树政府公信力。在社会性规制领域，既要重视前端市场进入的规制，也要重视发展过程的规制，监督各个环节的发展，减少规制脱节、规制缺位的现象，增强企业进行环境保护、保证生产安全与提升产品质量的意识，减少事故或恶性事件发生后给企业造成的毁灭性创伤，减少制度性交易成本中的机会成本部分，实现社会的良性发展。

第六章 劳动力市场规制与企业制度性交易成本

劳动力市场规制是我国政府规制的重要组成部分。改革开放以来，我国社会主义经济体制改革持续推进，劳动力市场制度也不断完善。从《企业最低工资规定》到《劳动合同法》，从工会制度的初步建立到社会保险制度的基本完善，我国对劳动、就业、工资和福利等领域进行了一系列的政府规制，不断加强劳动者保护，弥补劳动力市场缺陷。但同时，政府规制也对企业成本造成了一定冲击，弱化了劳动力市场自发调节供需的功能。本章从企业成本构成的角度出发，在明确劳动力市场规制含义及动因的基础上分析政府规制行为对企业制度性交易成本的影响，探讨不同水平的劳动力市场规制对企业行为影响的传导机理，并结合中国实际，以对国企高管薪酬的规制为例分析劳动力市场规制给企业带来的影响，为进一步完善我国劳动力市场制度提供理论指导。

第一节 劳动力市场规制概述

一、劳动力市场规制的含义

劳动力市场是生产要素市场的重要组成部分，是以劳动力供求关系为基础的资源配置机制。劳动力市场规制则是劳动力市场上的各种制度设计与政策措施的总和，是政府以改善劳动力市场机制的内在缺陷为目的，通过一系列法规或制度干预劳动力市场上经济主体活动的行为。

根据布劳和卡恩（Blau and Kahn, 1999）的解释，劳动力市场规制包含了影响劳动力市场行为的法律、政策和传统，这些因素的存在使劳动力市场的运行有别于当整个市场仅依赖于供求关系调节时所发生的结果。劳动力市场规制作为一个复杂的体系，通过对劳动力要素的配置产生直接干预，影响着社会经济生活的诸多方面，也使劳动力市场较其他要素市场更为复杂。如果狭义地理解劳动力市场规制，往往仅指与劳动相关的法律法规。但广义地看，凡是影响劳动力市场最主要运行结果、就业决定和工资形成的法律、制度和政策工具，都可看作对劳动力市场进行规制的措施，都可被纳入劳动力市场规制的范畴。事实上，劳动力市场演变到今天，劳动力市场规制所涉及的内容和范围已经非常广泛，包括劳动保护、反歧视、最低工资、工会制度、岗位保护措施、社会保障和社会保护、劳动供给干预、税收政策、积极的就业政策、产业政策等方方面面。本章我们对劳动力市场规制与企业制度性交易成本的讨论主要集中在劳动合同法、最低工资制、工会制度、社会保险制度等直接影响劳动力市场结果的劳动者权益保护制度。

二、劳动力市场规制的动因

由于市场机制自身的缺陷，劳动力市场也会存在缺陷，发生劳动力市场失灵。同时，劳资关系中由于劳动者相对处于弱势地位而产生的以公平为导向实现劳资双方力量和利益平衡的要求，也需要政府干预这只"看得见的手"来弥补市场缺陷，纠正市场失灵，调整劳动力市场，维持市场秩序和公平的市场环境。这也是劳动力市场规制的根本动因。

20 世纪 30 年代之前，公共政策被古典劳动力市场的经济理论所左右，其将劳动力视为一种经济商品，认为在要素市场完全信息、完全竞争的情况下，市场机制可以进行自我调节并实现帕累托最优，劳动力也会被市场产出适当调控，无须政府干预，劳动者个体和雇主就可以通过自由竞争的方式，自行协商决定工资水平，并最终实现劳动力的供需均衡。伴随着劳动力市场相关研究的逐步深入，制度经济学派中威斯康星学派的代表人物——约翰·康芒斯（1862～1945）通过制度分析的方法对劳动力市场规制进行了研究，强调政府在调节和改善市场机制缺陷中的作用，主张政府的适当"干预"。斯蒂芬·芒笛则指出，现实中，实现市场效率所需的完全自由竞争、信息完全对称、外部效应和交易成本为零等的前提条件几乎很难实现，这会导致市场机制运行的缺陷，从而引起"市场失灵"，进而阻碍资源配置的有效配置。布劳和卡恩（1999）认为，劳动力市场规制的存在，是为了矫正市场失灵，尤其是劳动力市场信息不完成所引起的市场失灵。

市场经济下，劳动力市场作为生产要素市场之一，存在很多的失灵情形，仅由劳动力供需双方的自发性调整是无法避免市场失灵的，劳动力市场失灵不仅会导致劳动力市场资源的低效率配置，还会引起不公平、失业等现象的发生，并可能成为导致社会不稳定的因素。如在我国《劳动法》出台前，存在对弱势群体的歧视、强制性地过度延长劳动时间、工作环境不安全、利用信息不对称恶意压低工资水平等现象，这都属劳动力市场失灵的现象。保护劳动者合法权益，构建和谐稳定的劳动关系是我国经济社会健康发展的基础，也是我国作为一个社会主义国家为人民谋福利的基本要求。

根据《经济蓝皮书夏季号：中国经济增长报告（2018－2019）》，2019年中国的城市化率将突破60%，由城市人口集聚推动的服务业和消费比重不断上升，城市化正在成为中国发展的新引擎，这也意味着我国劳动力市场形势在伴随经济高速成长的同时，发生着根本的变化。此时，劳动力市场作为不同于普通市场的一种要素市场，在社会主义经济建设中扮演着更加重要的角色，完善劳动力市场机制的重要性、劳动力市场健康有序运行的要求，都决定了政府对劳动力市场进行规制的必要性。

三、我国劳动力市场的政府规制

（一）我国劳动力市场规制的基本框架及内容

各个国家由于其劳动力市场的不同，拥有着千差万别的劳动力市场制度。我国作为社会主义国家，自改革开放以来，劳动力市场制度也经历了一系列的调整和改革。特别是1992年市场经济制度在我国正式确立后，一系列劳动力市场规制的法律法规相继出台。到现在，我国劳动力市场制度的框架已基本形成（见图6－1）。总体来看，我国的劳动力市场规制可以分为劳动力市场法律制度和劳动力市场政策两部分，其中，劳动力市场法律制度主要指涉及劳动者权益保护相关的劳动保障体系法律法规，即包括政府近十余年来相继颁布的与劳动力市场相关的法律、法规。劳动力市场政策则主要为劳动力市场上实行的一些积极就业政策。

我国所出台的劳动保障体系法律法规主要通过立法对劳动力市场中的劳动、就业、工资、福利等要素进行了规制，以保护劳动者的合法权益。表6－1梳理了我国主要的劳动保障体系法律法规。

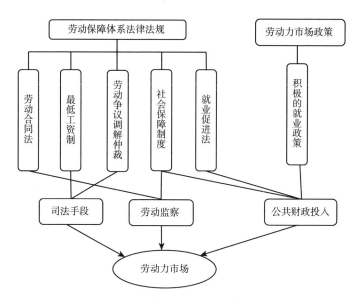

图 6 - 1　中国劳动力市场规制的基本框架

表 6 - 1　　　　　　　　我国主要的劳动保障体系法律法规

序号	规制法规	施行时间	规制目的
1	《劳动法》	1995 年 1 月	保护劳动者的合法权益，调整劳动关系，建立和维护适应社会主义市场经济的劳动制度，促进经济发展和社会进步
2	《国务院关于建立城镇职工基本医疗保险制度的决定》	1998 年 12 月	加快医疗保险制度改革，保障职工基本医疗
3	《社会保险费征缴暂行条例》	1999 年 1 月	加强和规范社会保险费征缴工作，保障社会保险金的发放
4	《禁止使用童工规定》	2002 年 12 月	保护未成年人的身心健康，禁止用人单位招用不满 16 周岁的未成年人
5	《企业最低工资规定》	2004 年 3 月	维护劳动者取得劳动报酬的合法权益，保障劳动者个人及其家庭成员的基本生活
6	《工伤保险条例》	2004 年 1 月	保障因工作遭受事故伤害或者患职业病的职工获得医疗救治和经济补偿，促进工伤预防和职业康复，分散用人单位的工伤风险
7	《中华人民共和国工会法》	1992 年 4 月	保障工会在国家政治、经济和社会生活中的地位，确定工会的权利与义务
8	《中华人民共和国妇女权益保障法》	1992 年 10 月	保障妇女的合法权益，促进男女平等，充分发挥妇女在社会主义现代化建设中的作用

续表

序号	规制法规	施行时间	规制目的
9	《劳动保障监察条例》	2004 年 12 月	贯彻实施劳动和社会保障法律、法规和规章,规范劳动保障监察工作,维护劳动者的合法权益
10	《生产安全事故报告和调查处理条例》	2007 年 6 月	规范生产安全事故的报告和调查处理,落实生产安全事故责任追究制度,防止和减少生产安全事故
11	《残疾人就业条例》	2007 年 5 月	促进残疾人就业,保障残疾人的劳动权利
12	《劳动合同法》	2008 年 1 月	完善劳动合同制度,明确劳动合同双方当事人权利和义务,保护劳动者的合法权益,构建和发展和谐稳定的劳动关系
13	《就业促进法》	2008 年 1 月	促进就业,促进经济发展与扩大就业相协调,促进社会和谐稳定
14	《劳动争议调解仲裁法》	2008 年 5 月	公正及时解决劳动争议,保护当事人合法权益,促进劳动关系和谐稳定
15	《劳动合同法实施条例》	2008 年 9 月	推动《中华人民共和国劳动合同法》的贯彻实施,促进劳动关系的和谐
16	《社会保险法》	2011 年 7 月	规范社会保险关系,维护公民参加社会保险和享受社会保险待遇的合法权益,使公民共享发展成果,促进社会和谐稳定
17	《女职工劳动保护特别规定》	2012 年 4 月	维护女职工的合法权益,减少和解决女职工在劳动和工作中因生理特点造成的特殊困难,保护其健康
18	《全国年节及纪念日放假办法》	2013 年 12 月	统一全国年节及纪念日的假期

(二) 我国劳动力市场规制的演变历程

1949 年新中国成立到今天已经历 70 多个年头,在此期间,我国劳动力市场规制随着几次重要的经济体制变革也发生着巨大变化。政府基于其所在经济改革不同阶段的目标、经济发展现状及社会需要,通过制定不同的劳动力市场规制政策来引导劳动力市场,纠正劳动力市场失灵。下面主要结合我国劳动用工制度、工资制度、工会制度、社会保障制度四个方面的演变来分析我国劳动力市场规制的演变历程。

1. 计划经济体制下我国劳动力市场制度的萌芽阶段

1949 ~ 1978 年为我国的计划经济体制阶段,这一阶段中,我国中央政府通过行政手段集中全力发展重工业以推动经济的发展。其中,1949 ~ 1957 年,我国中央政府为着力恢复经济、保护劳动者、解决我国劳动力市场失业严重的问题，专门成立了劳动部，颁布了一系列社会劳动法律、法规，以改善劳资关系。其中，1949 年 9 月，具有临时宪法性质的《共同纲领》首次针对劳动市场中存在的诸如超额劳动时间、不签订劳动合同等问题做出了明确规定：要求私营企业与工会代表工人订立集体合同、明确工作时间为 8～10 小时、明确规定人民政府应按照各地企业情况规定最低工资等。另外，针对当时就业的现实情况，1950～1952 年，劳动部还先后出台了《关于救济失业工人的指示》《救济失业工人的暂行办法》《关于劳动就业问题的决定》等一系列劳动就业政策，以解决当时就业难的严峻问题。该阶段的劳动就业政策虽具有临时性和过渡性的特点，但为后面各类关键性的就业法律法规的形成奠定了一定基础。

1950 年 6 月，我国中央人民政府委员会颁布实施了《工会法》，该法的颁布标志着新中国工会制度的建立。由于新中国成立后实行计划经济体制，那个时候的工会具有典型的时代特征，并未真正在劳动力市场上发挥其保护劳动者合法权益的职能。当时，企业全部是从属于政府的国有企业，不具有事实上的独立法人资格，劳动者本质上是与政府发生劳动关系。在这样的大背景下，工会并未真正通过进入和干预劳动关系来发挥职能。

1951 年 2 月，为适应计划经济体制发展，我国政务院颁布了标志着新中国的社会保险制度建立的《劳动保险条例》。《劳动保险条例》主要内容覆盖国有企业职工的养老保险和劳保医疗制度、机关事业单位的养老保险和公费医疗制度。典型特点是国家出资、单位管理，初步建立了国家为主体、单位共同担负责任的相对完善的社会保险制度。但该条例的弊端主要有：（1）覆盖面过于狭窄，主要局限于国家机关、国有企业事业单位等；（2）保障层次单一，国家和用人单位大包大揽，职工不出资，缺乏自我保障意识；（3）企业办社会，分散企业精力，经营亏损时，职工的权益难以保障；（4）保障项目不全，没有失业保险，国有企业进人容易减人困难，形成大量冗员等。

社会主义改造于 1956 年基本完成后，单一的公有制经济成为我国的核心经济形式，此时的劳动者不再与企业直接关联，而是与国家关联，我国的劳动关系在此背景下被异化成行政隶属关系。1958～1963 年，国务院为进行劳动管理，公布了一些关于劳动管理方面的法规，主要内容覆盖退休管理、劳动报酬等方面。1966 年，"文化大革命"开始后，我国经济基本陷于停滞状态，除了劳动管理问题导致的平均主义严重、伤亡事件屡见不鲜迫使国务院于 1970 年后出台加强安全生产的《关于加强安全生产通知》等法规外，劳动力市场制度的建立一度停滞。

2. 市场经济发育时期我国劳动力市场制度的建立阶段

1978～1991 年是我国市场经济发育的重要时期，这一时期我国劳动力市场经历了劳动用工制度的改革、工资制度的改革、社会保障制度的改革等一系列制度改革。

劳动用工及工资制度改革方面，1980 年后，为解决我国严峻的就业形势，完善用工制度，政府开始进行城市用工、企业用工制度等一系列改革。为适应市场要求，1983 年 2 月，在部分地区已经试行劳动合同制的基础上，劳动人事部出台了《积极试行劳动合同制的通知》，要求全民所有制及县、区以上的集体所有制单位，都需与被招用人员签订具有法律效应的劳动合同。1984 年，我国政府签署了由国际劳工组织（ILO）于 1928 年颁布的《制定最低工资确定办法公约》，但并未推出官方的最低工资标准。同时，随着国有企业"利改税"改革的进行，1985 年，国务院出台了《关于国营企业工资制度改革问题的通知》，通知对国企工资制度进行了调整，明确了企业工资总额与经济效益挂钩、建立合理工资增长机制等内容。1986 年 7 月，国务院发布《国有企业试行劳动合同制暂行规定》，明确了企业在国家劳动工资计划指标内招用稳定工作岗位的人员，都需实行劳动合同制，该规定作为改革国有企业（以下简称企业）的劳动制度，一定程度上保障了劳动者的合法权益，为我国后来的劳动合同制改革奠定了基础。

社会保障制度方面，随着劳动用工制度、工资制度、劳动合同制度方面的改革及离退休职工人数的增加，养老保险制度改革迫在眉睫。但 1978 ~ 1985 年我国依然维持着单位保障制的社会保障模式，在此期间仅出台了关于针对残疾军人、烈士家属、老干部、有单位工人等群体的退休制度，如《关于安置老弱病残干部的暂行办法》《关于老干部离职休养的暂行规定》《关于工人退休、退职的暂行办法》等。随着养老保险制度推进的迫切要求，1986 年 4 月，我国通过了《国民经济和社会发展第七个五年计划》，并首次在其中提出了要有步骤地建立具有中国特色的社会保障制度，这也是我国第一次提出社会保障的概念。在此之后，将试点主要集中在国有企业，我国国务院先后于 1986 年、1991 年颁布了《国营企业职工待业保险暂行规定》《关于企业职工养老保险制度改革的决定》等法规性文件。其中，《关于企业职工养老保险制度改革的决定》明确了要逐步建立起基本养老保险与企业补充养老保险和职工个人储蓄性养老保险相结合的制度。

这一时期，国有企业为典型代表的传统劳动力虽仍占据重要位置，但随着劳动用工制度、工资制度、社会保障制度等改革逐步展开，私有制经济成分逐步增加，原有用工及分配制度的改变也让劳动力市场中的劳动者获得了更多的自主性、流动性，市场的发展变化对劳动力市场制度提出了更高的要求。

3. 社会主义市场经济中我国劳动力市场制度的完善阶段

1992 年，以邓小平同志的南方谈话为标志，我国开始进入市场经济阶段，我国的劳动力市场制度也进入完善阶段。

劳动用工方面，随着我国经济结构调整速度加快及法制化建设的迅速推进，规范的劳动用工制度的出台迫在眉睫。1994 年 7 月，为了保护劳动者的合法权益，调整企业与劳动者间的劳动关系，建立维护适应社会主义市场经济的劳动制度，我国正式出台了《中华人民共和国劳动法》（以下简称《劳动法》）。《劳动法》的出台为我国劳动力市场的规范奠定了一定的法律基础，但在实行阶段也出现一些问题，如劳动合同不规范、单位与个人不签订劳动合同、或签订与劳动关系时间不一致劳动合同等问题。针对出现的问题，为进一步完善劳动合同制度，2007 年 6 月我国正式出台《劳动合同法》，并于 2008 年 1 月开始颁布实施。与以前的《劳动法》相比较，《劳动合同法》在以下两个方面提出了新的规制，即雇主为工人提供合同的性质以及解雇工人的条件。另外，《劳动合同法》在劳动合同的订立、约定试用期的限制、试用期最低工资要求、无固定期限劳动合同的适用以及劳动合同终止时的提前告知与经济补偿金等方面均做出了明确规定。2008 年 9 月，中华人民共和国国务院在第 25 次常务会议通过并颁布了《劳动合同法实施条例》以贯彻实施《劳动合同法》。随着这部法律的施行，用人单位各类不当或违法用工行为将因法律责任明确而得到有效遏制，企业用工关系更为规范，对于保护员工的合法权益发挥了积极的作用，我国的劳动用工制度基本完善。

工资制度方面，1992 年，在劳动部公布了《关于进行岗位技能工资试点工作的通知》后，等级工资制度在部分企业中被完全打破，岗位技能工资制度建立。新的工资制度力图调节企业工资水平，保障低收入劳动者的基本权益，促进社会公平分配，维护社会稳定，同时维持一定的社会购买力，推动经济发展，1993 年 11 月，我国劳动部颁发了《企业最低工资规定》。同时，《劳动法》出台后，其第四十八条也明确规定了最低工资制，并相继出台了《关于实施最低工资保障制度的通知》《工资支付暂行规定》等落实最低工资制的配套法规。2003 年 12 月，劳动和社会保障部第七次部务会议通过《企业最低工资规定》，并于 2004 年 3 月 1 日正式实行，规定各地调整最低工资标准的时间，并对原《企业最低工资规定》进行了修正和补充。

社会保险制度方面。1993 年 11 月，国务院发布了《关于建立社会主义市场经济体制若干问题的决定》《国营企业职工待业保险规定》等相关规定，针对养老和医疗保险的负担主体及统筹规则进行了明确，对失业保险的对象范围、待遇标准、救济内容等进行规定。1997年，国务院发布《关于建立统一的企业职工基本养老保险制度的决定》，对统账结合的规模、结构和养老金计发办法进行明确界定。1998年，国务院则针对医疗保险方面发布了《关于建立城镇职工医疗保险制度的决定》。1999年国务院颁布《失业保险条例》，把失业保险的覆盖面扩大到城镇所有用人单位及其职工。2003年，《工伤保险条例》出台，为工伤保险制度确立了基本法律框架。2010年10月，我国公布了《社会保险法》，并于2011年7月1日起正式施行。这是新中国成立以来第一部社会保险制度的综合性法律，确立了中国社会保险体系的基本框架。如今，我国的社会保险制度经过数十年的实践，已日趋成熟及完善。图6-2为我国社会保障体系的主要内容，除"五险一金"外，还包括社会福利、社会优抚、社会救助。

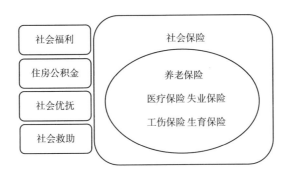

图6-2 我国社会保障体系的主要内容

第二节 劳动力市场规制与企业制度性交易成本

如前所述，近年来劳动力市场相关制度不断完善，我国劳动力市场制度体系虽已经初步建立，但相对于发达国家而言，我国的劳动力市场制度建设依旧相对落后。根据学术界对发达国家劳动力市场规制下的劳动力市场绩效以及与长期经济增长关系的研究，过于严格的劳动力市场规制往往会降低劳动力市场的运行效率，给一个国家长期的经济增长带来负面影响。基于相关研究结果，经济合作与发展组织（OECD）2004年曾呼吁那些劳动力市场规制严格的国家要给予劳动力市场更多的灵活性和自主性，以降低长期失业率，积极建立对整个经济发展有正向贡献且有效率的劳动力市场制度。当下我国劳动力市场形态的不断变化增加了我国劳动力市场面临的不确定性，此时较严格的劳动力规制水平可能给企业生存发展带来更多的挑战。下面将主要从《劳动合同法》、最低工资制、工会制度、社会保险制度四个角度来分析劳动力市场规制给企业带来的制度性交易成本，也为我国未来进一步完善劳动力市场制度提供更多的参考。

一、《劳动合同法》与企业制度性交易成本

（一）直接提高劳动力成本和违约成本

我国《劳动合同法》的出台和实施直接提高了企业的劳动力成本和违约成本。劳动力成本，是指企业在经营阶段内，为开展生产经营活动雇用劳动力而支付的各种费用。国际劳工组织（ILO）对劳动力成本这一统计概念的界定是：包括职工工作和未工作而有报酬的总工资、职工奖金、孕育费、遣散费及雇主为劳动者承担的住房费用、雇主为劳动者缴纳的社会保险费用支出、雇员工职业培训、员工福利和杂项费用等其他支出等。按我国人力资源和社会保障部1997年颁发的文件，劳动力成本由多项内容构成，具体包括职工的工资总额、社会保险费用、职工福利费用、职工教育经费、劳动保护费用、职工住房费用和其他人工成本支出7个部分。

（1）直接提高劳动力成本。《劳动合同法》通过明确用人单位义务，增加了来自社会保险费、经济补偿金、带薪休假和孕育等方面的成本，直接提高了企业的直接用工成本。以社会保险为例，《劳动合同法》通过明确企业为职工办理社会保险的法律义务，减少了企业以往通过雇用临时工、劳务工、实习工等方式规避社会保险缴费以降低劳动力成本的现象，但增加了企业的社会保险费用方面的支出。根据数据统计，《劳动合同法》实施前，中小型企业以及非公有制企业的劳动合同签订率不到20%，个体经济类组织的劳动合同签订率更低，但2008年《劳动合同法》实施后，我国各行各业合同签订率明显提高。根据人社部发布的《2008年度人力资源和社会保障事业发展统计公报》中的数据，《劳动合同法》实施后，2008年上半年我国劳动合同签订率达90%。劳动合同签订率的提升，给企业员工带来更多的福利，企业为职工缴纳社会保险缴费的比例显著提高，社会保险参保人数明显上升。2018年末，我国全国城镇职工基本养老保险参保人数达到4.18亿人，同比增长4.1%，相比2013年的3.2亿，6年间增加了9637万人。

（2）《劳动合同法》实施大大提高了企业违约成本，即增加了企业在违约

后需要支付的事后成本。从新制度经济学角度进行分析，《劳动合同法》明确了企业在劳动关系中的责任和义务，如其中关于双倍工资、经济补偿金以及带薪休假等的规定，加大了企业在违约时面临的惩处力度，增加了其违约成本。以经济补偿金为例，按照《劳动合同法》第四十六、四十七条规定，企业在做出与员工解除劳动关系的决定后，需按照员工在单位工作的年限来确定所需支付的经济补偿金。假设某个员工在某企业仅工作了 8 个月，如果企业因为某种原因需与员工解除劳动合同或者终止劳动合同，企业由于违约需要多支付给劳动者 1 个月的工资，这种情况下，企业在面临解雇决策时会面临更高的违约成本。

（二）增加企业事后交易成本

《劳动合同法》会增加企业因不能适应契约而导致的事后交易成本。根据《中国劳动统计年鉴》统计数据，我国劳动合同订立、终止等相关纠纷的立案数量在《劳动合同法》实施后大幅增长。图 6 - 3 为 2000 ~ 2017 年劳动争议案件数情况，可以看到，2008 年 1 月 1 日《劳动合同法》实施后，2008 年全国劳动争议案件由 2007 年的 35.01 万件激增到了 69.35 万件，在 2010 年后有一定回落后又继续增加。劳动纠纷案件的增加及规避新法风险的需求都促使企业采取一系列措施应对新法，进而增加了企业制度性交易成本。如在《劳动合同法》第十四条"无固定期限劳动合同"的相关规定约束下，企业为了避免在与员工签订两次合同后转入无固定期限劳动合同，往往会通过注册新公司的办法，让自有员工在合同到期后与自己的另一家公司签订劳动合同。这一做法虽规避了企业面临的"无固定期限劳动合同"的风险，但企业又将面临成立新公司的成本及在第一次合同终止后需依法支付的经济补偿金。再如企业为了减少来自社会保险的劳动力成本，会通过使用劳动派遣员工的方式雇佣员工，这需要企业事后支付一定的费用给相应的劳务派遣公司，从而增加了企业的制度性交易成本。除此之外，由于《劳动合同法》更偏向于保护劳动者，但我国劳动者素质参差不齐、劳动者违约成本低，部分劳动者"碰瓷"企业的现象也间接增加企业成本。

当前宏观经济形势下，我国企业面临着来自人民币持续升值、原材料价格上涨、劳动力成本上升、出口贸易受抑制等因素带来的沉重负担，《劳动力合同法》在一定程度约束了企业的雇用和解雇决策，促进了政府"稳就业"的目标的实现，但也降低了企业根据自身情况优化结构以应对经济结构变化的灵活性。

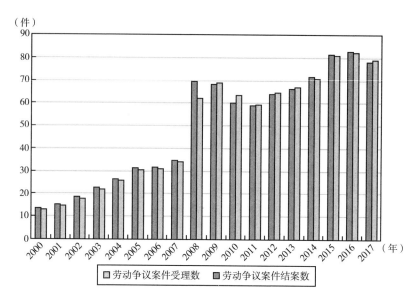

图6－3　2000～2017年劳动争议案件数情况

资料来源：2000～2017年各年度《中国劳动力统计年鉴》。

二、最低工资制与企业制度性交易成本

最低工资制是一项劳动和社会保障制度，旨在调节企业工资水平，保障低收入劳动者的基本权益，促进社会公平分配，维护社会稳定，同时维持一定的社会购买力，推动经济发展。近年来，我国最低工资1～2年调整一次。根据人力资源和社会保障部发布的全国最低工资标准，截至2019年7月，我国已经有7个省市的月最低工资标准突破了2000元，排名依次为上海（2480元）、广东省深圳市（2200元）、北京市（2120元）、广东省（2100元）、天津市（2050元）、江苏省（2020元）、浙江省（2010元）。其中，涨幅最大的是广东省，涨幅达到10.8%。此外，上海市涨幅为7.8%，天津市涨幅为6.8%，北京市涨幅为6%。而1998年我国大部分城市的平均工资均在300元以下，最低工资调整频率快、增幅大，从多方面给企业特别是劳动密集型制造业企业带来了一定的人工成本压力。

（一）最低工资制的"连锁反应"

最低工资制产生补偿效应的同时也会产生溢出效应，即最低工资制的"连锁反应"，从而增加劳动力价格的上涨。对工资水平低于最低工资标准的

低收入劳动者而言，最低工资制的实行有效提高了其工资收入，企业在规制约束下被迫将部分利润转移支付给这部分群体高于市场出清水平的工资。研究证实，最低工资制的补偿效应能有效地提高低技能类员工的工资水平。如图6-4所示，就高技能类员工而言，最低工资制会对其工资水平产生"溢出效应"。按照信号甄别理论，由于市场上信息不对称问题，信息劣势方可以通过提供有效的激励机制，诱使信息优势方提供更多的真实信息，并通过信息甄别的方式解决信息不对称问题。在劳动力市场上，最低工资的上升提高了企业对低技能工人的雇用成本，在高技能工人供给一定的条件下，企业为了区分不同技能工人并激励高技能工人努力工作，不得不在一定程度上提高高技能类员工的工资水平，产生溢出效应。即随着最低工资标准的向上调整，低工资层次间差异缩小，企业为了保持一定工资差异化形成的激励机制，将会在上调低技能类员工最低工资的同时，同时适当提高其他级别技能类员工的工资水平。因此，最低工资制会进一步提高企业的劳动力成本。但有相关研究指出，最低工资制补偿效应及溢出效应的"连锁反应"导致的总工资成本增加十分微小，Wicks-Lim（2006）通过实证分析指出，在1977年美国联邦最低工资上涨8%后，那些工资略高于新最低标准的工人工资仅上涨了2%，而那些工资高于新最低标准约10%的工人工资则仅仅上涨了1%。

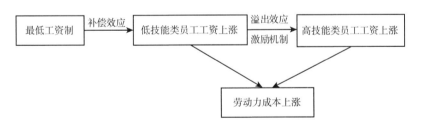

图6-4　最低工资制的"连锁反应"作用机制

（二）最低工资制的企业成本加成效应

最低工资的提高会提升企业成本加成，有利于企业竞争力的提升。但过高、过频的提高最低工资，反而会对一些工资水平相对较低的劳动密集型行业产生明显的负效应。

若最低工资的上调幅度位于合理范围之内，那么整个行业的总成本通常会增加并不大。面对合理的最低工资上升带来的劳动力价格上升，企业会主要通过小幅提高产品价格及提高生产率等方式来进行补偿，此时不仅不会给企业成本加成带来负面抑制，反而可以对企业成本加成产生正面促进作用。孙一菡、谢建国、徐保昌（2018）在全国各市所有区县 1999～2007 年最低工资标准的基础上，实证检验了这段时间最低工资对中国制造业企业成本加成的影响，指出在我国 1999～2007 年，最低工资的提高提升了企业成本加成，特别是提高了劳动密集型企业的企业成本加成，最低工资的增加减少了员工流动性及员工旷工频率，为企业节约了因频繁解聘和招聘带来的高额成本，同时，获得更高工资的员工可能会在工作上更加努力，有助于企业提升生产技术水平及生产效率、改善业务及服务流程。

　　近年来，我国经济面临下行压力，传统行业在经济转型过程中面临更大的冲击。若盲目、过快提高最低工资标准，将会给传统行业特别是其劳动密集型企业带来较大的劳动力成本上涨压力。如图 6－5 所示，按照厂商的最优定价策略：$p(y) = \dfrac{MC(y^*)}{1 - 1/|\varepsilon(v)|}$，其中，$p(y)$ 为产品价格，MC 为企业产品边际成本，$|\varepsilon|$ 为需求弹性，市场价格等于边际成本加成，即产品的定价等于产品边际成本加上一定比例的利润作为加成，企业成本加成可以反映企业产品偏离边际成本的程度，也可以被用于衡量企业在产品市场的竞争优势及贸易利得（钱学锋、范冬梅，2015）。可以看出，最低工资制对面临不同需求弹性的行业的影响并不同。威尔逊（Wilson，1998）研究发现，最低工资会明显提高大量雇佣劳动力的企业的成本，这些企业可能通过提高商品和服务价格应对劳动力成本的上涨，但如果这种成本过高而无法完全转嫁，消极的市场反应和利润的大幅降低都给企业带来了严重的危害。也有学者对我国北京市、广州市等城市进行实证分析后指出，最低工资水平每提高 10 个百分点，低收入水平的员工的工资约上升 0.75 个百分点，低层次工资等级之间的差异会随着最低工资水平的上升而缩小（Xiao and Xiang，2009）。

　　"新常态"下，一些工资水平相对较低的劳动密集型行业仍然承担着解决我国大量低技能人员或农村剩余劳动力就业的重要社会责任。最低工资的提高虽然可以有助于保障低收入者的基本生活、维护劳动者权益、提升企业成本加成，但过高过频繁的提高最低工资，有可能导致一些处于产业价值链低位并吸纳大量低技能人员就业的产业过早消亡，造成低技能人员就业困难等一系列的社会问题。因此，最低工资制度实行过程中，需重点关注并评估最低工资提高对劳动密集型企业的影响，统筹把握好规制与企业发展的关系，使最低工资制更好地与经济发展相协调，发挥其正效应。

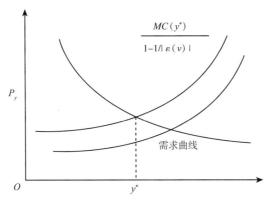

图 6 - 5　最低工资制的成本加成定价

三、社会保险费率与企业制度性交易成本

社会保险制度是社会保障的重要组成部分，在促进经济社会健康发展中起着重要的作用。按照《劳动合同法》，为企业员工购买相应的社会保险是每个企业的义务，但这也直接增加了企业的劳动力成本。2015 年至今，我国人力资源和社会保障部、财政部已连续 6 次下调社会保险费率，总体社保费率从 2015 年的41% 降到 2019 年的 37.25%，但我国社会保险缴费率相对于其他国家依然偏高，尤其是雇主承担的费率过高。据官方披露的统计数据，虽然各地缴纳比例不完全一致，但"五险一金"等支出约占企业劳动力成本的 40%；对于部分小企业而言，社保成本占企业总成本的比例甚至高达 20%。[①] 表 6 - 2 为我国 2000～2017 年社会保险基金的收支情况，可以看到，我国 2000 年社会保险基金收入为 2644.9 亿元，2017 年则达到了 67154.2 亿元。社会保险基金收入比上年增长率每年递增 15% 以上。2015 年社会保险费率下调后，2016 年、2017 年社会保险基金收入继续上涨，社会保险基金收入比上年增长率分别为 16.4%、25.4%，反而明显上升。

表 6 - 2　　　　　　　　我国 2000～2017 年社会保险基金的收支情况

年份	社会保险基金收入比上年增长（%）	社会保险基金支出比上年增长（%）	社会保险基金收入（亿元）	社会保险基金支出（亿元）
2000	19.6	13.2	2644.9	2385.6
2001	17.3	15.2	3101.9	2748.0
2002	30.5	26.3	4048.7	3471.5

[①]　社会保险缴费占用工成本 4 成，企业家不敢为员工涨工资 ［N］. 经济参考报，2016 - 01 - 15.

续表

年份	社会保险基金收入比上年增长（%）	社会保险基金支出比上年增长（%）	社会保险基金收入（亿元）	社会保险基金支出（亿元）
2003	20.6	15.7	4882.9	4016.4
2004	18.4	15.2	5780.3	4627.4
2005	20.7	16.7	6975.2	5400.8
2006	23.9	19.9	8643.2	6477.4
2007	25.1	21.8	10812.3	7887.8
2008	26.7	25.8	13696.1	9925.1
2009	17.7	24.0	16115.6	12302.6
2010	19.6	22.1	19276.1	15018.9
2011	30.5	24.2	25153.3	18652.9
2012	22.2	25.1	30738.8	23331.3
2013	14.7	19.7	35252.9	27916.3
2014	13.0	18.2	39827.7	33002.7
2015	15.5	18.1	46012.1	38988.1
2016	16.4	20.3	53562.7	46888.4
2017	25.4	21.9	67154.2	57145.0

资料来源：2000~2017年各年度全国统计年鉴。

我国社会保险费率偏高直接形成了企业的用工成本压力。企业承担的社会保险缴费负担过重会引起企业成本大幅上升，成本较低的资本将替代并挤出劳动力市场上价格较高的劳动力。朱文娟等（2013）通过对社会保险缴费的就业效应的研究，指出社会保险缴费率每提升1%，总就业水平与城镇就业水平分别降低0.15%和0.06%。魏天保和马磊（2019）通过实证研究分析提出，社会保险缴费负担会对企业的劳动产出效率产生促进效应，同时对劳动力的使用产生抑制效应，双重效应作用下企业面临的市场退出风险率呈现出先降低后升高的"U"形趋势。张玉华和路军（2019）则利用事件分析法，以我国2015年开始的社会保险费率由3%调至2%为背景，通过实证分析研究了社会保险费率对企业用工成本的影响，并指出政府应降低企业社会保险实际缴费率和名义缴费率之间的差异，才能使社会保障达到更佳的效果。根据税收经济学理论，政府对企业课征社会保险费后，企业面临的劳动力价格提高，边际成本上升，会导致企业的均衡产量下降，即过高的社会保险费率会产生规模效应。如图6-6所示，MC_1为企业未承担社会保险缴费时的边际成本线，MC_2为企业承担社会保险缴费后的边际成本线。假设企业位于完全竞争市场中，属于价格接受者，产品价格为一条直线保持不变。可以看到，社会保险费率上升，边际成本上升，企业均衡产量会下降，由Q_1下降到Q_2。

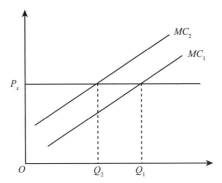

图6-6　社会保险费对企业均衡产量的影响

第三节　劳动力市场规制与企业行为

随着政府规制在劳动力市场上的加强，企业所面临的各种因雇用行为产生的成本增加，使得存在雇用需求的企业被迫在市场需求变化或劳动力市场供需带来的价格上增加了额外费用，这降低了企业劳动需求弹性，增加了企业生产要素投入风险，进而对企业形成倒逼机制，诱导或迫使企业采取相应的对应措施。把握劳动力市场规制对企业行为的影响是继续深化劳动力市场制度改革的基础，本节将结合劳动力市场规制对企业的影响机制，从企业用工行为、企业资本深化、技术创新、企业跨区域配置资本几个方面来分析劳动力市场规制下的企业行为变化。

一、劳动力市场规制对企业的影响机制分析

（一）提升收入分配向员工倾斜的水平

劳动力市场规制政策的加强，在增加了企业的劳动力成本的同时，也提升了收入分配向员工倾斜的水平。当前，我国处于社会主义初级阶段，经济处于结构性改革时期，随着劳动保障体系法律法规的陆续出台，我国劳动力市场各项规制力度在不断增加，劳动保护制度体系不断完善，我国劳动者在合同谈判方面的主动性增强，劳动者谈判的主动性提高，争取合法的权益的意识和能力得到提升。以《劳动合同法》为例，该法律在规范了企业用工管理行为的同时，也为劳动者维护自身合法权益提供了更多法律依据，提高了劳动者维权意识，促进劳资关系趋于和谐。劳动力市场规制加强、劳动者维权意识提高对企业最直接的影

响是增加了企业用工成本。在企业收入水平一定的情况下，企业为员工支付的薪酬在收入分配中所占比重增加，其收入分配向员工倾斜的力度将会提高。我国《企业最低工资制度》《劳动法》和《劳动合同法》均有明确规定：企业支付给员工的工资不得低于所在地区的最低工资标准。最低工资制则按照"每两年至少调整一次"的要求，全国各地逐年连续提高最低工资水平。同时，工会化水平的提升同样发挥了提升了企业收入分配向员工倾斜的水平，如工会推进工资的集体协商制度为工资增长机制的形成提供了一定保障。有研究指出，在我国，参加工会的员工会比非工会员工获得更高的工资和福利（Yao and Zhong，2013）。

　　劳动力市场规制政策的加强，提升了收入分配向员工倾斜的水平。在劳动力市场规制政策保障下，劳动者拥有更多的择业自主权，可以更自由地在劳动力市场上进行流动，也很大程度上强化了企业职工的外部选择权，外部选择权的增加提高了企业在职职工的薪酬水平，也提高了企业将收入分配向员工倾斜的程度。与此同时，人口老龄化的不断加深和人口生育率的放缓，劳动力供给不足成为市场的新常态，我国的劳动力价格持续上升（魏浩和郭也，2013；阳立高等，2014）。如图6-7所示，根据国际劳工组织《全球工资报告2018/2019》，2017年全球实际工资增速不仅低于2016年，而且降至2008年以来的最低水平，远低于全球金融危机前2006年或2007年的水平。2016～2017年的工资增速放缓，而且显然可以看出中国对全球工资增长的贡献是较大的。如图6-8所示，2000年以来我国的名义工资和实际工资均呈上涨的趋势，2018年城镇单位就业人员平均工资继续保持较快增长，为82461元，比上年增长11.0%，增速比上年加快1个百分点，扣除价格因素，实际增长8.7%。

图6-7　2006～2017年全球年度平均实际工资增长率

资料来源：根据国际劳工组织（ILOSTAT）数据绘制。

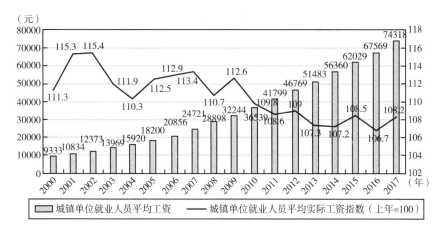

图6-8　2000~2017年我国城镇单位在岗职工平均工资

资料来源：根据国家统计局数据绘制。

（二）增加员工薪酬黏性和用工黏性

劳动力市场规制在规范企业用工行为、保障劳动力市场有序运行的同时，也降低了企业根据自身经营环境和外部需求变化进行调整的灵活性，增加了员工的薪酬黏性和用工黏性。

在严格的劳动力市场规制下，企业招用、解雇员工决策更加谨慎，用工管理方面更加规范、有序。一方面，聘用、辞退员工大部分企业均依法按照法律程序进行，决策更加谨慎、科学、有效，另一方面，企业劳动争议也更多地通过合法渠道得到解决。根据劳动经济学相关理论，严格的政府规制会降低企业对自身经营环境和外部需求变化进行优化调整的能力。在各种规制带来的企业用工成本、违约成本、事后交易成本约束下，企业在面临经营需要做出雇用决策或薪酬决策时面临更大的劳动力调整成本。因此，劳动力市场规制会增加企业的用工成本，但存在也会增加企业员工的薪酬黏性和用工黏性。

按照微观经济学理论，企业根据利润最大化的原则进行经营决策，通过比较员工劳动生产率与工资之间关系进行雇用决策。因此，由于企业需考虑"现实解雇成本与员工未来效率损失的现值之比"（Oi，1962），当政府规制增加企业用工成本及解雇成本后，反而降低了企业解雇员工的可能，导致用工黏性增加。具体表现为：当企业受到经济冲击需裁员或降薪时，《劳动合同法》等相关法律法规的约束使企业面临更高的解雇成本，出现薪酬黏性和用工黏性，降低企业雇用决策调整经济冲击敏感度，即经济下行时，现阶段解雇成本的存在，阻碍企业做出解雇员工的决策；经济上行时，由于未来解雇成本的存在，企业雇用更多新员工的意愿也偏低。王雷（2016）实证分析指出，《劳动合同法》的实施、最低工资的提高都会增加员工薪酬黏性，增加比例约 0.194%，每增加 1% 最低工资则会增加薪酬黏性 0.04%。

　　无论是企业最低工资制、《劳动合同法》、工会制度，还是社会保险制度，这些劳动力市场规制手段在保护劳动者权益的同时，也增加了员工的薪酬黏性和用工黏性。如《劳动合同法》第四十六条明确了企业需要经济补偿的主要情形，第四十七条则明确了经济补偿的计算方法，第八十五条则明确了企业未依法支付劳动报酬、经济补偿等的法律责任。这一系列规制手段都在一定程度上加大了解雇成本，使企业在业务萎缩时不能调整员工规模，在业务增加时因考虑到未来的解雇成本而不愿增加员工人数，进而导致员工调整黏性。

（三）降低企业劳动需求弹性

　　随着政府规制力度的增加，企业解雇成本和用工成本上升，其根据劳动力价格变化灵活进行用工需求决策的能力也会下降，企业劳动需求弹性下降。劳动力需求弹性反映了劳动力需求对工资率变动的敏感程度，表达式为：$e_d = -\left(\Delta\frac{L}{L}\right)\bigg/\left(\Delta\frac{W}{W}\right) = -\left(\frac{\Delta L}{\Delta W}\right)\bigg/\left(\frac{W}{L}\right)$，其中 L 为劳动力需求，W 为工资，劳动力需求弹性 $|e_d| \leqslant 1$。劳动力需求作为一种派生需求，源于消费者对社会最终产品和服务的需求。一般情况下，劳动力价格与企业的劳动力需求为负相关关系。根据此公式，当工资水平 W 明显上升时，$|e_d|$ 会明显下降，即政府规制带来的劳动力价格上升会降低企业劳动需求弹性。

　　企业的劳动力需求除受到当期劳动力价格和某些外生因素的影响外，还会受到未来预期等外生因素的影响。劳动力市场规制的存在增加了企业的解雇和调整成本，使企业可能通过预期未来的调整成本改变用工决策。即虽然当期劳动力价格下降，但企业考虑到规制所带来的未来较高解雇成本的存在，会降低其做出增加雇用人数的决策的可能性；与此同时，劳动力价格上升情况下解雇成本的存在也可能阻止企业及时做出解雇决策，从而导致企业劳动力雇用数量高于没有调整成本时的水平（Bertola，1990）。这也是政府规制导致企业劳动需求降低的重要影响机制之一。

二、劳动力市场规制与企业用工

(一) 政府规制下的企业用工理论模型

根据劳动供求理论和工薪税归宿理论 (Summers, 1989), 劳动力市场规制引起的用工成本上升导致企业需要实际支付的劳动力价格超过其劳动边际生产率, 企业将相应减少其用工规模。

如图 6-9 所示, 劳动力市场的初始均衡为 $A(E_0, \omega_0)$, 即劳动需求曲线 D_0 和劳动供给曲线 S_0 相交于 A 点, 此时, 对应的工资水平为 ω_0, 雇用水平为 E_0。假设劳动力市场规制带来的劳动力成本每个人相同, 且为 c, 则相当于企业实际需要承担的劳动力成本将大于 ω_0。此时, 在原工资水平上, 企业需要负担的劳动力成本提高到 ω_D^1, 即 $\omega_D^1 = \omega_0 + c$, 相应地, 劳动力需求曲线向左平移至 D_1。由于原工资水平 ω_0 不变, 企业在实际支付的 ω_D^1 劳动力成本水平上, 雇用需求从 E_0 下降到 E_D^1。由于在原工资水平 ω_0 下, 劳动者劳动供给依然为 E_0, 因此, 形成一个 $(E_0 - E_D^1)$ 的供需缺口, 使劳动者面临工资下压的压力。这时, 企业有机会通过降低雇用工资来一定程度转嫁政府规制带来的成本负担。假设劳动者的工资水平降低到 ω_S^1, 即 $\omega_S^1 = \omega_0 - c$, 这意味着企业将所有劳动力规制成本均转嫁给了劳动者, 企业所需要承担的劳动力成本依旧为 ω_0, 劳动力需求为 E_0, 即 $C(E_0, \omega_S^1)$。

在实际劳动力市场中, 企业可以通过降低工资 (但不低于最低工资水平) 来转嫁劳动力市场规制成本以维持生产经营规模, 随着工资水平不断降低, 员工的离职率将会升高。一方面, 员工离职率过高也会增加企业的成本; 另一方面, 由于企业提供的工资过低使其在劳动力市场上匹配率下降, 进而又增加雇用成本。因此, 企业会权衡雇用工资水平和雇用需求来不断调整。即劳动力市场规制下实际的劳动需求曲线 D^* 在 D_1 和 D_0 之间。$A^*(E^*, \omega^*)$ 是企业在承担规制成本负担下的雇用决策, 其中, $[\omega_0 - \omega^*]$ 反映缴费成本得以转嫁所对应的雇用工资下降, $[E_0 - E^*]$ 代表实际劳动力成本上升引起的雇用规模的减少量。实际劳动力需求曲线位置取决于劳动力市场供求弹性、雇员特征、雇主特征等多方面的因素。因此, 相同的劳动力市场规制对不同的行业市场将有着不同的影响, 但总体而言, 过度的劳动力市场规制将不利于劳动力市场的健康发展, 而劳动力市场规制最合适的点应该基于不同行业市场的特征进行把控。

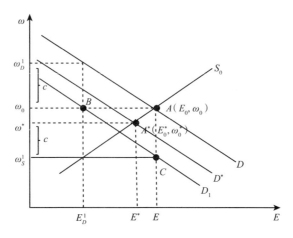

图 6 - 9　劳动力市场规制下的企业用工

（二）政府规制下的企业用工行为分析

由于劳动力市场规制提高了劳动力成本，企业在进行用工决策时会更加谨慎，在内部管理时会加强对员工的优化调整，表现在两方面：一方面，对招聘计划更加严谨，降低过度雇用行为，按照企业实际需要尽可能地提高员工与岗位匹配度；另一方面，在解雇决策上更加谨慎，提高用工稳定性，并更有动力对内部员工进行优化配置。企业的用工行为优化调整将有利于激励员工释放隐性知识，强化员工投资于企业异质性人力资本的动力，进一步提高企业员工配置效率。同时，在政府规制存在的背景下，相较于对企业用工时间的影响而言，经济环境变化和预期不确定性对企业用工决策的影响存在一定的滞后性。当企业劳动力需求上升时，企业会偏好通过增加员工的工作时间来替代雇用更多员工，反之，当企业劳动力需求下降时，企业则会更偏好减少员工工作时间（Gupta，1975）。

以社会保险制度为例，随着社会保险缴费费率的提高，企业会主要通过以下两种方式来降低社会保险费负担。

一是直接降低职工工资以减轻社会保险福利带来的负担。这种方式带来的影响取决于职工对社会保险福利及工资之间的偏好程度，若员工倾向于更好的社会保险福利，他们便愿意接受更低的工资水平，此时，虽然工资水平下降，但就业水平反而上升；若员工更倾向于工资水平的高低，则社会保险福利升高引起的工资水平下降会使劳动力供给减少，均衡状态为工资水平下降，就业减少；若员工对社会保险福利和工资水平的偏好相同，此时他会愿意承受相应的社会保险负担，均衡状态为工资水平下降，就业水平不变。

二是直接减少劳动力用工需求。现实的劳动力市场并非完全竞争市场，在政府最低工资标准及工资刚性的约束下，企业很难直接通过降低工资水平来减轻政府规制带来的制度性交易成本，此时，在保持利润最大的前提下，他们会更倾向于通过技术升级、资本替代、跨区域资本配置等方式替代劳动力，直接降低劳动力需求。再如《女职工劳动保护规定》中明确了女性职工怀孕、产假、哺乳期、月经期的一系列权益，这些规定在保护女性职工权益的同时却增加了企业成本，随着规制的严格，企业直接减少女性用工需求，从而导致女性就业难等一系列问题的产生。陶纪坤和张鹏飞（2016）利用我国省级面板数据及上市企业数据，分析指出社会保险制度对劳动力用工需求存在"挤出效应"，从全国劳动力用工需求层面分析，社会保险缴费率每增加1%，全国劳动力用工需求下降4.95%，社会保险制度对劳动力用工需求的挤出效应在不同性质的企业、不同行业效应不同，如社会保险缴费率每增加1%，第二产业劳动力用工需求就比第三产业用工需求多下降1.53个百分点。盛亦男（2019）通过微观调查数据，对"全面二孩政策"对女性就业的影响进行了研究，指出生育政策的变化及女性就业保护的增加明显降低了女性就业质量。因此，在劳动力市场规制过度严格的背景下，如前文对图6-9的分析，劳动力需求曲线会倾向于左移，从而导致失业率的上升。

三、劳动力市场规制、企业创新与资本跨区域配置

劳动力成本上升后，市场中的企业更偏向于用资本替代劳动，进而促企业资本深化与企业创新。主要表现两个方面：一是适宜的规制政策会有利于技术创新环境的创造；二是规制通过替代效应倒逼企业进行资本深化和技术创新。

（一）政府规制下的企业技术创新环境

适度的规制有利于良好技术创新环境的形成。创新是一个具有高风险、长期性、不确定性特质的过程，劳动者在创新过程中担当着技术创新主要载体的重要角色。从企业角度看，面对劳动力成本上涨，企业的雇用行为优化会促使企业加大对现有员工的人力资本投入。从劳动者的角度看，工资上涨使劳动者被辞退的机会成本增加，降低劳动者在短期的创新失败中受到的解雇风险，促使劳动者更愿意主动进行创新工作。

另外，劳动力市场规制降低了企业创新中的"敲竹杠"风险。按照交易

成本理论，在不完全契约的前提下，企业在技术创新中天然存在的"双边垄断"特征使"敲竹杠"风险较高。这里的"敲竹杠"是指如果合约是不完全的，当事人的专用性投资会引发"敲竹杠"风险从而导致无效率的专用性投资。劳动力市场规制影响企业和员工的双方谈判力，促使双方有更强的专用性人力资本投资激励。如《劳动合同法》中的不当解雇条款和无固定期限合同、"竞业禁止"等规定，避免了员工在技术创新后在不完全契约情形下被解雇，也保护了企业受到如核心技术人员在创新成功后跳槽到竞争性企业而导致创新投资价值损害，进而增加企业与核心技术人员双方进行创新投资的意愿，增强企业面对劳动力成本上升进行创新的动力。

（二）政府规制下的资本深化与技术创新

劳动力市场规制过高会影响企业投资决策，使其做出进行资本深化的决策，表现在以下几个方面。一是按照新凯恩斯学派的内部人-外部人理论，转换成本和内部人的自利行为使厂商总会将实际工资维持在一个较高水平，从而导致实际工资刚性。因此，政府规制强化员工外部选择权以弱化企业外部选择权为代价，职工在与企业的工资谈判中会提出更高的工资要求，进而减少企业投资规模。二是通过要素替代效应来应对市场规制带来的影响。假设劳动力投资不变，劳动力成本上升，企业将采用资本密集度更高的投资来消除政府规制带来的投资套牢问题。三是按照新古典经济理论，劳动力成本上升会促使企业重新进行要素配置，进而影响企业要素投资结构。即工资上涨会促使企业在生产过程中使用更多的资本去替代劳动，如以价格相对较低的资本投入替代劳动投入、更新生产技术、采用更多的资本密集型技术。

在劳动力市场上，劳动力市场的规制通过替代效应倒逼企业进行技术创新。按照诱导性技术创新理论，劳动力市场规制提高企业劳动力成本后，要素投入风险提高，企业必将加快要素替代和进行技术创新，从而促进了企业进行技术创新。例如，研究发现，我国《劳动合同法》实施后各行业利用资本替代劳动力的趋势加快，特别是社会保险成本引起的劳动力成本提高"倒逼"企业进行资本深化、研发创新、更新技术，这一影响在劳动密集型企业中更为显著。王雷（2017）利用2001~2014年上市公司相关数据，检验证明了我国近年通过《企业最低工资制》《劳动合同法》等劳动者权益保护制度提高了企业劳动力成本，进而显著提高了我国企业的创新水平。因此，合理的规制事实上也可以成为企业技术创新的长期推动力之一。

（三）政府规制下的企业跨区域资本配置

劳动力市场特征和劳动力市场规制是企业进行跨区域配置资本决策的重要驱动力。2010年以来，随我国人口红利的逐渐消失，我国劳动力成本进入上升通道，特别是近年来一系列劳动力市场的法律法规实施之后，企业的用工成本和雇用成本上升，也间接或直接地给企业带来了一定经营风险，企业为了取得更大的劳动力市场比较优势，会调整经营策略，做出企业跨区域配置资本决策。

新古典经济学一般将要素视为外生变量，劳动力的价格会改变区域间劳动力要素的原有布局，引起企业跨区域配置资本。按照比较优势理论，区域间产业结构的差异源于要素禀赋、自然资源等先天条件不同所导致的资本、劳动力等多种要素在区域间的流动和重组。如我国东西部地区由于自然和历史因素的影响导致劳动资源禀赋存在明显差异，随着东部地区劳动力价格的不断升高，部分沿海城市企业为了降低劳动力成本，开始逐步向中西部地区进行跨区域资本配置，转移到具有资源要素供给条件或商务水平与工资水平较低的地区。王雷和刘斌（2016）利用2001~2013年的上市公司相关数据分析了劳动保护与企业跨区域配置资本之间的关系，发现劳动者权益保护对上市公司进行企业跨区域配置资本行为的决策影响显著，促进资本跨区域流动。另外，相比民营性质和劳动密集度较高的非上市公司，该类型的上市公司更倾向于跨区域向劳动力资源丰富、劳动力价格低的地区配置资本。

第四节　国有企业高管薪酬规制

一、规制背景及动因

（一）规制背景

国际上通常把基尼系数0.4作为贫富差距的警戒线。根据统计数据，从2003年至今，我国基尼系数从未低于0.46，我国的贫富差距依然停留在较高位置。国有企业作为我国社会主义经济的重要支柱，在社会主义经济建设中担当着重要的角色，国有企业高管薪酬过高不仅会破坏和谐的企业劳动关系，还会加大本已失衡的社会收入差距，引发社会不满情绪的滋生，激化阶层矛盾，影响社会和谐。事实上，即使在自由市场经济国家，企业高管薪酬在接受市场力量自发调节的同时，也受到来自政府及相关机构在税务、会计和信息披露方面的规制。现实中，企业高管薪酬过快增长或国企高管薪酬增长缺乏合理性，引发了社会收入分配差距不断拉大和不满情绪的滋生，为回应社会公众的公平偏好，政府必然对企业高管薪酬进行诸多规制。但国有企业高管薪酬契约设计和实施是一个复杂的权变过程，若不能合理把控，过度的规制将使薪酬契约设计无法通过激励提供和风险分担来实现代理成本最小化。因此，科学界定政府规制的合理边界，探索国有企业高管薪酬规制的有效路径，对于提升薪酬规制效率、避免薪酬规制失灵有着重要的意义。本节将从政府规制的视角，对我国国企高管薪酬规制的主要实践及相关研究进行分析，为改革和完善我国国企高管薪酬规制提供参考。

（二）规制动因

综合来说，政府为什么要对国企高管薪酬实行各种形式的规制？从已有研究成果来看，主要有契约效率动因和公平偏好动因两大动因。

1. 契约效率动因

契约效率动因即基于效率导向，弱化企业高管道德风险，促进企业稳健经营和长期价值创造。在信息不对称背景下，政府位于信息劣势，很难低成本且有效获得企业的经营业绩情况，也很难进行有效的事后监督。同时，对国有企业的行政干预会影响国企高管的经营性努力，加大国有企业薪酬设计的难度，模糊国企经营绩效与国有企业高管经营性努力的相关性（陈冬华，2005）。因此，基于业绩的薪酬制度很难有效实施，政府只能通过制定契约进行薪酬管理。

2. 公平偏好动因

我国国有企业高管薪酬管制产生于我国政府的行政任命及人们对国企初次分配的公平偏好。公平偏好（fairness preference），又称不平等厌恶偏好，是指人们在经济社会中，既关注个人利益最大化又关注收入分配的公平与否。公有产权决定了人们在国企收入分配方面具有强烈的不公平厌恶偏好。刘辉等（2016）研究表明，转型期收入分配差距的扩大导致公平与效率问题的激化，进而出于对"社会公平目标"的追求，政府对国企高管薪酬管制是国企改革进程中无法避免的社会性约束。适当的薪酬管制有益于维护社会公平正义，遏制高管超额收益，降低社会收入差距。

二、我国国企高管薪酬规制的主要实践

党的十九大报告明确提出，要积极发展混合所有制机制，优化国企激励模式。事实上，在国有企业高管薪酬管理制度改革和实践中，为规范国企收入分配秩序，促进国企高管薪酬管理制度的科学性改革，我国政府主管部门一直重视和不断改进相关规制工作。

（一）政府薪酬管制

我国对国有企业的薪酬管制最早可以追溯到 1992 年的"试点国企经营者年薪制"。随后，我国各地也开始出台年薪制政策，到 20 世纪末时全国约 30 个省（自治区、直辖市）的近万户国有企业开展了年薪制试点。2002 年，国务院制定了国有大中型企业薪酬制度，规定中央企业高管薪酬不能超过职工平均工资的 12 倍，2005 年国务院国资委将该规定上限放宽至 14 倍。

2008 年，某国企天价薪酬引起舆论关注。该国企董事长兼 CEO 以累计 6616.1 万元的高薪夺得 2007 年薪酬榜冠军，此外，该企业常务副总经理税前报酬 4813 万元、执行董事兼总经理税前报酬 4770.4 万元。同时 2006 年 10 月到 2008 年 3 月末，该企业股票价格从最高 149.28 元暴跌至 56.06 元，市值缩水近 2/3，这种情况下，该企业高管人员的薪酬不降反增，实在令人费解。面对舆论的强烈反响，按照国务院的指示，作为企业工资的宏观调控部门的人力资源和社会保障部以健全国企分配激励约束机制为目的，牵头研究高管薪酬规制。2009 年，我国人力资源和社会保障部等六部门对中央企业联合出台《关于进一步规范中央企业负责人薪酬管理的指导意见》，文件出台在一定程度上解决了各地区、各行业国企高管薪酬标准不统一的现象，确定了基本年薪、绩效年薪和中长期激励收益的国有企业高管薪酬制度框架。针对国企高管薪酬，北京市、上海市、江苏省、重庆市、武汉市等城市也做出基于倍数的限薪规定。如北京市国资委规定国企高管薪酬不能超过普通职工工资的 12 倍，上海市规定国企高管年薪不得超过 40 万元，重庆市则规定国企高管收入与本企业普通员工年平均收入比例应控制在 10 倍以内。同时，在国际金融危机的背景下，上市公司高管和普通员工薪酬差距过大被社会公众广为诟病。各国政府相继发布了针对高管薪酬的"限薪令"，表 6-3 为 2009 年我国政府"第一次限薪令"的主要内容。

表 6 – 3　　　　　　　　　2009 年我国"第一次限薪令"主要内容

薪酬制度	发文机构	相关规定
《关于金融类国有和国有控股企业负责人薪酬管理有关问题的通知》	财政部	金融类国有及国有控股企业高管每年总薪酬最高不得超过 280 万元人民币
《关于进一步规范中央企业负责人薪酬管理的指导意见》	人力资源和社会保障部、中央组织部、中华人民共和国监察部、财政部、中华人民共和国审计署、国资委	国企高管年薪与职工薪酬挂钩,基本年薪必须与上年度在岗职工平均工资相联系
《商业银行稳健薪酬监管指引》	银监会	商业银行主要负责人绩效薪酬不得超过其基本薪酬的 3 倍,高管绩效薪酬的 40% 以上应采取延期支付的方式,且期限不少于 3 年

2012 年 12 月中央政治局审议的《关于改进工作作风、密切联系群众的八项规定》(简称"八项规定")以及后续的"六条禁令",对包括国有企业管理层在内的党政领导干部在职消费等进行了限制性规定。2014 年,中央出台了《关于深化中央管理企业负责人薪酬制度改革的意见》,并于 2015 年 1 月 1 日正式实施,本次改革首次对所有行业国有企业颁布高管"限薪令",改革首批涉及中石油、中石化等 72 家央企,这次"限薪令"在学术界被称为"第二次限薪令"。常风林等(2017)利用双重差分法分析了 2009 年第一次限薪令、2012 年"八项规定"、2015 年第二次限薪令的有效性,认为 2009 年第一次限薪令未能达到期望效果,而 2012 年"八项规定"、2015 年第二次限薪令则有效抑制了国企高管薪酬的过快增长。

(二) 国企高管薪酬信息披露规制及监管

国企薪酬改革,应让高管们的薪酬公开透明。国企高管薪酬公开透明不仅可以促进国企利益相关者实施有效的薪酬监督,也有利于降低国企高管攫取超额薪酬和滥用职务消费的事前激励。1998 年以前,我国并没有对国企高管薪酬信息披露做具体要求。1999 年开始实施的《证券法》中第六十一条规定,公司债券上市交易公司在其信息披露的年度报告中应包含董事、监事、经理及有关高级管理人员的姓名、性别、年龄、任期起止时期等简介,及其年初年末持股数量及持股变化情况。2001 年证监会颁布的修订版本——《公开发行证券的公司信息披露内容与格式准则第 2 号〈年度报告的内容与格式〉》第 26 条要求,公开发行证券的公司需披露董事、监事、高管人员的薪酬总额、金额最高的前三名董事及高管的薪酬总额,以及高管薪酬确定的依据。2005 年,证监会对 2001 年的《年报准则》进行再次修订，新的《年报准则》要求，公开发行证券的公司需披露每一位现任董事、监事和高级管理人员在报告期内从公司获得的薪酬金额。随后，2007 年，上市公司须强制披露公司薪酬委员会的履职情况以及股权激励计划的实施情况。2012 年，我国证监会对《年报准则》做了进一步修订，要求披露董事、监事、公司高管人员应付报酬情况、高级管理人员考评机制等内容。

另外，国企高管薪酬监管方面，我国是由国务院国资委和地方各级国有资产管理部门负责来对所管理的国有企业高管薪酬进行审核和监管。金融服务业国有企业则由财政部、银监对其高管薪酬进行审查和监管；分布于其他行业的国有企业则由其对应的国务院其他部门或群众团体来进行管理。

三、"公平偏好" 动机下的国企高管薪酬规制绩效分析

如前所述，社会公众及国企一般员工在国企初次收入分配中具有较强的公平偏好，政府在此背景下会选择进行高管薪酬管制，从而必然影响国企高管的行为和国企绩效。由于国企高管身份并非严格意义上的职业经理人，而存在"资格确认"问题，因此，存在一个区间游走的"保留收入"。本节基于相关理论，从国企高管行政任命和政府"公平偏好动机"的角度，构建一个多任务模型。

(一) 模型假设

假设不完全信息背景下，经济社会中仅存在一个政府和一个国有企业高管，政府需要进行薪酬设计以激励高管更有效率地工作。政府风险偏好中性，具有公平偏好，有经营性目标和社会性目标独立两个目标，经营性目标旨在提高国企经营绩效，社会性目标旨在维持就业、维护社会公平正义等社会目标。国企高管风险偏好中性，其工作绩效可分别表现为对应的经营性努力和政策性努力。

1. 政府

假设政府是国企唯一的所有者，且生产函数为简单线性函数。此时，政府的效用表达式为：

$$V_G = \gamma E(Y_s) + (1 - \gamma) E(Y_p) - W - \sigma(W_p - F) \qquad (6-1)$$

式 (6-1) 中，Y_s 为高管政策性努力后企业的实际产出，Y_p 政策性努力后企业的实际产出，γ 为政府对政策性努力的偏好系数，W 为实际薪酬激励；

σ 为"公平偏好"系数，W_p 为一般的薪酬激励，F 为外生给定的公众可接受的高管薪酬水平。当 $W_p > F$ 时，$\sigma > 0$；当 $W_p < F$ 时，$\sigma = 0$。

2. 国企高管

国企高管的总收入可看作高管政治晋升激励的货币化代表 EW_s 及高管经营性激励的收入 EW_p 之和：

$$MW = MW_s + MW_p = \beta_s E(Y_s) + [a + \beta_p E(Y_p)] \tag{6-2}$$

式（6-2）中，β_s 为高管追求政治升迁的激励系数，β_p 为高管追求薪酬的激励系数，a 为高管的固定薪酬。高管政策性努力后企业的实际产出与政策性努力后企业的实际产出为：

$$Y_s = e_s + \varepsilon$$

$$Y_p = e_p + \delta$$

e_s 为高管所选择的政策性努力程度为企业带来的产出，e_p 为国企高管所选择的经营性努力程度为企业带来的产出，ε、δ 分别为这两者与对应的实际产出之间的浮动差异。

一般地，政策性努力程度和经营性努力程度对应的成本函数为凸函数，具体形式分别为：

$$C_s = \frac{1}{2}\theta_s e_s^2, \ C_p = \frac{1}{2}\theta_p e_p^2 (\theta_s、\theta_p \text{ 分别为成本系数})$$

此时，高管期望效用函数形式可表达为：

$$MU = MW - C_s = \beta_s e_s + (a + \beta_p e_p) - \frac{1}{2}\theta_s e_s^2 - \frac{1}{2}\theta_p e_p^2 \tag{6-3}$$

（二）模型求解

模型求解为：$\displaystyle\max_{\beta_s, \beta_p} V_G = \gamma e_s + (1 - \gamma)e_p - (a + \beta_p e_p + \beta_s e_s) - \sigma[(a + \beta_p e_p) - F]$

$$s.t. \ MU = \beta_s e_s + (a + \beta_p e_p) - \frac{1}{2}\theta_s e_s^2 - \frac{1}{2}\theta_p e_p^2$$

$$a + \beta_p e_p + \frac{1}{2}\theta_p e_p^2 \geqslant \overline{W}$$

其中，$\overline{W} \in [W_1, W_2]$ 为高管的保留工资，W_1 为同级别的政府官员平均薪酬水平，W_2 为具有类似职位的职业经理人的市场收入。目标函数为将政府效用最大化，约束条件为：一是国企高管效用最大化；二是高管工资不低于高管保留工资，否则高管会选择退出。

（三）均衡解分析

得出模型的均衡解为：

$$\beta_s^* = \frac{\gamma}{2}, \ \beta_p^* = \frac{1-\gamma}{1+2\sigma}$$

可见，政府的最优的均衡政治升迁激励系数 β_s^* 取决于政府对政策性努力的偏好系数 γ，即政府对社会性目标的偏好程度；政府薪酬激励系数 β_p^* 则取决于政策性努力的偏好系数 γ 及"公平偏好"系数 σ 两者，另外，政府的公平偏好系数会降低政府薪酬激励系数，这也正是上面我们提到的薪酬规制的原因。

高管的最优选择为：

$$e_s^* = \frac{\gamma}{2\theta_s}, \ e_p^* = \frac{1-\gamma}{\theta_p(1+2\sigma)}$$

即高管最优的政策努力程度选择取决于政策性努力的偏好系数、高管成本系数，表明高管的政策性努力随着政府对政策性努力的偏好而提高；经营性努力程度选择取决于公平偏好系数和政策性努力的偏好系数，即高管的经营性努力程度随政府对政策性努力的偏好的增加而降低，随公平偏好系数的增大而降低。

综上分析，国企高管身份的模糊性导致了其保留收入的不确定性，政府在公平性偏好下的社会目标的追求会提高国企高管对政策性努力的投入，而降低追求经营性绩效的动力，从而影响国企高管薪酬的最优激励强度。可以看到，政府对国企初次分配的公平偏好越强，薪酬规制越严格，高管对经营性绩效的努力越少，进而影响企业绩效。当前，在社会收入分配问题凸显的背景下，国有企业薪酬规制具有一定的合理性。但是在此过程中还应注意动态权衡公平和效率的关系，准确评估国企高管薪酬规制的经济后果，进一步改进和完善政府薪酬规制工作。

（四）经济后果及启示

与本书理论模型分析一致，现有研究成果大都认为，政府的薪酬管制会在一定程度上导致低效率，并有可能导致国企高管职务消费及腐败现象的增加。

很多学者均研究指出，薪酬管制与在职消费存在替代关系，严格的薪酬管制使职务消费成为替代选择，同时，国有企业的薪酬制度缺乏足够的激励效率。辛清泉和谭伟强（2009）考察了市场化改革对国企高管薪酬契约的影响，分析发现市场化水平高的地区，国企高管在职消费水平更低，即市场化可能推动国企高管在职消费替代性降低。王晓文和魏建（2014）从政府公平偏好的角度出发，利用 2008～2012 年的上市公司数据研究了国企高管薪酬管制对高管行为影响及国企企业绩效的影响，指出国企高管薪酬规制会导致激励机制的扭曲，降低企业绩效。牟韶红等（2016）通过对 2007～2014 年非金融上市公司的经验研究，指出有效的国有企业内部控制有利于抑制上市公司的在职消费。

除了高管薪酬在收入分配方面的作用，部分学者研究后发现薪酬管制虽然会导致国企的薪酬激励效率降低，但也会在另一方面产生其他正向效应，如提高职工的生产效率。吴成颂和周炜（2016）利用 2006～2010 年 A 股制造业的数据研究了超额薪酬与企业绩效之间的关系，指出"限薪令"后，国企超额薪酬下降对企业绩效起到了正向作用。张楠和卢洪友（2017）通过构建政府与高管间的动态博弈模型，实证分析了 2009 年限薪政策效果，指出薪酬规制不利于国有企业薪酬激励，在职消费随着薪酬规制的实施在地方国有企业中有显著增长，但减少了企业过度投资的情形，提高了职工生产效率。

综合说来，在国企高管薪酬体系完善过程中，应通过健全在职消费外部政策的监管和规制机制，设计更高质量的独立内控制度。同时，根据国有企业的不同功能、性质，结合市场建立与国有企业功能性质相匹配的差异化薪酬管理办法，提高薪酬制度的中长期激励效率。

第七章　金融市场规制与企业
制度性交易成本

资本与劳动力均为企业的基本生产要素，维持着企业的正常运营，是企业成本的主要构成部分。政府采取的金融市场规制对企业的资本成本产生了双重影响。一方面，金融市场规制通过规范市场秩序，降低了金融风险，从整体上减少了企业的制度性交易成本；另一方面，由于制度安排不合理、规制力度加强等原因，又导致企业融资难、融资贵。本章对金融市场规制、企业制度性交易成本以及二者之间的关系进行讨论，深入剖析导致企业制度性交易成本上升的原因，以提高金融市场规制效率，改善企业融资环境，降低企业制度性交易成本。

第一节　金融市场规制实践

一、金融市场规制的含义

金融市场规制是政府对金融领域的规制，即政府为了促进金融业的发展、弥补金融市场失灵、维护金融市场的稳定、防范金融风险而对微观金融主体进行扶持、引导、规范和约束的总和。金融市场规制以出台法律法规为主要手段，以理性的行政干预为辅助手段，其规制对象包括商业银行和证券、保险、信托投资公司、城市信用合作社和农村信用合作社等非银行金融机构。金融市场规制不同于金融市场监管，不同于宏观金融政策，也不同于金融机构的内部管理以及金融市场的内在约束。从法律意义上来说，金融市场规制属于公法行为，即政府规制部门通过规制立法和行政干预采取强制性的规制措施对金融市场主体的微观活动直接做出引导和约束，其准许或授权金融监管机构据此对金融机构进行监管（王勇，2017）。

二、金融市场规制的内容

（一）对银行业的规制

银行业，在我国是指中国人民银行、监管机构、自律组织以及在中华人民共和国境内设立的商业银行、城市信用合作社、农村信用合作社等吸收公众存款的金融机构、非银行金融机构以及政策性银行的总和。银行业规制的重点是对商业银行的规制。根据《商业银行法》，商业银行的设立须满足对于注册资本、专业人员、组织机构、管理制度、营业场所和有关设施的要求。由国务院银保监会颁发经营许可证和营业执照，并实行法定指导利率。此外，《商业银行法》要求商业银行对贷款业务实行审贷分离、分级审批的管理制度，同时对借款人的借款用途、偿还能力、担保、还款方式等情况进行严格审查。

（二）对证券业的规制

证券业是为证券投资活动服务的专门行业。根据《证券法》，证券的规制对象包括股票、公司债券、期货等。国家将证券公司分为综合类证券公司和经纪类证券公司，实行分类管理制和进入审批制，并由国务院证券监督管理机构按照其分类颁发业务许可证。国内证券交易实行价格规制，客户向证券公司缴纳的佣金应高于证券公司代收的证券交易监管费和证券交易所手续费，但不得高于证券交易金额的3‰。

（三）对保险业的规制

保险业是指保险人与投保人订立契约，将集中起来的保险资金用于补偿投保人经济损失业务的行业。根据《保险法》，保险公司的设立须满足对于注册资本、专业人员、组织机构、管理制度、营业场所和有关设施的要求，由国务院银保监会负责相关审批事宜，并颁发经营保险业务的许可证。对关系社会公众利益的险种、依法实行强制险的险种和新开发的人寿险险种的费率，须报银保监会审批；其他险种的费率，报银保监会备案。

（四）对互联网金融的规制

互联网金融是指传统金融机构与互联网企业利用互联网技术和通信技术实现资金融通、支付、投资和信息中介服务的新型金融业务模式。近年来，我国的互联网金融业务量呈井喷式发展，多种形式的互联网金融业务竞相出现，但我国互联网金融监管基本上沿袭了传统的金融市场规制思路，立法和监管较为滞后，监管真空与监管重叠并存，使我国互联网金融风险不断积聚。

三、金融市场规制的规制依据及规制机构

金融市场规制主要包括准入退出规制、运营规制和中小企业融资规制，在"一委一行两会"混业监管体制下，对金融机构的规制主要由国务院金融稳定发展委员会、中国人民银行、中国银行保险监督管理委员会和中国证券监督管理委员会负责。具体的规制依据和规制机构，见表7-1。

表7-1　　　　　　　　金融市场规制的规制依据及规制机构

规制内容		规制法规及颁布时间	规制机构
金融业	商业银行	《商业银行法》（1995年9月10日）	银监会
	证券	《证券法》（1999年7月1日） 《证券投资基金管理公司管理办法》（2012年9月20日）	证监会
	保险	《保险法》（1995年6月30日）	保监会
	信托投资公司	《信托法》（2001年4月28日） 《信托投资公司管理办法》（2006年12月28日）	银监会
	城市信用合作社	《城市信用合作社管理规定》（1988年8月16日）	中国人民银行
	农村信用合作社	《农村信用合作社管理暂行规定》（1997年7月29日）	中国人民银行
	互联网金融	《互联网金融风险专项整治工作实施方案的通知》（2016年10月13日） 《互联网金融从业机构反洗钱和反恐怖融资管理办法（试行）》（2018年10月10日）	中国人民银行

四、银行业和证券业金融市场规制改革的历史和现状

（一）银行业金融市场规制改革的历史和现状

改革开放以来，根据我国经济社会发展阶段的变化，政府对银行业的规制始终处于放松规制与加强规制的不断更替当中。从整体上看，目前我国政府对银行业的规制处于放松阶段，但由于某些部门或环节在放松过程中暴露出的问

题，局部范围又开始出现规制加强的现象（李华，2018）。总的来看，我国银行业的金融市场规制大致可以分为四个阶段。

1. 1978～1993 年：重建金融体系

1978 年 12 月，党的十一届三中全会的召开标志着中国经济体制改革的开始。在金融主体方面，20 世纪 70 年代末和 80 年代初，我国成立或恢复了中国银行、中国农业银行、中国工商银行和中国建设银行。在规制机构方面，1982 年，中国人民银行设立金融机构管理司，负责制定金融管理制度，并审批各类金融机构的市场进入、并购和退出。1986 年初，国务院发布《中华人民共和国银行管理暂行条例》，使中国人民银行的中央银行地位和职责正式在法律层面得到确认。随着政府规制的放松，这一时期金融体系得到迅猛发展。由于行业规制更多地侧重于对宏观经济资源配置的管理，加之中国人民银行规制经验不足，违法设立金融机构、信贷扩张不受约束等现象开始出现在金融市场上，使行业陷入恶性竞争。在较为混乱的金融市场中，企业的融资需求难以得到保障，面临较高的制度性交易成本。

2. 1993～2003 年：规范银行经营和维护金融稳定

金融秩序的混乱，给整个金融系统的稳定和国家金融安全带来了极大的威胁。基于此，20 世纪 90 年代初，中国人民银行的工作重点在于整顿金融秩序，建立由中国人民银行主导的金融宏观调控体系，并加快银行规制法律法规的建立，强化央行的规制职能。整顿、规范金融市场，首先应明确金融市场规制的目标。中国人民银行 1994 年颁布了《金融机构管理规定》，确立了"金融秩序持续稳定、金融机构管理规范、公众权益得到保障、市场经济长足发展"的规制目标。其次，中国人民银行的职责更加细化。1995 年初，全国人大颁布的《中国人民银行法》对人民银行的宏观调控职能进行了细化，其在金融业的管理监督上发挥着重要作用。最后，强调对参与各方的权益保护。1995 年 9 月，全国人大常委会颁布的《商业银行法》重点突出了对商业银行、存款人和客户权益的保护。这在一定程度上限制了各级地方政府对银行机构市场化运营的干预和对金融资源的侵占，为企业融资提供了便利。此外，1995 年还颁布了《中华人民共和国票据法》（简称《票据法》）和《中华人民共和国担保法》（简称《担保法》），为我国银行规制提供了法律依据。这一时期，中国人民银行不断运用新颁布的法律法规，治理和整顿金融机构及其业务活动，使规制工作在有法可依基础上全面展开。

3. 2003～2009 年：强调银行业安全与效率

金融业在我国经济体制改革的推进过程中迅速扩张，但政府并未明确金融市场规制的方向，引发了一些金融风险事件，因此以安全和效率为目标的政府规制显得十分必要。在规制目标方面，2003 年政府颁布《中华人民共和国银行业监督管理法》（简称《银行业监督管理法》），确立了"加强并规范对银行业的监督管理，防范和化解银行业风险"的规制目标。2006 年 10 月，全国人大常委会对此法进行了修订，将"银行业合法、稳健运行，增强公众信心，实现公平竞争，提高竞争能力"作为银行业规制的关键目标。在规制机构方面，银监会于 2003 年 4 月成立，主要负责对银行、金融资产管理公司、信托投资公司及其他存款类金融机构的监督管理，从而将对银行的规制职能从中国人民银行剥离出来。在金融主体方面，2003 年 12 月政府对《商业银行法》进行了修订，增加了对商业银行加强监管的内容，体现了对银行安全的重视。这一时期，政府规制机构一方面将提高金融运营效率作为关键目标；另一方面，在面对金融秩序混乱、警惕各类风险隐患的同时，更加注重防范风险与维护金融稳定。

4. 2009 年至今：防范系统性金融风险

防范化解金融风险特别是防止发生系统性金融风险，是金融工作的根本性任务，这已成为我国金融市场规制目标和政策的核心指向。我国不断加强对宏观审慎管理的研究，并在 2009 年将其纳入宏观调控和金融稳定的政策工具组合。[①] 2016 年，中国人民银行宣布将差别准备金动态调整和合意贷款管理机制升级为宏观审慎评估体系（MPA）。在十三五规划中，再次强调了建设宏观审慎管理体系的重要性。此外，在风险评估与预警方面，我国也在持续探索与中国国情相适应的系统性风险监测评估和预警体系。[②] 在规制机构方面，为了预防系统性风险事件带来的重大冲击，2017 年银监会、证监会等金融市场规制机构纷纷强调"主动防控金融风险、大力治理金融乱象、切实弥补监管短板"，对金融市场规制的方式和力度提出了更高的要求。同年，党的十九大报告再次强调防范和化解系统性金融风险的重要性。为了补齐规制短板，国务院金融稳定发展委员会于 2017 年 11 月成立。该委员会旨在强化人民银行宏观审慎管理和系统性风险防范职责，强化金融监管部门监管职责，确保金融安全与稳定发展。2018 年 3 月，根据《国务院机构改革方案》决定，银监会和保监会合并，组建银保监会，以更好地应对国内分业监管框架存在的问题，有效发挥人民银行宏观审慎职能，防范系统性金融风险。

---

① 《中国人民银行年报 2009》，第 30 ~ 31 页。
② 《中国人民银行年报 2012》，第 31 页。

（二）证券业金融市场规制改革的历史和现状

我国现行的证券规制体制包括两部分，一是中国证监会统一管理的政府规制；二是证券交易所和证券业协会的自律性规制。其中，以政府规制为主，自律性规制为辅。上述证券规制体制是伴随着改革开放后我国证券市场的逐步产生和发展而形成的。目前，证券业已经成为我国国民经济的重要组成部分，证券规制体制也逐渐得到完善。具体来看，我国政府对证券业的规制大致经历了"加强—再加强—放松—再加强"的过程，对证券业的金融市场规制大致可以分为以下五个阶段。

1. 1981～1985 年：无具体规制体制

1981 年，在巨大的财政压力下，我国恢复了国债发行，发行主要采用行政摊派的方式，由财政部和中国人民银行组织有关部门根据《国库券条例》进行办理。此时虽还未形成国库券流通市场，但这意味着证券市场已初级雏形。在这一时期，股票市场的发展停滞。直到 1984 年 8 月，才发布了新中国成立以来与证券有关的第一个地方政府规章《关于发行股票的暂行管理办法》。在此阶段，我国尚不存在具体的规制部门以及相应的规制体制。

2. 1985～1992 年：规制体制的开创和探索

1986 年 9 月，工商银行静安信托证券业务部在上海设立，这是中国第一家证券柜台交易中介机构。它的设立标志着在金融市场上开始出现柜台交易式的股票和企业债券市场。由此产生了许多自发交易的二级市场，然而，规范管理欠缺、透明度低也同时存在，市场参与者的利益得不到充分保护。因此，迫切需要相关机构对交易市场的秩序进行规范和管理。基于此，上海证券交易所和深圳证券交易所分别于 1990 年 11 月和 12 月成立，意味着证券市场的交易逐渐向集中化、规范化靠拢。这一时期的规制体制呈现出多部门分散监管的特征，具体表现在三个方面。第一，中国人民银行为证券市场主要规制机构。1896 年初国务院颁布的《中华人民共和国银行管理暂行条例》赋予了人民银行管理有价证券与金融市场的职责。1990 年 10 月，中国人民银行发布《证券公司管理暂行办法》，对证券公司的准入、业务范围等做出了规范。同年 12 月，人民银行发布《关于严格控制股票发行和转让的通知》，规范股票市场交易。第二，除中国人民银行这一主要规制机构外，财政部、国家计委、国家体改委等主体也纷纷参与规制。1991 年，股票市场办公会议制度正式建立，后演变为国务院证券管理办公会议制度。此办公会议制度由中国人民银行、国家计委、中华人民共和国国家经济体制改革委员会、财政部、国家国有资产管理局等多个部门参与，代表国务院管理证券市场的日常运行。此外，1991 年 8 月，中国证券业协会与中国国债协会等行业自律组织成立，但并不具备真正的管理权限。第三，证券交易所拥有实际监管权，其规制权力在一定程度上取代了原有的政府规制部门。这一时期，我国虽成立了相应的政府规制部门，但具体规制措施有待细化，且不同规制部门的监管存在权力交叠、职权不清晰等问题，对于规制体制的建立仍然处于探索阶段。

3. 1992～2002 年：规范证券市场

1992 年 12 月，国务院证券委员会（简称证券委）和中国证券监督管理委员会（简称证监会）成立，以整顿证券市场乱象，进一步规范证券市场。1993 年 4 月，国务院发布了《股票发行与交易管理暂行条例》，对公开发行股票的准入条件做出了规定，更重要的是明确了国务院证券委为全国证券市场的主管机构，中国证监会为证券委的监督管理执行机构。至此，以证券委、证监会、国务院各职能单位及各地方政府为参与主体的多元化证券规制体制已基本确立。1997 年亚洲金融危机爆发，使防范金融风险成为各国金融工作的重点，我国政府开始着手改革金融监管体制。1998 年，证券委被撤销，同时，国务院将证监会确定为其直属机构，由证监会统一监管证券市场，并负责设立审批、日常监管证券经营机构和管理地方证券规制机构。同年 12 月，在新颁布的《证券法》中，对证券业集中型的规制体制进行了明确，证监会成为中国证券市场唯一且独立的最高规制机构。在《证券法》中，确定了证券发行的核准制、上市公司收购的专门规制、证券公司进入市场实行许可制，并对其经营范围实行分业规制、对投资者的进入规制和退出规制。这一时期，我国已基本建立起由中国证监会、证券交易所和证券业协会共同参与且主次分明的规制体制。这一体制的建立，不仅有利于规范证券发行和交易行为，保护投资者的合法权益，也有利于维护社会经济秩序和社会公共利益。

4. 2003～2009 年：重视证券市场安全与效率

2003 年末至 2004 年上半年，部分证券公司在持续低迷的市场环境中暴露出诸多问题，公司经营难以维系，证券行业累积多年的风险呈集中爆发态势，严重危及资本市场的安全，证券行业迫切需要采取措施来进行综合治理。2005 年，按照国务院《证券公司综合治理工作方案》，中国证监会依法采取托管、接管、行政重组、撤销或撤销业务许可、责令关闭等措施，对严重违法违规的高风险证券公司进行了处置，维护了资本市场安全和社会稳定。2006 年 7 月，中国证监会发布《证券公司风险控制指标管理办法》，建立了以净资本为核心的风险监管制度。该制度建立了证券公司业务范围与净资本充足水平动态挂钩、业务规模与风险资本准备动态挂钩、风险资本准备与净资本水平动态挂钩的机制。[①] 2008 年 6 月，中国证监会对《证券公司风险控制指标管理办法》进行了完善，调整了净资本计算规则等具体运算细则，有利于进一步完善证券公司风险的监控与防范，促进证券行业的规范发展。对于期货市场，中国证监会于 2007 年 8 月发布了《期货投资者保障基金管理暂行办法》，规定当期货公司经营不力且影响社会稳定时，可将期货投资者保障金作为补偿投资者保证金损失的专项基金，进而保障期货市场安全。为了进一步规范证券公司行为，维护证券市场的稳定，2008 年 4 月，国务院公布了《证券公司监督管理条例》，此条例总结了前几年证券公司综合治理与风险处置的宝贵经验，细化了《证券法》的有关规定，为证券行业的长期健康发展指明了方向。这一时期，政府规制机构一方面将激发证券市场活力与提高金融运营效率作为核心目标；另一方面，在面对风险集中爆发和金融秩序混乱的同时，更加注重防范金融风险、推动证券业健康稳定发展。

5. 2009 年至今：防范系统性金融风险

防范化解金融风险特别是防止发生系统性金融风险，是金融工作的根本性任务，这已成为我国金融市场规制目标和政策的核心指向。防范证券业系统性风险，主要体现在以下几个方面。一是推动证券公司规范化经营。2009 年，引入宏观审慎监管制度和逆周期调节机制，进一步完善证券公司风险管理体系和合规管理机制，使证券公司风险防控能力和合规管理水平显著提高。二是推进交易所清理整顿工作。国务院于 2011 年 11 月发布《国务院关于清理整顿各类交易场所切实防范金融风险的决定》，稳步有序地推进交易场所清理整顿工作。三是推进退市制度改革。2012 年 7 月，上海证券交易所和深圳证券交易所发布了修订后的《股票上市规则》，为逐步实现退市工作市场化、常态化奠定了规制基础。2014 年，启动新一轮退市制度改革，在《关于改革完善并严格实施上市公司退市制度的若干意见》中，首次明确上市公司因收购、回购、吸收合并等活动引发的主动退市情形。四是优化风险防控机制。2016 年，建立首发企业现场检查制度，提高首发企业申报质量。同年，发布《关于加强公司债券监管和违约风险防控工作的通知》《交易所债券回购风控指引》《关于加强私募基金日常监管和风险防范工作的通知》《私募基金监管协作工作指引》等风险防范及处置工作制度。五是加强期货的市场监管协作和风险防范。2012 年，证监会发布《证券公司客户资产管理业务管理办法》及配套实施细

---

① 《中国证券监督管理委员会年报（2007）》，第 38 页。

则，反映了中国证监会在大力支持证券期货公司创新理财服务的同时，也注重理财业务风险的防范。2013 年，证监会发布《期货公司风险监管指标管理办法》，以加强对风险突发性较强的期货公司的管理。六是防范互联网金融风险。2016 年 11 月，证监会发布《股权众筹风险专项整治工作实施方案》，对从事非法发行股票、非法经营证券业务、虚假宣传的互联网股权融资平台及平台融资者进行集中专项整治。① 为了推进互联网金融健康发展，中国人民银行、银保监会和证监会于 2018 年 10 月共同发布了《互联网金融从业机构反洗钱和反恐怖融资管理办法（试行）》，规范互联网金融的市场秩序。这一时期，我国政府始终坚持底线思维，将防范和化解金融风险特别是防止发生系统性金融风险视为监管工作的底线和根本任务。

第二节　金融市场规制对企业制度性交易成本的影响

一、规制优化使企业制度性交易成本下降

（一）防风险规制加强

防范金融风险对维护国家安全具有重要作用，这已成为我国金融市场规制目标和政策的核心指向。近年来，我国注重加强重点领域金融风险防控、加快补齐金融监管制度短板，使得金融风险下降，金融市场和企业的抗风险能力都显著提升，进而从整体上降低了企业的制度性交易成本。在打好防范化解重大金融风险攻坚战的要求下，金融系统近年来不断加大风险防控力度。2018 年，中国人民银行会同相关部门制定出台了《关于规范金融机构资产管理业务的指导意见》，引导金融机构资产管理业务向规范化发展，控制资管业务快速无序发展的势头，治理金融乱象；制定出台了《关于完善系统重要性金融机构监管的指导意见》，防范"大而不能倒"风险，加强对系统重要性金融机构的监管；制定出台了《关于加强非金融企业投资金融机构监管的指导意见》，防范实业风险和金融风险交叉传递，促进实业和金融业良性互动发展，使企业减少因金融风险导致的制度性交易成本。从整体上看，目前我国金融市场预期将发生积极变化。

---

① 《中国证券监督管理委员会年报（2016）》，第 33 页。

　　在风险整体可控的情形下，我国企业的效益继续改善，制度性交易成本有所下降。根据中国人民银行5000户工业企业调查结果，样本企业主营业务收入和利润均有所提升。样本企业存货周转率较上年略有提升，总资产周转率与上年基本持平，营业周期有所减短。这表明企业的经营环境得到改善，单位存货成本降低，经营效率进一步提高。在偿债能力上，样本企业流动比率和速动比率与上年末相比均有所提升，短期偿债能力增强；资产负债率有所下降，长期偿债能力有所提升（见图7-1）。这意味着在我国宏观杠杆率上升势头放缓，杠杆结构呈现优化态势的背景下，企业经营风险下降，风险损失减少，从而制度性交易成本进一步降低。上述针对工业企业的调查结果只是中国所有企业的缩影，在防风险规制不断加强的制度背景下，我国企业的经营环境在一定程度上均有所改善，经营风险不断下降，企业成本也呈现出下降趋势。

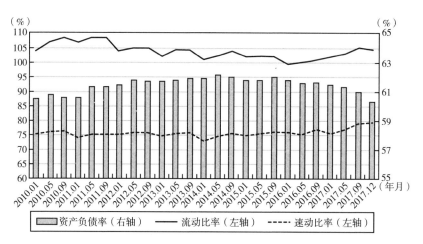

图7-1　2010~2017年5000户企业资产负债率、流动比率和速动比率

资料来源：根据中国人民银行数据绘制而成。

（二）规制程序简化

　　规制程序简化，主要是指的行政审批事项的简化。自金融业大力推进行政审批制度改革以来，我国政府逐步落实简政放权，行政审批制度得到优化，审批过程的透明度和审批效率有所提升，减少了企业在审批过程中负担的制度性交易成本。2014年，中国证监会分3批取消了13项行政审批事项，包括证券公司借入次级债审批、证券公司专项投资审批、上市公司收购报告书审核等一批影响面广的审批事项。且在私募基金、资产证券化等市场发展新领域不设前置审批，由行业协会实施自律管理，大大降低了企业的运营成本。对工商登记前置审批事项进行了分类清理，取消了"期货公司变更法定代表人、住所或者营业场所，设立或者终止境内分支机构，变更境内分支机构经营范围的审批""证券公司变更名称、注册资本、股东、住所、职责范围、制定或者修改公司章程、设立或者撤销分支机构审批"等审批事项。

2018年，政府进一步深化了行政审批改革。通过制定《中国证监会在线政务服务平台建设工作实施方案》和《中国证监会政务服务平台与国家政务服务平台对接实施方案》，开通了行政许可网上受理门户，实现了行政许可事项网上申报功能。[①] 进一步精简审批材料，取消上市公司独立董事意见、证监局出具的现场检查报告等29项申报材料及上市公司发行股份购买资产核准、公募基金管理人资格审批等12项行政许可事项。行政审批改革通过取消不必要的审批程序及材料，缩短了企业业务办理时间，降低了企业办理行政事务的鞋底成本。此外，证监会协调国家发改委、财政部，组织各证券期货交易所和中国证券登记结算公司大幅下调证券期货市场的监管费、交易手续费、过户费等收费标准，证券市场交易成本累计降幅达40%，期货市场降幅达60%。上述针对交易费用的调整直接降低了企业的制度性交易成本，有助于资本市场效率的提升。

二、不合理规制导致企业制度性交易成本上升

（一）制度安排不合理

我国现行的金融监管体系采用"一委一行两会"混业监管模式，由国务院金融稳定发展委员会、中国人民银行、中国银行保险监督管理委员会和中国证券监督管理委员会负责金融机构的规制。我国金融业特别是银行业早已开始了混业经营，在各种跨界金融产品大量出现的同时，也引起了金融监管边界和责任的模糊，导致规制主体陷入俘获困境。在金融市场规制中，规制俘获是指相关利益集团对规制者的俘获和规制者为了自身利益寻求俘获的现象，包括被动俘获和主动俘获。这里重点讨论被动俘获，研究其导致企业制度性交易成本上升的情况。进入规制设置的高壁垒，是导致出现被动俘获现象的直接原因。目前，我国对银行业资本型的混业经营实行严格颁发经营许可证的进入规制，

---

① 《中国证券监督管理委员会年报（2018）》，第35页。

这反映了政府对金融市场稳定和安全的重视，但随着金融业的快速发展，严格进入规制的弊端开始显现。这种规制制度使获得进入资格成为一种稀缺资源，此外，进入审批政策和标准的不明确，掺杂过多政府意愿和各方利益集团的博弈，且规制机构拥有是否许可进入的自由裁量权，由此给企业带来了大量的制度性交易成本。在规制长期执行的过程中，各级规制机构和人员可能会存在被管辖区银行机构俘获的情况，从而银行机构需对此负担制度性交易成本。

制度安排不合理导致企业制度性交易成本上升还体现在规制制度的频繁调整上。金融市场规制制度的更替是一个长期、复杂的过程，其中会涉及多个主体的利益冲突和协调，能够参与调整的利益主体往往是规制机构和重要金融机构，实体企业仅扮演着规制结果承受者的角色。规制一旦收紧，银行信贷标准会相应提高，实体企业资金链突然断裂，将遭受严重的经济损失，由此承担巨额的制度性交易成本。

（二）规制力度加强

从金融制度的整体安排上来看，相对于直接融资，我国更加侧重于间接融资。虽然目前股票融资、债券融资等直接融资渠道有所发展，且出现了网络借贷、股权众筹融资等诸多新型融资模式，但银行贷款始终是我国企业的主要资金来源。这种间接融资渠道同样也存在着重重阻碍，企业从其获取资金面临着多重阻力。

根据金融脆弱性理论，银行体系具有天然的脆弱性，如果对银行的经营业务范围不加以约束，任其在不同的金融领域延伸，会给银行带来极大的运营风险，影响金融稳定。因此，我国以立法的形式将商业银行的业务范围限定在相对狭小的空间内。根据《商业银行法》，商业银行主要办理吸收存款、发放贷款和票据贴现等业务。银行在办理上述业务时，设置了抵押、担保等多种限制条件，使企业并不能轻易获得融资支持，即使取得也要负担较大的交易成本。同时，根据防范化解金融风险的总体要求，系列规章制度的出台再次加紧了对银行等金融机构行为的规制，银行为了满足规制要求，不得不提高经营门槛，使企业陷入融资难的困境。面对规制收紧的现状，银行为了逃避规制，采取多种手段延长资金链条，使影子银行发展壮大。企业，尤其是中小企业，由于通过银行信贷获取资金受阻，会转而通过具有超高利率的民间借贷等影子银行业务来取得资金，在这一过程中企业要承担非常高的成本，企业的经营效率受到较大影响。

从图 7-2 中可以看到，规模以上国有企业及国有控股工业企业资产负债率自 2016 年供给侧结构性改革以来持续下降，政策不断显效；但私营工业企业资产负债率则于 2018 年开始出现大幅上升。私营企业的杠杆上升并非因投资需求增加而主动增加，而是由于融资和经营困境使得杠杆被动上升。防风险规制加强，金融去杠杆流动性收紧，经济下行信用风险暴露，社会融资增速快速下行，企业融资成本上升。与此同时，在信贷量收缩背景下，市场资金更偏好有政府隐性担保或充足抵押品的国有和大型企业，进一步加剧了中小企业的融资难现象，使企业面临较高的制度性交易成本。

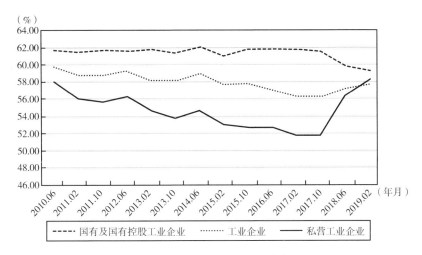

图 7 - 2　2010～2019 年企业资产负债率

资料来源：依据万德（Wind）数据库绘制而成。

（三）制度变迁的滞后性

不论何种制度，其变迁均存在滞后性，金融市场规制也不例外。首先，因为现行的金融制度安排还尚存部分价值，不能立刻放弃使用；其次，金融市场规制变迁是一个较为复杂的过程，需要耗费大量成本；最后，在金融市场规制的变迁过程中，涉及调整各方利益主体之间的利益及矛盾。因此，金融市场规制变迁的滞后性是客观存在，且难以避免的，但由此产生的制度摩擦会给企业带来新的制度性交易成本。

我国金融市场规制变迁滞后于金融体系的发展，主要表现在以下几个方面。第一，金融立法明显滞后。例如，1990 年，我国分别成立了上海和深圳证券交易所，证券市场已初步形成，但《证券法》在 1999 年才开始实施；我国银行业目前主要以资本型和契约型的模式进行混业经营，其代表形式为金融控股公司和交叉金融业务。但我国始终没有出台《金融控股公司法》和《银行控股公司法》等相关法律。鉴于当前我国金融市场信息披露不完备和风险的隐蔽性，立法的滞后可能会使市场上的参与者基于信息不对称对金融机构的经营情况和风险情况做出错误判断，使个人、企业等市场参与者因金融机构的风险外溢而遭受经济损失，形成制度性交易成本。第二，规制法律法规的调整和完善滞后。例如，我国目前出现了大量的金融控股公司、民营银行等不同于过去的金融主体，但相应的规制制度没有及时补充和调整。微观金融主体本身就具有较大的风险性，若不能对其经营行为进行有效规制，则可能会扰乱金融秩序，在整个金融市场上形成风险传播，广大利益相关者均会因此遭受严重的经济损失。第三，应对区域经济发展不平衡的金融市场规制安排滞后（王鹏，2009）。我国经济存在着区域发展不平衡、城乡发展不平衡和产业发展不平衡等结构性问题，大致相同的金融市场规制会对不同区域产生不同的影响。具有较发达金融体系和市场的东部地区，能有效地利用金融中介和市场将储蓄转化为投资，对中央的规制安排具有较强的承受能力。但对金融市场发展并不完善的欠发达地区而言，银行信贷是其主要资金来源，融资结构十分单一。一旦银行收缩信贷，欠发达地区的实体企业，将会面临着资金链断裂的风险，企业不得不求助于民间借贷等高成本融资渠道，大大增加了企业的成本。

第三节　金融市场规制与中小企业融资难、融资贵

一、中小企业融资总体状况

自 20 世纪 80 年代中期我国中小企业便开始蓬勃发展，现已成为国民经济的重要组成部分。据统计，我国中小企业贡献了 50% 以上的税收、60% 以上的 GDP、70% 以上的技术创新、80% 以上的城镇劳动就业和 90% 以上的企业数量，是实体经济转型升级的主力军，国民经济和社会发展的重要保障，也是推动经济实现高质量发展的重要基础。但中小企业的生存环境并不乐观，尤其是在其转型升级过程中面临着融资难融资贵的问题，这极大地制约了中小企业的发展。中小企业融资也成为目前我国金融市场规制的重点。

从总体上看，麦克米伦缺口虽仍存在于我国中小企业资金供求状况之中，但缺口的大小或强弱会随着经济发展阶段和政策制度的变化而变化，这是一个

动态调整的过程。而在近几年的发展过程中，我国金融机构对不同类型企业的贷款金额的变化呈现出一种较为积极的发展趋势，见表7－2。

表7－2　　　　　2012～2017年我国金融机构贷款余额变化趋势

年份	人民币小微企业贷款余额（万亿元）	所占比例（%）	同比增速（%）	同期中型企业贷款增速（%）	同期大型企业贷款增速（%）
2012	11.58	28.60	16.60	15.60	8.60
2013	13.21	29.40	14.20	10.20	10.30
2014	15.26	30.40	15.50	10.70	9.40
2015	17.39	31.20	13.90	8.60	11.20
2016	20.84	32.10	16.00	6.90	8.80
2017	24.30	33.00	16.40	10.60	12.60

资料来源：2012～2017年金融机构贷款投向统计报告。

根据表7－2，金融机构对中小企业的贷款总额、贷款比例出现了不断增加的趋势。2012～2017年，中小企业贷款增速始终高于大型企业，尤其是小微企业贷款始终保持较高的增长水平。这反映了国家在信贷政策上对中小企业的持续支持以及商业银行对中小企业金融服务的不断重视。虽然表7－2中显示中小企业贷款余额的同比增速要高于大型企业，但是由于我国中小企业信贷市场状况的复杂性，实际能贷到款的往往是那些具备相当规模的中型企业，而真正存在较大资金缺口的小微企业却很难获得银行信贷支持。所以，在中国仍有相当多中小企业的融资需求有待满足。

二、对中小企业的融资规制

（一）直接融资规制及融资现状

1. 股权融资规制

根据我国《公司法》，企业主要通过两种方式进行股权融资：一是通过发行股份来募集股本，采取公司制的中小企业在成立时往往采用这一办法；二是扩大企业募集资金的范围，包括从国内和国外资本市场募集资金。我国中小企业主要通过境内深圳证券交易所的中小板、创业板和境外资本市场进行上市融资。同时，我国《公司法》和《证券法》对公司股票上市设置了较为严格的准入制度。《证券法》规定，股份有限公司申请股票上市必须满足对股本总额、公开发行股份数量等的要求。而这些条件对大多规模较小、生产资金少且盈利能力弱的中小企业而言，是很难满足的。基于此，我国2009年增设创业板，旨在为暂时无法在主板上市的创业型企业、中小企业和高科技产业企业等需要进行融资和发展的企业提供融资途径和成长空间。但兼具成长性和科技性从而可以在创业板上市的中小企业是极少的，再加上制度建设不健全，导致我国中小企业融资仍然困难。

截至2018年底，在中小板上市的企业共计922个，市价总值为70122亿元，流通市值为50478.87亿元，平均市盈率为22.59倍；在创业板上市的企业共计739个，市价总值为40459.58亿元，流通市值为24542.94亿元，平均市盈率为32.10倍。① 虽然中小板和创业板为中小企业提供了直接融资的渠道，但是在这两大板块上市的企业只有1661个，还不到中国5600万个中小企业的万分之一。② 由此可见，股权融资远不能满足中小企业的融资需求。

2. 债券融资规制

1987年我国颁布的《企业债券管理暂行条例》是专门管理我国企业债券的法律条文。1993年国务院对该项法律进行了修正，并颁布了《企业债券管理条例》，该条例一直沿用至今。此条例规定只有具有法人资格的企业才能发行企业债券。这在很大程度上限制了个人独资企业、合伙企业等不具有法人资格的企业的进入，而这些企业往往是中小企业，进而直接阻绝了中小企业的债券融资渠道。《证券法》中的某些规定也对中小企业的债券融资方式给予了限制。根据《证券法》，公开发行公司债券应当满足对公司净资产、平均可分配利润和债权余额等的要求。通常只有规模较大且资金充裕的企业可以满足债券发行条件，而那些迫切需要资金支持的中小企业却无法获得融资资格。这些制度安排虽符合债券市场安全性的要求，但也加剧了中小企业的融资困难，增加其经营风险，且此风险很可能通过某种方式传导至金融市场，发展为金融风险。

截至2018年底，我国企业债券余额为20.13万亿元，同比增长9.2%，占同期社会融资规模存量的10%，同比降低0.1个百分点；人民币贷款余额为134.69万亿元，同比增长13.2%，占同期社会融资规模存量的67.1%，同比

---

① 2018年深圳证券市场概况. 深圳证券交易所官网，http：//www.szse.cn/www/disclosure/notice/P020181228724258906714.pdf.

② 工业与信息化部. 截至去年底中国中小企业数量已超3000万家. 中国新闻网，https：//www.chinanews.com/gn/2019/09-20/8961119.shtml.

上升 2 个百分点。可以看出，企业债券融资的资金规模相比银行贷款是非常低的，而能借助企业债券获得融资支持的中小企业又屈指可数。由此，中小企业的融资需求很难通过发行企业债券的方式得到满足。另外，除了企业债券，中小企业也会利用集合债券和私募债券满足自身融资需求。这虽在一定程度上可满足企业对资金的需求，但由于中小企业债券流动性较差、供给不足，借助此债券企业融资规模增速仍然较缓。

3. 民间金融市场规制

由于民间金融本身是一个极其庞杂的领域，其囊括了多种金融形式，同时又极具动态性，所以我国目前尚无一部专门针对民间金融的单行法律，相关规制主要以少量的民法条款、行政法规、部门规章、地方性法规、司法解释等形式存在。在界定合法民间金融方面，国务院于 1998 年发布了《非法金融机构和非法金融业务活动取缔办法》，从负面规定角度界定合法民间金融。2011年，国务院对上述办法进行了修订。据此办法，民间金融主体、民间金融行为是否被认定为非法，在于其是否超越了法律明确规定的吸收存款、发放贷款、办理结算等正规金融业务范畴。在民间借贷方面，2015 年，最高人民法院向社会通报了《关于审理民间借贷案件适用法律若干问题的规定》，对民间借贷行为、主体范围和借贷利率做出了明确规定。此举减少了民间金融市场规制的空白区域，但也存在着诸多不合理之处。在民间金融的监管方面，2018 年，银保监会、公安部、国家市场监督管理总局、中国人民银行联合发布了《关于规范民间借贷行为维护经济金融秩序有关事项的通知》，强调任何主体未经批准不得将发放贷款作为其主要经营业务，并划定了四条监管"红线"，以进一步规范民间借贷行为，引导民间资金健康有序流动，防范金融风险。但从总体上看，我国民间金融是游离于正规金融监管之外的，民间金融监管制度的效力层级低且严重滞后于民间金融的发展状况，存在大量规制盲区，企业借贷成本和风险也由此比正规金融大得多。

改革开放以来，民间金融随着经济的发展而不断发展。目前，民间金融逐步成为金融体系的主要构成部分。据研究报告，全国民间借贷的规模已经超过5 万亿元。[①] 如图 7 - 3 所示，民间借贷是中小企业的主要融资渠道，仅次于银行贷款。民间借贷当前十分普遍，尤其是在广东、浙江和福建等地，有关调查显示，2011 年上半年温州民间借贷市场规模超过 1100 亿元;[②] 在鄂尔多斯市，

---

① 姚培硕. 中国民间金融市场规模超 5 万亿监管缺位现象遭疑 [EB/OL]. http：//www. chi-nanews. com/gn/2014/09 - 22/6613575. shtml.

② 数据来自中国人民银行温州市中心支行发布的《温州民间借贷市场报告》。

几乎所有房地产项目都要向民间资本借钱，借款占所需资金比例一般为40% ~ 50%，更有甚者，比例接近100%。民间借贷虽在一定程度上可满足部分企业发展所需的资金需求，但我国的民间借贷始终游离于金融监管之外，企业由此产生的融资等制度性交易成本是极高的。

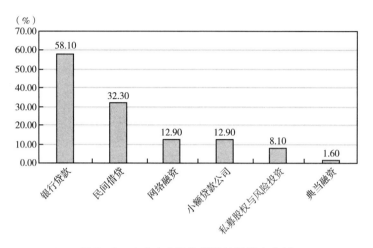

图7－3　中小企业融资渠道抽样调查分析

资料来源：根据中国中小企业协会发布的相关数据绘制。

（二）间接融资规制及融资现状

我国现行对中小企业贷款进行规制的法律主要是《中华人民共和国商业银行法》《银行业监督管理法》和《银行开展小企业贷款业务指导意见》，这些法规都考虑了中小企业贷款业务的特点，在中小企业融资的贷款方式、抵押担保要求、风险控制、风险定价、还款方式、业绩考核以及问责制度等方面均做出了针对性规定。此外，随着降成本工作在金融领域的深入开展，中央和地方为改善金融服务体系，降低不合理收费，着力解决中小企业融资难、融资贵问题，出台了一系列的政策文件。例如，银监会（银保监会）分别在2017年4月和2018年6月发布了《中国银监会关于提升银行业服务实体经济质效的指导意见》与《关于进一步深化小微企业金融服务的意见》。但上述规定的政策效果不甚理想，难以抵消企业融资成本总体性上升的影响。这主要有以下几个方面的原因。

第一，银行贷款审批难。根据《商业银行法》规定，商业银行贷款实施审贷分离、分级审批制度，需严格审查借款人的借款用途、偿还能力等情况。但现实情况是各大商业银行为了降低贷款风险，不断严格信贷审批权限，回收基层网点审批权，并提高贷款审批门槛，在一些欠发达的农村地区，这一现象更加明显。第二，征信管理法规缺失。目前，我国征信管理的主要法律依据为中国人民银行《企业信用评级管理办法》，此办法的企业评级还停留在部门规章的层面，且对贷款人的管理、评级过程及评级结果尚未提出规范。而且现行的企业评价制度一般不针对中小企业，未能结合中小企业自身特性。此外，由于中小企业天然具有较高的信用风险，使其在目前的信用评价制度中处于受歧视的地位，这是制度上的不公平，进一步加剧了企业获得银行贷款的难度。第三，担保制度不完善。根据《商业银行法》规定，借款人提供有效的保证、抵押或质押担保是获得银行贷款的前提。但由于绝大部分中小企业规模较小、运营成本高，而贷款担保所需的土地、资本金、厂房等又恰是中小企业最缺乏的，企业很难在这样的制度背景下获得融资。基于此，我国在完善担保体系方面出台了系列政策文件，以改善中小企业融资环境。2007 年，全国人大颁布的《中华人民共和国物权法》引进了浮动抵押制度，扩大了抵押、质押物的范围，并规定"法律、行政法规未禁止抵押的其他财产"均可抵押，体现了物尽其用的原则，提高了企业财产的利用效率。2009 年，国务院出台《关于进一步促进中小企业发展的意见》，对中小企业信用担保制度的构建提出了纲领性的要求和意见。2017 年，财政部和国家税务总局发布《关于中小企业融资（信用）担保机构有关准备金企业所得税税前扣除政策的通知》，有助于中小企业信用担保的实现。上述政策文件虽在一定程度上改善了中小企业担保的窘境，但在企业自身可供抵押资产严重不足与监管政策趋紧的情况下，很难从根本上解决中小企业的融资难题。

目前，银行贷款是我国中小企业主要的间接融资来源。由表 7-2、图 7-3 可知，银行等金融机构正在不断加大对中小企业的贷款力度，而银行贷款也恰好是中小企业最偏好的融资方式。对中小企业信贷支持最大的是国有商业银行，其次是城市商业银行、股份制商业银行以及农村商业银行，最后是外资银行，这是由企业实际经营情况和银行贷款政策决定的。尽管我国对中小企业的金融业务十分重视，但对于 5600 万户中小企业、29 万亿元的潜在融资需求而言，41% 的中小企业还面临信贷困难，融资难题仍未得到解决。此外，小额贷款公司贷款也是中小企业的间接融资来源。根据中国人民银行发布的《2018 年小额贷款公司统计数据报告》，截至 2018 年末，全国共有小额贷款公司 8133 家，贷款余额 9550 亿元。小额贷款公司虽在一定程度上可缓解中小企业融资难的困境，但由于其贷款利率高于金融机构且资金来源狭窄，中小企业面临更高的融资成本。

（三）其他融资规制及融资现状

随着互联网技术和金融功能的有机结合，金融创新不断发展，互联网金融为中小企业发展提供了新的融资渠道，有关部门对互联网金融的规制也在不断改进与完善。P2P网络借贷和股权众筹业务是中小企业在互联网金融模式下的主要融资方式。2015年7月，中国人民银行、工业和信息化部等十部委联合发布了《关于促进互联网金融健康发展的指导意见》，确立了网络借贷、股权众筹融资等互联网金融主要业态的监管职责分工，明确了业务边界。

P2P网络借贷。这是一种通过互联网平台，将小额资金聚集起来借贷给有资金需求人群的一种民间小额借贷模式，这在一定程度上缓解了中小企业的融资难、满足了民间资本的投资需求。随着P2P网贷业务的不断发展，网贷行业风险有所积聚，爆发了一系列风险事件，严重损害了广大投资者合法权益，增加了参与主体的交易成本。基于此，银监会于2016年10月发布了《P2P网络借贷风险专项整治工作实施方案》，以维护经济金融秩序和社会稳定。此外，针对网贷中存在的现金贷问题，网贷风险整治小组于2017年12月发布《关于规范整顿"现金贷"业务的通知》，强调未依法取得经营放贷业务资质，任何组织和个人不得经营放贷业务。网贷经营秩序的规范，降低了中小企业的融资风险，减少了企业制度性交易成本。

股权众筹融资。股权众筹融资主要是指通过互联网形式进行公开小额股权融资的活动。具体而言，是指创新创业者或小微企业通过股权众筹融资中介机构互联网平台公开募集股本的活动。2015年8月，中国证监会下发《关于对通过互联网开展股权融资活动的机构进行专项检查的通知》，任何主体开展股权众筹融资活动必须经国务院证券监督管理机构批准。为了进一步规范互联网股权融资行为，中国证监会等十五部门于2016年10月发布了《股权众筹风险专项整治工作实施方案》，切实保护投资者合法权益。

除了互联网金融，供应链金融作为一种新型融资模式，近年来被中小企业广为采用。供应链金融是基于整个产业供应链而推出的新型融资模式，以供应链中的核心企业为中心，对其上下游企业进行有效资金注入，从而保证产业链条上、中、下游"供—产—销"运营模式的正常运作。对于银行来说，它是一种信贷业务；对于中小企业来说，它是一种有效的融资渠道（范方志，2017）。2016年2月，中国人民银行、工业和信息化部等八部委印发《关于金融支持工业稳增长调结构增效益的若干意见》，十分重视应收账款融资的发展。2017年10月，国务院发布《关于积极推进供应链创新与应用的指导意见》，提出要大力建设为供应链上下游企业提供便捷融资服务的供应链金融服务平台。供应链金融作为一项金融创新，受益于国家政策、法律法规的支持，以及应收账款、商业票据和融资租赁市场的不断壮大，在我国得到快速发展。但此方式在实际运行过程中仍存在着诸多规制空白的地方，潜在的金融风险不容忽视。

近年来，中国的互联网金融得到了快速发展。一是 P2P 网络借贷。根据《2018 年全国 P2P 网贷行业快报》，截至 2018 年底，P2P 网贷行业正常运营平台数量下降至 1021 家，借贷总额为 1.79 万亿元，历史累计成交量突破 8 万亿元大关。二是股权众筹融资。根据《2019 互联网众筹行业现状与发展趋势报告》，截至 2018 年底，全国互联网股权众筹平台共有 52 家；2018 年上半年，全国股权众筹成功融资金额为 137.11 亿元，与 2017 年同期成功项目融资总额 110.16 亿元相比增长了 24.46%。互联网金融的迅速发展，改善了我国金融服务质量和效率较低的现状，极大地促进了普惠金融发展，在满足多元化投融资需求方面也发挥着积极作用。但其目前还面临着法律和监管的风险，使用范围和融资规模是比较有限的。在供应链金融方面，近年来在政策推动下，除了传统的商业银行，行业龙头、B2B 平台、供应链公司、外贸综合服务平台、物流公司、金融信息服务平台、金融科技、信息化服务商等都纷纷往供应链金融领域渗透，供应链金融市场规模因此不断扩大且市场增长潜力巨大。

三、金融市场规制与中小企业融资困境

通过前文对中小企业融资规制和融资现状的分析发现，我国中小企业融资的资金来源仍以自有投入为主，在外源性融资中主要依靠金融机构贷款等间接融资方式，股票、债券等直接融资渠道存在阻碍，民间借贷较为活跃。虽然 P2P 网络借贷、股权众筹等融资新模式有所发展，但中小企业的融资需求仍难以得到完全满足。除制度安排等外部因素将中小企业置于融资的不利地位外，中小企业自身的特性又进一步恶化其融资处境。我国中小企业的融资需求具有"短、小、急、频"的特性，即借款期限短、资金额度小、时效性强和借贷频率高，这是由中小企业自身经营特点所决定的。这一特点意味着银行一旦为中小企业提供贷款，将会面对相对较高的风险和较低的收益，风险与收益失衡使银行往往不愿为其提供贷款，这进一步加剧了中小企业的融资困境。

（一）整体制度安排向间接融资倾斜，导致中小企业融资渠道狭窄

我国市场经济体系和金融体系长期以来呈现出较为明显的二元特征。经济

体系分化出了以大型国有企业集团为代表的国有经济体系和以中小企业为代表的私人经济体系，金融体系中产生了正规金融与民间金融的二元市场，这种双重二元结构直接造成了金融资源分配机会和占用成本的严重失衡与不公，进而对中小企业等弱势群体形成金融排斥（吕劲松，2015）。尽管股票融资、债券融资等直接融资渠道有所发展，且出现了网络借贷、股权众筹融资等诸多新型融资模式，但银行贷款始终是我国中小企业主要的融资渠道。从对我国银行业和证券业规制历程的梳理可知，融资渠道呈现出的上述分化，是由于在制度安排上银行业始终是优先的，这使我国融资制度安排对间接融资更为侧重。银行贷款总额虽在不断增加，但庞大的中小企业群体还面临信贷困难。融资渠道狭窄限制了企业的选择，而单就金融机构贷款这一途径而言，银行贷款的高门槛又将许多中小企业阻于门外。一方面，大部分中小企业基于自身特点，资金、技术实力相对单薄，经营效益具有较大波动性，难以满足银行根据《商业银行法》《担保法》等法律设置的抵押、质押条件，进而难以落实担保而获得中长期贷款。另一方面，由于金融抑制的存在，未拥有完全利率定价权的银行在面对信用风险较高的中小企业时，无法通过调高利率来弥补其潜在的风险损失，使银行往往不愿为这类企业提供贷款。据国家统计局2011年抽样调查的3.8万户工业类小微企业经营状况显示，仅有15.5%的小型微型企业能够获得银行贷款。① 而无法从正规金融机构获得充分融资的中小企业，不得不求助于民间借贷等民间金融。

（二）金融市场规制的低效率，导致中小企业融资成本高

中小企业融资贵的问题直接与企业成本挂钩，其具体表现为：贷款利率居高、其他显性成本和隐性成本不断增加。首先是贷款利率。为了支持实体经济发展，中国人民银行适时出台各类宽松政策，国内的贷款基准利率和民间贷款利率出现下行趋势，但这并未使企业融资成本降低。因为虽然名义利率水平在下降，但是经过PPI调整后的实际利率非常高，中小企业难以承受。其次是显性成本和隐性成本。这两种成本大多是因为规制的冗余致使规制低效而形成的。显性成本除利息费用外，还包括政府行政部门收取的抵押登记费、公证费、工商查询费和中介机构收取的抵押物评估费、担保费、审计费等费用。而隐性成本主要是指中小企业为了获得贷款而进行的人情支出，这种现象在企业

---

① 中国工业经济运行秋季报告新闻发布会. 国务院新闻办公室网站，http://www.scio.gov.cn/xwfbh/gbwxwfbh/xwfbh/gyhxxhb/document/1067657/1067657.htm.

间普遍存在。过高的融资成本尤其是灰色地带的隐性融资成本已成为中小企业生存发展的桎梏。最后是民间金融。由于我国利率市场化水平不高，正规金融和民间金融存在明显的利率差异，再加上银行为了逃避收紧的规制，使得银行等金融机构依靠其垄断地位低息揽储，又通过影子银行将资金高息放贷给民间金融。这既延长了实体经济获取银行资金的时间，直接拉高了融资成本，又给予了某些游走于二元金融机构的利益集团谋取利差的机会，使民间融资成本不断提高，进一步加重了中小企业的融资负担。

根据表 7-3，银行贷款作为企业的主要融资方式，重点向中央企业、政府平台和上市公司供给，而中小企业和非上市民营企业在银行贷款受阻时，不得不依赖于保理、小贷公司和网贷等其他融资方式。保理、小贷公司和互联网金融网贷的融资成本分别为 12.10%、21.90% 和 21.00%，明显高于银行贷款 6.60% 的成本，由此看出，中小企业的融资成本显著高于中央企业、上市公司等大型企业。如果民间借贷是中小企业的主要融资渠道，中小企业的融资成本更是明显增加。

表 7-3　　　　　　　　　　　　　2018 年全国企业融资成本

项目	中国社会融资（企业）（%）	银行贷款（%）	承兑汇票（%）	企业发债（%）	上市公司股权质押（%）	融资性信托（%）	融资租赁（%）	保理（%）	小贷公司（%）	互联网金融网贷（%）
平均融资成本	7.60	6.60	5.19	6.68	7.24	9.25	10.70	12.10	21.90	21.00
占比	100.00	54.84	11.26	16.50	3.39	7.66	3.95	0.44	0.87	1.10
主要融资主体	—	央企、政府平台、上市公司							中小企业、非上市民营企业	

资料来源：依据中国金融研究中心数据整理。

第四节　优化金融市场规制，降低企业制度性交易成本

一、全面完善金融市场规制法律体系，避免因制度滞后产生交易成本

缺乏必要的立法支持，金融市场参与者的行为得不到规范和约束，相关主

体的利益必然会遭受损失。目前，我国金融市场规制法律体系主要包括《商业银行法》《证券法》和《保险法》等金融子行业的基本法及配套的规章制度。其中，《商业银行法》是银行业最基本的规制法律，随着我国宏观经济环境的变化及银行业混业经营发展程度的加深，此法在银行经营业务范围和内容等方面存在着规制空白等问题，导致银行经营缺乏有效约束，使企业制度性交易成本增加。《证券法》是证券业最基本的规制法律，旨在规范证券发行和交易行为。我国证券市场虽起步较晚，但近年来发展迅速，《证券法》中原有的如进入规制等规制制度的弊端逐渐显现。此外，我国目前尚缺有关微观金融主体的具体规制制度。基于此，政府必须改善我国法律环境，奠定规制的法律基础。

第一，有关部门应进一步完善《商业银行法》，明确银行经营范围、条件和市场进入退出等内容，使得银行混业经营建立在统一、明确的法律之上，营造公平、公正、公开的经营环境，减少因信息不对称给企业带来的制度性交易成本。第二，有关部门应进一步完善《证券法》，明确进入审批政策和标准，提高进入审批的环节的透明度，从源头上杜绝寻租现象的发生，降低企业寻租成本。第三，适时出台《金融控股公司法》《银行控股公司法》等对微观金融主体进行规制的法律，对银行业资本型混业经营模式下控股公司载体的属性、治理结构、经营管理要求、市场进入与退出、规制原则和方式等具体规制内容及机制、风险内控制度等方面进行明确规定，保障银行业以金融控股公司模式混业经营的法律地位（李华，2018），进而减少微观金融主体的风险威胁性，使市场参与者免遭风险损失，降低制度性交易成本产生的可能性。

二、加强规制主体改革，减少企业寻租成本

目前，我国的金融立法强调提高社会经济效率，将服务实体经济、破除融资难、融资贵和实现普惠金融等内容作为规制主要目标。但我国现行的金融市场规制体系，赋予了规制机构在规制力度和标准方面较大的自由裁量权，十分容易导致规制权力的滥用，使规制主体违背规制目标，寻求谋利机会，进而给企业寻租提供可乘之机，规制主体便陷入被动俘获的困境，即利益相关者利用制度漏洞，采取各种手段争夺稀缺的市场进入资格的现象。被动俘获情况的不断出现，使企业制度性交易成本不断增加。因此，必须进一步加强规制主体改革，提高金融市场规制效率。

第一，政府应根据规制目标，从总体上清晰界定各规制机构的职责分工，

避免职责重叠或空白。应充分发挥国务院金融稳定发展委员会统筹协调的职能，在正确厘定中央银行与规制部门各规制范围的基础上，进一步加强二者的统筹协调，避免不必要的政策摩擦，减少由此给企业带来的交易成本。另外，实现宏观审慎规制的职能要充分发挥中央银行和规制部门的协同作用，在中国人民银行的牵头领导下，银保监会与证监会需切实履行职责，实现规制协调和信息的有效共享，提高金融市场规制效率。第二，加强对规制者的监督和约束。首先，加强规制机构内部的监督。通过建立全面细致的绩效评估框架，实现上级部门对下级规制机构履职情况的有效监督，对履职不到位的行为实行责任追究制。其次，加强对规制者的法律约束。政府应提供相应的法律支持，从法律上约束其行为，并加大司法问责的力度。最后，加强对规制者的市场约束。政府通过公开披露规制信息，提高规制的透明度，发挥被规制对象的监督作用，形成互相监督的关系，从而可以减少甚至消除企业寻租现象的发生，降低企业的制度性交易成本。

三、加强有效的金融市场规制供给，降低中小企业融资成本

防范金融风险对维护国家安全具有重要作用，这已成为我国金融市场规制目标和政策的核心指向。基于此，我国银行提高了风险标准，这给依靠银行信贷取得资金的中小企业设置了更高的壁垒，且中小企业也难以从股票、债券等直接融资渠道取得资金。因此，中小企业不得不通过具有超高利率的民间借贷等影子银行业务来获取资金支持，并负担较高的融资成本，进而陷入"融资难、融资贵"的困境。基于此，我国应合理制定针对中小企业融资的金融市场规制措施，扶持中小企业的发展，帮助其走出融资困境。

一方面，要完善与中小企业融资有关的规制制度。政府需进一步完善《中华人民共和国中小企业促进法》（简称《中小企业促进法》）及相关配套法律法规。《中小企业促进法》从财税支持、融资促进、创业扶持、创新支持、服务措施、权益保护、监督检查等多个方面改善中小企业经营环境，促进中小企业健康发展，但这些法律条款大多还停留在原则性阐述层面，需加强其向实用型规定的转变。同时，通过出台具体的指导意见，加强金融机构对中小企业的支持。还需完善《担保法》和针对信用担保机构的政策法规。适当拓宽中小企业融资担保时担保物的范围，并明确担保机构的市场进入和退出、业务范围及种类、服务对象、财务制度和风险处置等方面的规定。另一方面，要加强扶持性金融市场规制的供给。首先，通过政府金融市场规制，改善中小企业融

资环境。发展多层次的证券市场，让大多中小企业可通过股票、债券等直接融资渠道缓解融资困境。其次，运用金融市场规制扶持中小金融机构。中小金融机构在中小企业融资中具有重要作用，可通过实施税收补贴、拓宽其经营业务范围等政策，发挥其对中小企业的促进作用。最后，建立政策性金融机构扶持中小企业。在中央、地方和民间资本的共同作用下，将各方扶持中小企业的专项资金聚集起来，建立专门针对中小企业融资的政策性金融机构，由此解决中小企业面对的融资难题，降低企业的制度性交易成本。

第八章　行政审批改革与企业制度性交易成本

我国政府规制体系内生于各行政职能部门，这些部门在执行其规制职能的过程中，将行政审批作为一种重要的规制手段，无论是经济性规制中的进入规制，还是社会性规制中的各个规制环节，都在很大程度上依赖于行政审批制度。此外，行政审批的严格程度和效率还会影响企业获取资金和劳动力等生产要素的价格，进而影响企业制度性交易成本。近年来，我国政府对于行政审批制度进行了多次改革，力图通过简化行政审批流程、减少行政审批事项等来提高行政审批效率，进而降低企业制度性交易成本。本章在梳理行政审批内容及其改革历程的基础上，从理论角度分析行政审批改革对企业制度性交易成本的影响，并通过实证分析来检验理论的正确性。

第一节　行政审批及其改革历程

一、行政审批的相关概念与类别

（一）行政审批的相关概念

1. 行政审批的含义

要深刻理解行政审批的含义，就必须对行政许可、非行政许可和行政审批三者之间的范围和关系进行明确界定。由于概念本身的模糊性和理解的主观性以及法律对其界定范围的变化，关于行政审批和行政许可两者概念的认识在过去很长一段时间内都存在较大争议。直到 2003 年《行政许可法》颁布，行政许可与行政审批的区别与范围才得到了官方的界定。《行政许可法》第一章第三条规定："有关行政机关对其他机关或者对其直接管理的事业单位的人事、财务、外事等事项的审批，不适用本法"，说明从范围上讲，行政审批比行政许可涉及得要更广一些；从内容上讲，行政审批也比行政许可包含的内容更多一些。而不适用《行政许可法》的审批内容，就是非行政许可审批。

2. 行政审批的特点

行政审批主要具有以下四个特点：一是行政审批权的行使主体通常都是当地的行政职能部门，部分社会组织在得到授权的情况下也能够行使部分审批权；二是具有时效性，即针对同一项内容的行政审批权，其行使主体可能随着时间和地点的不同而发生变化，行政审批所涉及的范围也会随着时间和地点的不同而发生变化；三是具有限制性，即行政审批是通过限制市场主体的行为来避免信息不对称和外部性所造成的潜在风险来改善社会福利，代表行政部门对申请者的批准与认可，而非支持与鼓励；四是具有引导性，即行政部门会根据自身行政管理目的的不同来设置不同的行政审批事项和选择不同的行政审批力度，通过这种力度和范围的变化来引导申请者的活动，进而实现自身的行政管理目的。

3. 行政审批的作用

行政审批是政府进行经济社会活动管理的重要途径，也是国家治理的重要工具，它的作用主要体现在以下几个方面：一是保证国家和公共安全，保护广大消费者权益，限制通过垄断获取暴利或进行恶性竞争等阻碍市场发挥作用的行为；二是合理利用有限的资源，从社会总体角度对现有资源进行合理化配置，进而提升资源配置效率，防止对权利和自由的滥用；三是保护与民生切身相关的利益，如人身健康、职业发展、生命财产安全相关事项等都有严格的标准与审定程序，防止人民群众的利益遭受不法侵害；四是弥补市场信息的不对称问题，减轻负外部性影响；通过合理的行政审批，可以组织部分资质不良的企业进入市场，从而降低消费者权益损失的潜在风险。

（二）行政审批的类别

我国行政审批涉及范围较广、包含内容丰富、涵盖条目较多，为了更好地认知行政审批的各项内容，可从行政审批事项的性质、适用范围和数量限制三方面的差异入手将行政审批分为五类。

1. 普通许可

普通许可是准许符合法定条件的相对人行使某种权利的行为。由于一些个体的行为具有潜在风险，且风险一旦爆发就会给社会福利造成极大损失，基于社会福利和公共安全，相对人只有符合法定条件且取得普通许可之后，才能行使其权利。普通许可的范围广泛且和日常生活息息相关，如金融业的市场进入许可能够在一定范围内消除信息不对称所造成的金融风险。普通许可通常没有总数方面的限制，只要相对人满足相关条件，就会被许可行使某种权利。

2. 特许

特许是行政机关代表国家向被许可人授予某种权力或者对有限资源进行有效配置的管理方式，如企业排污特许。企业排污特许实际上是向企业分配有限的环境资源，通常情况下企业需要通过竞标的方式来取得有限的排污指标，支付一定金额的排污费用之后才能够行使排污权。由于资源数量是有限的，因此行政机关颁发的行政特许也具有总量限制；因为相对人为取得该权利支付了一定的金额，所以其取得的特许通常可以进行转让。

3. 认可

认可是指对相对人是否具有某种资格、资质的认定，相对人在取得认可后，通常会得到主管部门或组织颁发的、证明其资质或资格的相关证书。认可被广泛运用于一些对从业人员技能存在特殊要求的行业或职业中，如医师资格证。通常情况下，认可没有数量限制，相对人在经过考试且成绩达标后便能取得资格或资质认可，但是这种认可只针对其本人，无法通过交易或赠予来让其他人也获得这种认可。

4. 核准

核准是行政机关按照技术标准、经济技术规范，对申请人是否具备特定标准、规范的判断和确定，核准的主要适用范围是重要设备的安装和特定物品的检验。其与普通许可在申请要求方面的不同主要体现在，普通许可是相对人向审批机关递交相关材料，而核准则需要审批机关到现场对设备进行查验或将产品样本带走进行检验。核准通常情况下也没有数量限制。

5. 登记

登记是行政机关对个人、企业是否具有特定民事权利能力和行为能力的主体资格和特定身份的确定。登记和前四种行政审批类型相比，要求和门槛要低很多。登记在通常情况下只需要对相对人提交的材料或申请进行形式审查，部分登记会象征性地收取少量费用，大多数情况都能当场通过，且没有数量限制，其目的只是要将相对人的权利事项或相对人之间的法律关系确定下来。

二、行政审批制度的改革历程

一定程度的监管和审核数量是必要的，但过度烦琐的行政审批事项严重阻碍了市场的自行调节功能和企业的自我决定权，提高了企业的经营成本，不利于市场经济的发展，加上近些年来国内外严峻的环境，我国的行政审批改革迫在眉睫。

（一）制度产生时期：1992 年以前

1956 年社会主义改造以后，在计划经济环境下，政府基本掌握了社会的所有资源，生产什么、怎样生产和为谁生产都由计划决定，在这样的情况下，没有独立于政府的其他社会主体，也不存在由企业提出申请、政府进行审批的情况，企业只是服从政府的领导。改革开放以后，为了保护企业等社会群体的利益，规范市场主体经营行为，促使我国经济健康发展，行政审批制度应运而生。随着市场规模的扩大，行政审批制度在运行过程中的一些问题也逐渐显现出来。其一，审批事项较多、流程和手续都过于复杂；其二，审批程序不透明，部分审批权行使者以权谋私；其三，审批事项之间存在重复交叉的情况，存在很多部门争夺审批权、审批费用无标准等问题；其四，严格事前审批而轻视事后监管，例如很多企业在生产经营中打法律的"擦边球"，擅自降低产品标准，相关管理部门不进行及时跟踪，最终伤害消费者的利益。

（二）初步探索时期：1992～2001 年

在 1992 年中央提出建设社会主义市场经济的大背景下，许多沿海地区的政府试图改变原来的行政审批制度，转变政府职能，从而为社会和民众提供更好的服务。例如海南省大力建设经济特区，吸引了大量的外来资本投资，为了更好地实现项目落地，海口市政府及相关部门率先对行政审批进行改革，推出行政审批"三制"制度。"三制"制度是全国行政审批改革的重要创新，后来经过在全省的推广，政府机关部门的工作流程和服务质量都得到了很大的提升。1997 年后广东省深圳市也在借鉴海口"三制"模式的基础上对行政审批改革进行了积极的探索，经过不断创新和发展，建立了"强调专家决策、联合审批窗口、同类合并、分类管理"的制度，这一体制的创新转变了企业的经营方式，带来了深圳特区外资和私营企业的快速发展和壮大。

（三）关键调整时期：2001～2003 年

虽然之前的行政审批改革取得了不少成果，使我国行政审批体系更能适应我国经济发展的需要，更好地发挥了弥补市场配置资源缺陷的作用。但是在2001 年之前，我国行政审批程序和执行依然较为烦琐，涉及行政审批的法律规章多达 500 部，全国性行政审批事项达 4100 多项。为进一步减少行政审批对给企业发展和市场运行增加的负担，中央于 2001 年 9 月成立领导小组，力图对行政审批制度进行一次大刀阔斧的改革。此次改革成果十分丰富，截至 2003 年，共计 1195 项审批内容彻底退出历史舞台。其中最具有代表性的是取消了建设部关于城市新增工业用水量审批，取消了国家工商总局关于企业登记代理人员的资格核准等。同时，为了增强行政审批的透明度与公平性，委托第三方机构行使部分事项的审批权力。2003 年在加入世界贸易组织（WTO）大背景下的政府机构改革是行政审批改革的一个重要转折点，标志着政府开始朝着服务型方向转变，此后，行政审批效率大大提升，行政成本显著降低，政务电子化也逐渐流行起来。这一时期全国行政审批改革初步推进，努力适应 WTO 关于政府管理模式的规则要求，取得了良好的成效。

（四）稳健推进时期：2004～2012 年

2004 年全国共取消和调整行政审批项目 495 项，同年 7 月颁布了《行政许可法》，两项措施结合，有效杜绝了行政机关自行进行许可设定的行为，从减少原有行政审批事项，遏制新的行政审批增长方面推动了行政审批的改革；明确了各种许可的执行期限，保障了行政相对人的权益，降低了企业成本；同时进一步区分了行政许可和非行政许可，进一步保证政企分离的实现；2007 年 10 月到 2013 年 5 月又在原基础上陆续取消和下放行政审批项目 817 项。这一系列简化行政审批流程的改革，使政府服务水平得到了极大提升，企业经营便利程度显著增强，行政审批改革带来的制度红利得到了充分的释放。在改革过程中，地方政府通过不断创新调整也总结出了一些值得推广的做法和经验。例如，2007 年成都市率先推行并联审批，将原先需要逐个部门进行审批的流程调整为"一窗式"办理流程，统一进行收费，限时办理。经过资阳市和眉山市两市的试点，加上并联审批网络平台的发布运行，并联审批在四川省内全面推广。改革取得了一系列的成果，但是到 2013 年初，全国仍存在 1700 多项审批事项，改革过程也出现了诸多问题，比如一些事项仅调整为备案或实现备案，审批流程或手续复杂程度并没有降低，没有改变审批的实质；部分取消的项目还存在变相审批，或把一项审批拆为若干项等的情况。

这一时期行政审批改革稳步推进，通过行政审批的取消调整和权力下放促进了市场经济主体的发展活力，但由于经验不足和缺乏政策落实的紧迫性，行政审批改革过程仍然面临许多阻碍。

（五）深化改革时期：2013 年至今

2013 年，中央对行政体制改革提出了新要求，提出要充分发挥市场的调节作用，主要以宏观调控的方式指导经济发展方向，尽量减少政府对微观经济主体决策的直接干预。对于必要保留的行政审批事项，要提高管理的效率和规范性。鉴于剩下一千多项审批事项的清理难度大，新一届政府加大了行政审批改革的力度，杜绝审批事项的变相增加，大幅度减少投资立项、生产经营、资格资质认定，放宽企业登记条件。在这种改革思想的指导下，中央政府和地方政府共同努力，行政审批改革工作持续深化，共改革行政审批 887 项，全面推广实施"证照分离"，通过信息共享的方式最大限度了解市场主体信息，营造公开透明的市场环境，实现了"多证合一"和"一照走天下"的管理。

这一时期的行政审批改革在前几次改革经验基础上不断深化，简政放权、放管结合、优化政务服务取得了重要的阶段性成果，政府继续向服务型政府职能转变，为市场经济和社会创新增添了活力。

（六）行政审批改革的意义

通过对历次行政审批制度改革的梳理和总结，可以看出我国主要是通过取消、下放和转移行政审批事项三种手段来简化行政审批流程、优化繁杂无用手续，从时间、人力和费用等方面为企业营造良好的营商环境。莱索托经济学实验的结果显示：在纽约办理完相关手续完成注册仅需 4 小时，但在秘鲁却用了 289 天，并且还进行了两次贿赂，前者的效率高达后者的 700 倍。世界银行也曾对多个经济体进行调查，结果发现：通过优化审批流程，企业开办时间能够缩短 10 天，相应能增加 0.3% 的投资率，同时带来 0.36% 的 GDP 增长。注册办结时间上的差异不仅仅是办事效率的问题，更能反映出深层次的制度、体制和文化的差异，且直观体现在官员的工作作风上。由此可见，行政审批改革的深化有助于建立良好的营商环境，切实减轻企业经营负担，降低企业制度性交易成本。

第二节　行政审批改革与企业制度性交易成本的理论分析

一、行政审批导致的企业制度性交易成本

由于行政审批对企业进出市场及其他经营行为施加约束，客观上增加了企

业经营负担，因而行政审批会导致企业制度性交易成本的上升。以制度性交易成本是否能够被直接观测作为判断标准，将由行政审批导致的企业制度性交易成本划分为显性制度性交易成本和隐性制度性交易成本。

（一）显性制度性交易成本

显性制度性交易成本是指行政审批引起的、且可以被直接观测到的企业制度性交易成本。显性制度性交易成本主要由以下三部分组成。

1. 时间成本

时间成本是指符合相关条件企业从提交审批申请到最终通过审批所耗费的时间。时间成本的高低和审批事项数量、审批效率两个因素有关，审批事项越多、审批效率越低，则行政审批的时间成本也就越高。表8－1展示了在世界银行发布的《营商环境报告》中，在中国经营一家企业所需要付出的部分时间成本，从表中数据来看，近年来我国企业办理相关审批事项所需时间大大减少，其中开办企业、办理施工许可和办理用电许可所耗费的时间减少最多。但从总体来看，企业经营前期所耗费的时间成本仍然较多。

表8－1　　　　　　　　　部分审批事项所需时间　　　　　　　单位：天

指标	2014年	2015年	2016年	2017年	2018年	2019年
开办企业	31.4	31.4	28.9	22.9	8.6	9.0
办理施工许可	244.3	244.3	244.3	247.1	155.1	111.0
办理用电许可	143.2	143.2	143.2	143.2	34.0	32.0
登记财产	19.5	19.5	19.5	19.5	9.0	9.0
纳税	32.6	32.6	32.4	25.9	17.8	17.3

注：表中最后一行为企业每年纳税所需时间，原报告中指标单位为小时，表中数据按每工作日8小时折算为天数。

资料来源：世界银行《营商环境报告》（2015～2020）。

2. 资金成本

时间成本是指符合相关条件的企业为通过审批所需要支付的费用。企业实际负担的资金成本不仅包括向拥有行政审批权的单位缴纳的费用，而且还包括为完成审批申请，企业所负担的人员成本和其他资金成本。表8－2展示了世界银行发布的《营商环境报告》中，在中国经营一家企业所需要付出的部分资金成本，从表中数据来看，近年来我国企业在申请审批过程中的获取电力成本和办理施工许可的成本明显下降，办理破产的成本相对稳定，其他各类成本表现出波动性。

表 8 - 2　　　　　　　　　　部分审批事项所需资金　　　　　　　　单位：%

指标	2014 年	2015 年	2016 年	2017 年	2018 年	2019 年
开办企业	0.9	0.7	0.7	0.6	0.4	1.1
办理施工许可	7.6	7.2	7.0	7.8	2.9	2.8
获取电力	459.4	413.3	390.4	356.0	0	0
登记财产	3.6	3.4	3.4	3.4	4.6	4.6
总税率	64.6	67.8	68.0	67.3	64.9	59.2
办理破产	22.0	22.0	22.0	22.0	22.0	22.0

注：表中前三行为相应费用占人均收入比重，总税率为总税负占利润百分比，第四行和第六行为相应费用占资产或财产总额的比重。

资料来源：世界银行《营商环境报告》（2015～2020）。

3. 人员成本

人员成本一方面表现为企业为办理行政审批相关手续而投入的劳动力，这类人员成本高低与企业内部相关经办人员的专业水平、经验和人脉等因素相关。另一方面，为了满足审批达标要求，企业必须聘请具有相关资质和技能的员工来担任某些岗位。通常情况下，企业会通过内部员工的培训或从市场中招聘两种方式来达到行政审批对人员素质的要求。但是无论哪种方式，都会在一定程度上增加企业的人员成本。

（二）隐性制度性交易成本

隐性制度性交易成本是指政审批引起的、且无法被直接观测到的企业制度性交易成本。隐性制度性交易成本主要包含以下三个部分。

1. 机会成本

某些企业在进入市场或进行产品生产和销售前，为达到相关行政审批标准和要求，必须支付一定的成本，如时间成本、资金成本和人员成本。有些成本的支付并不能直接改变企业的生产能力或生产现状，只是为了满足审批的相关要求，如材料审查费用、资质鉴定费用等。如果企业将这些成本节省下来，投入生产、销售或其他业务领域，不仅能为企业带来更多的利润，也能为社会总体带来更多的产出，从而改进社会福利。

2. 效率成本

行政审批会通过两种方式产生效率成本。一是在某些规制较严、内部从业企业数量较少的行业中，由于行政审批增加了外部企业进入市场的成本，使得行业内部企业缺乏竞争，进而缺少改进经营效率的动力，在长期中相当于给企业增加了效率成本。二是部分范围界定过宽、标准制定不当的行政审批会直接影响企业的进入及经营过程中的生产决策，使得企业未能在理论上的最优点进行生产，进而导致企业经营低效，遭受到潜在的效率损失。

3. 寻租成本

前文对行政审批特性进行分析时就已经指出，行政审批具有一定的时效性，具体审批内容和权限随着时间和地点变化而变化。同时，行政审批在执行的过程中，权力执行者拥有一定的自由裁量权，部分审批权执行者有可能被一些市场主体收买，减小对于他们的审批力度，或增加对其他企业的审批力度，从而让自身具有市场竞争优势。企业为收买审批权执行者所支付的成本，就是寻租成本。

二、行政审批改革降低制度性交易成本的途径及影响因素分析

（一）行政审批改革降低制度性交易成本的方式

行政审批制度是政府干预企业经营决策的一种形式，具体表现为企业必须在征得相关主管部门同意的前提下，才能够进出市场或采取其他经营活动。政府进行的行政审批改革主要是通过以下四个途径来降低制度性交易成本。

1. 提高经营效率

行政审批是政府干预企业经营决策的一种形式，在行政审批改革过程中，政府取消了一部分行政审批事项，缩小了政府对于企业经营活动的干预范围，减轻了行政力量对企业经营决策的干预力度，可以让企业更好地根据自身情况以及市场环境来做出相应决策，避免行政因素导致的市场机制扭曲，进而降低制度性交易成本。

2. 节约时间成本

将部分事前审批转变为事后审批，让企业经营者更好地把握市场机遇，在更为准确的时机做出经营决策，有效降低行政审批的机会成本。此外，采用集中办公的方式推进行政审批改革，可以让申请者更好地节约时间，降低等待审批结果过程中的时间成本。同时集中办公可以在客观上促使不同主管部门间更好地沟通，通过这种方式来缩短审批时间。

3. 降低资金成本

在改革的过程中，取消了部分收费项目，同时又将部分收费项目变为不收费项目，这样就减少了企业在行政审批相关事项上的资金投入，节省下来的这部分资金可以被企业用于原材料购买、技术研发及支付员工工资，从而促进产

出的增加，有效降低企业的制度性交易成本。

4. 促进市场竞争

行政审批改革有效地减少了企业进入市场的成本，降低了市场的准入门槛，促进了企业的成长。特别地，行政审批等待时间的缩短可以有效降低行政审批的机会成本，有效提升企业家的创业热情。市场中企业数量的增多会加剧市场竞争，在竞争过程中，企业为了生存就必须不断加强成本控制，从而间接降低制度性交易成本。

（二）行政审批改革降低制度性交易成本的影响因素

前文分析已经说明，可以通过多个途径进行行政审批改革，有效降低制度性交易成本。但具体到城市时，由于各个城市的客观情况与制度条件不同，因而不同城市的行政审批改革对制度性交易成本的降低效果也很有可能不同，具体而言，影响行政审批改革效果的因素包括以下三个方面。

1. 营商环境

营商环境较好的地区，企业进出市场所需要花费的时间成本和资金成本都相对较少，制度层面给企业造成的负担和成本较轻，进行行政审批改革对于制度性交易成本的影响也相对较小。但在营商环境较差的地区，企业进出市场的门槛较高，所需花费的时间成本和资金成本较多，而结合中国的实际来看，这种阻碍在很大程度上是制度造成的。对这些地区进行行政审批改革，能够让当地企业所面临的营商环境得到极大改善，减少了企业对于不合理制度的额外支付。

2. 地理位置

行政审批改革作为一种自上而下的改革，各级政府出于自身的利益考虑，可能会存在消极应对改革的动机，所以各地受到的上级监督和约束就对于行政审批改革执行成效存在着很大的影响。通常来讲，距离省级行政中心较远的地区，受到来自上级的约束和监督也就较少。因此，那些距离省级行政中心较远的地区所进行行政审批改革效果就可能相对较差，而距离省级行政中心较近的地区，降低制度性交易成本的效果也就相对较好。

3. 法律支持

行政审批改革的目的是消除审批制度中阻碍经济发展的规定，行政审批制度的改革需要法律的有效规制。在没有法律文件进行规范的情况下，具体行政审批事项的范围和内容界定不清晰，各地在行政审批改革过程中弹性很大，行政审批改革所取得的效果也就不甚明显。因此推进行政审批改革需要有法律支持，通过划定行政审批事项范围，规范行政审批流程，明确政府与市场之间的界限，保障行政审批改革达到预期效果。

第三节　行政审批改革与制度性交易成本的实证分析

一、行政审批改革与制度性交易成本的测度

（一）行政审批改革的表示

行政审批是政府对市场经济主体行为最直接的一种干预方式，自改革开放初期至今，为促进我国经济发展，我国进行了多次行政审批改革，每次改革的重点不同，采取的方式也各不相同。当行政审批改革落实到各个地方时，由于各地面临情况不同，改革执行者的行事风格不同，进而导致行政审批改革行为的地区异质性明显，难以从整体上进行量化。但在多种行政审批改革的方式中，建立行政审批中心，推行集中办公却是绝大多数城市都采取过的行为，截至2016年，211个样本城市中已经全部设立了行政审批中心。行政审批中心最早于广州市、深圳市、江门市等城市进行试点，其初衷是方便外商企业来华投资，但随着行政审批改革的深化，行政审批中心内部的入驻部门越来越多，可进行集中办理的事务也更加丰富。通过这种集中办公的方式，不但可以简化流程，极大地压缩审批事项办理时间，而且还能增加行政审批过程中的透明度。因此，本书选择用各城市是否成立行政审批中心作为当地行政审批改革情况的代理变量，其成立时间的早晚不仅可以很好地代表各地行政审批改革的力度，同时也具有普遍适用性。

（二）制度性交易成本测度

从制度性交易成本的含义来看，制度性交易成本是由制度因素产生的非生产性成本，虽然含义已经明确，但在现实中对其进行精确测度却是十分困难的，因为很难从总体成本中准确地找到哪些成本是直接作用于生产的，哪些成本是非生产性的。由于制度性交易成本的非生产性，导致增加这部分成本的投入并不会增加最终的产出。因此就可以将制度性交易成本看作是生产的总投入中被消耗掉的那部分投入，从投入-产出效率的角度来对制度性交易成本的分析。具体做法是在给定产出目标的情况下，通过比较成本情况来测算出投入-

产出效率来进行测度。在制度性交易成本相对较高的地区，成本中的非生产性消耗较多，用于生产的成本相对较少，因此要得到目标产出就需要更多的成本投入，因而其投入-产出效率就相对较低。而在制度性交易成本相对较低的地区，成本中由于非生产性原因所引起的消耗相对较少，用于生产的成本相对较高，因此用较少的成本就能达到给定的产出目标，其投入-产出效率也就相对较高。虽然采用这种方法我们无法直接的计算制度性交易成本的多寡，但是根据张五常（1999）的思想，我们可以通过这种方式来对不同情况下的制度性交易成本按照其投入-产出效率的高低来进行排序，从而间接地测度制度性交易成本。同理，在考察制度性交易成本的变化时，制度性交易成本的下降通过投入-产出效率的上升来表现，反之，投入-产出效率的下降则体现出制度性交易成本的上升。

通过投入-产出效率来测度制度性交易成本时需要思考另外一个问题，即目前进行的供给侧结构性改革中想要降低的制度性交易成本是狭义的制度性交易成本，不包括遵守私人契约造成的制度性交易成本，而如果对企业的投入-产出效率进行测算时，由私人契约产生的影响无法被剔除，所以难以确定公共制度对其效率产生的影响。但是当关注的焦点从微观企业层面上升到宏观层面时，则不存在这种问题，因为对于宏观层面的制度性交易成本来讲，导致其产生的制度只包含由政府供给的公共制度。所以从投入-产出效率角度来间接测算制度性交易成本时，应采用宏观数据。

二、行政审批改革降低制度性交易成本的实证结果

（一）数据来源与描述性统计

本书选择地级市层面的数据来研究行政审批改革对制度性交易成本的影响。因为在行政审批改革的过程中，地级市一级政府自主权较大，各地的行政审批改革情况差异较为明显。从目前的情况来看，全国共有293个地级市（含副省级城市与计划单列市，不含自治州、盟及港澳台地区），由于本书研究的时间跨度为1999～2016年，因而剔除1999年以后才"撤地建市"的城市。同时，由于本书在实证检验过程中需要对各城市的投入-产出效率进行测算，故将在1999～2016年发生过行政区域变动的城市样本去掉，同时剔除部分数据缺失严重的城市，最终样本为211个城市1999～2016年的面板数据。地级市行政审批中心成立时间数据来自对各地区行政审批服务中心官方网站等的梳理（毕青苗等，2018），其他地级市层面的数据均来自《中国城市统计年鉴》及

司尔亚司中国经济数据库（CEIC）。

图 8-1 呈现了各地级市自 1997 年来行政审批中心的成立情况，从总量上看，截至 2015 年，已经有近 300 个地级市成立了行政审批中心。同时，从每年新成立行政审批中心的城市数量来看，其峰值出现在 2000~2003 年，这也是本书选择的时间区间为 1999~2017 年的原因，在这个时间段内，样本中绝大多数城市都经历了行政审批中心从无到有的过程，这样可以更好地分析行政审批中心成立前后各城市的情况。

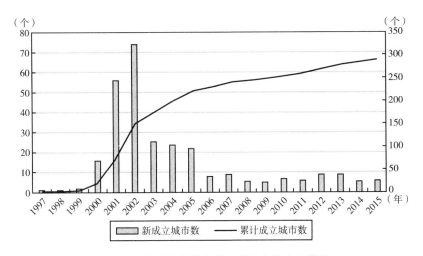

图 8-1　我国各地级市成立行政审批中心情况

资料来源：毕青苗，陈希路，徐现祥，李书娟. 行政审批改革与企业进入 [J]. 经济研究，2018，53（2）：140-155.

表 8-3 呈现了各主要变量的描述性统计，行政审批中心（ALC）在 1999~2017 年的均值为 0.688，明显超过半数。各城市效率水平方面，均值为 0.638，而最低值仅为 0.15，说明各城市的投入产出效率差异较大。同时，从表中的而其他数据可以发现，我国地级市层面的发展十分不平衡，各项指标差异明显。

表 8-3　　　　　　　　　　　　变量描述统计

变量	观察值	均值	最小值	最大值
TE	4009	0.638	0.15	1
ALC	4009	0.705	0	1
Area	4009	105.257	7	1263

变量	观察值	均值	最小值	最大值
Teacher	4009	0.409	0	6.1239
R&D	4009	0.186	0.021	0.497
Industry	4009	0.488	0.102	0.909
Pgdp	4009	2.479	0.222	13.633
FDI	4009	10.986	0	15.623

（二）计量方程与主要变量

为了检验行政审批改革对地方制度性交易成本的影响，本书选择了下面的计量方程：

$$TE_{it} = \beta_0 + \beta_1 ALC_{it} + \beta_2 X_{it} + \varepsilon_{it}$$

式中，TE_{it} 表示城市 TE 在第 t 年的投入–产出效率水平，ALC_{it} 是核心解释变量，代表地方政府行政审批改革，X_{it} 是一系列控制变量。下面就以上变量的测度方法进行说明。

被解释变量：投入–产出效率水平（以下简称"效率水平"），前文已经说到，就目前的技术手段和研究方法来看，难以准确测量制度性交易成本的绝对水平，但是可以从效率水平（TE）的角度间接对制度性交易成本进行测度。地区的效率水平（TE）越高时，我们就认为该地区的制度性交易成本水平越低，反之亦然。在效率水平（TE）的测度方面，本书采用数据包络分析法（DEA）进行测量。在进行 DEA 分析时，需要考虑投入和产出两方面的指标。首先，本书选取资本存量和劳动力两个要素作为投入指标。参考单豪杰（2008）的方法，采取永续盘存法对各城市的资本存量（K）进行估算。具体估算方法为：$K_{it} = I_{it} + (1 - \delta)K_{it-1}$、$K_{i0} = I_{i0} / (\lambda_i + \delta)$。其中 K_{it} 为城市 i 在 t 年的资本存量，I_{it} 为城市 i 在 t 年的固定资产投资，K_{i0} 为城市 i 基期的资本存量，I_{i0} 为城市 i 基期的固定资产投资。λ_i 为城市 i 在样本区间内的固定资产投资平均几何增长率，δ 为折旧率，参考张军（2004）的做法，将折旧率 δ 的值设定为 9.4%。本书以 1999 年为基期，利用各城市所在省份的固定资产投资价格指数对每年的固定资产投资进行平减。在劳动力投入方面，本书采用各城市单位从业人员、个体与私营从业人员之和作为各城市劳动力要素的投入。其次，在产出方面，本书将各城市以 1999 年为基期的实际地区生产总值作为产出指标。

核心解释变量：选择用各城市是否成立行政审批中心作为当地行政审批改

革情况的代理变量，其成立时间的早晚不仅可以代表各地行政审批改革的力度，同时也具有普遍适用性。具体来说，若城市 i 在 t 年已经成立了行政审批中心，则 ALC_{it} 的值取 1，反之，ALC_{it} 的值取 0。

控制变量：除前面所述的核心解释变量外，本书还从经济发展水平（人均地区生产总值 Pgdp）、基础设施水平（建成区面积 Area）、科技水平（当地高校教师人数 Teacher、科教支出占财政支出比重 R&D）、产业结构（第二产业比重 Industry）、外商投资水平（实际使用外资 FDI）五个方面选择控制变量。

（三）基准回归结果

各城市效率水平对行政审批改革的如表 8 - 4 所示，从列（1）~（6）的回归结果可以发现，虽然在采取混合 OLS 回归时，加入控制变量后设立行政审批中心的回归系数不显著，但在进行 F 统计量检验和豪斯曼（Hausman）检验之后发现，使用面板固定效应模型更为合适，同时在控制其他变量之后，采用固定效应模型估计出的设立行政审批中心回归系数依然显著，说明设立行政审批中心可以有效提升城市效率水平，从列（6）的回归结果中可以看出，地方政府设立行政审批中心可将效率水平提升 0.0243，即行政审批中心的设立有效降低了各地的制度性交易成本。在观察控制变量系数时，发现了一个有趣的现象：第二产业比重上升会显著降低城市效率水平，说明目前我国第二产业生产效率较低、整体负担过重，这也与 2019 年全国减税降费政策内容中制造业增值税降低幅度最大的现实相契合。为第二产业减负，可以更好地促进各地效率的提升。此外，大学教师的数量对各城市效率水平具有显著的提升作用，说明增加对高校的投入、帮助各高校建设高水平科研人员队伍的必要性。

表 8 - 4 基准回归结果

变量	（1）	（2）	（3）	（4）	（5）	（6）
	TE	TE	TE	TE	TE	TE
	POLS	POLS	FE	FE	FE	FE
ALC	0.0293 **	0.0048	0.0416 ***	0.0741 ***	0.0234 **	0.0243 **
	(0.0133)	(0.0193)	(0.0110)	(0.0111)	(0.0112)	(0.0108)
Pgdp	—	0.0387 ***	—	- 0.0211 ***		0.0155 *
	—	(0.0075)	—	(0.0049)		(0.0082)
Teacher	—	- 0.0377 ***	—	0.0618 ***		0.0494 **
	—	(0.0134)	—	(0.0228)		(0.0195)

续表

变量	(1)	(2)	(3)	(4)	(5)	(6)
	TE	TE	TE	TE	TE	TE
	POLS	POLS	FE	FE	FE	FE
R&D	—	−0.0235	—	0.3130 ***	—	−0.1938
	—	(0.1666)	—	(0.0986)	—	(0.1179)
Industry	—	−0.2253 ***	—	−0.2326 ***	—	−0.3589 ***
	—	(0.0810)	—	(0.0838)	—	(0.0938)
FDI	—	−0.0068	—	−0.0031	—	−0.0036
	—	(0.0047)	—	(0.0027)	—	(0.0026)
Area	—	0.0002	—	−0.0001	—	−0.0002 *
	—	(0.0001)	—	(0.0001)	—	(0.0001)
常数项	0.6196 ***	0.6851 ***	0.6112 ***	0.7170 ***	0.6237 ***	0.8395 ***
	(0.0117)	(0.0636)	(0.0076)	(0.0462)	(0.0077)	(0.0617)
城市固定效应	否	否	是	是	是	是
时间固定效应	否	是	否	否	是	是
N	3798	3798	3798	3798	3798	3798
R²	0.0059	0.1780	0.5741	0.6008	0.6493	0.6683

注：括号中汇报的是稳健标准误，"是"代表控制了相应变量。***、**、*分别代表1%、5%和10%的显著性水平。

资料来源：Stata统计输出。

（四）稳健性检验

1. 安慰剂检验

在表8－4的基本回归结果中可以看到，成立行政审批中心可以有效提高各城市效率水平，因而表现出对制度性交易成本的降低作用，但无法避免行政审批中心成立与各城市效率水平变化间存在同样的时间趋势，有可能仅仅是因为时间节点上的巧合而导致二者之间存在正相关关系，因此产生内生性问题，从而无法得出行政审批中心成立导致效率提升的判断。为解决这个问题，本书选择安慰剂检验的方式来验证行政审批中心的成立是否导致了城市效率的提升。

安慰剂检验（Placebo test）的思想来源于医学，在一些检验药物是否有效的医学实验中，医生会考虑给一些患者服用外表上看起来和药物一样、但实质上没有疗效的安慰剂。如果服用安慰剂的患者病情也出现了明显好转，则认为疗效是由患者心理因素导致的，而非药物的治疗作用。将该思想运用到本书中的做法是，构建虚拟的行政审批中心成立时间，观察行政审批中心解释变量的系数是否显著，如果仍然显著，则说明城市效率水平的提升并不是由行政审批中心成立所导致的，存在伪回归的可能性。反之，则认为行政审批中心的成立确实产生了影响。基于该思想，本书将各城市行政审批中心的成立时间分别推迟了1年和2年，构建两个虚假的行政审批中心成立变量 ALC1 与 ALC2，并将其与其他变量一起进行回归，具体回归结果如表8-5所示。

表8-5　　　　　　　　　　　　　　安慰剂检验

变量	(1)	(2)	(3)	(4)
	TE	TE	TE	TE
	POLS	FE	POLS	FE
ALC1	-0.0072	0.0058	—	—
	(0.0196)	(0.0109)	—	—
ALC2	—	—	-0.0179	-0.0091
	—	—	(0.0201)	(0.0114)
PGDP	0.0385 ***	0.0155 *	0.0383 ***	0.0157 *
	(0.0075)	(0.0082)	(0.0075)	(0.0081)
Teacher	-0.0389 ***	0.0496 **	-0.0402 ***	0.0488 ***
	(0.0133)	(0.0196)	(0.0132)	(0.0197)
R&D	-0.0279	-0.2025 *	-0.0319	-0.2086 *
	(0.1662)	(0.1182)	(0.1660)	(0.1178)
Industry	-0.2226 ***	-0.3599 ***	-0.2198 ***	-0.3579 ***
	(0.0811)	(0.0943)	(0.0814)	(0.0945)
FDI	-0.0066	-0.0037	-0.0064	-0.0036
	(0.0046)	(0.0026)	(0.0046)	(0.0026)
Area	0.0002	-0.0002 **	0.0002	-0.0002 **
	(0.0001)	(0.0001)	(0.0001)	(0.0001)
常数项	0.6830 ***	0.8566 ***	0.6806 ***	0.8648 ***
	(0.0636)	(0.0621)	(0.0635)	(0.0623)
城市固定效应	否	是	否	是
时间固定效应	是	是	是	是
N	3798	3798	3798	3798
R^2	0.1780	0.6672	0.1789	0.6673

注：括号中汇报的是稳健标准误，"是"代表控制了相应变量。*** 、** 、* 分别代表1%、5%和10%的显著性水平。

资料来源：Stata 统计输出。

从安慰剂检验的回归结果来看，在构造了虚假的行政审批中心成立时间之后，成立行政审批中心对城市投入–产出效率的影响并不显著，说明不存在时间趋势一致的安慰剂效应。

2. 更换被解释变量

前文在对城市效率水平进行测算时采用的是数据包络分析法（DEA），为确保结果的稳健性，现采用随机前沿模型（SFA）来对各城市的效率水平进行测算，然后将新测算出来的效率值 TE2 作为被解释变量进行回归，观察行政审批中心的成立对城市投入–产出效率值有没有显著影响，回归结果如表 8 – 6 所示。从表中的回归结果可以看到在更换被解释变量之后，行政审批中心成立对城市投入–产出效率还是存在着显著的正向效应。

表 8 – 6　　　　　　　　　　　　更换被解释变量检验

变量	（1）TE2 POLS	（2）TE2 POLS	（3）TE2 FE	（4）TE2 FE	（5）TE2 FE
ALC	0.0268 **	0.0089	0.0261 ***	0.0080 ***	0.0007 *
	(0.0115)	(0.0102)	(0.0005)	(0.0006)	(0.0004)
PGDP	—	0.0216 ***	—	0.0080 ***	0.0019 ***
	—	(0.0042)	—	(0.0004)	(0.0004)
Teacher	—	− 0.0044	—	0.0046 **	0.0041 **
	—	(0.0084)	—	(0.0021)	(0.0017)
R&D	—	0.3120 ***	—	0.0174 ***	0.0113 ***
	—	(0.0818)	—	(0.0051)	(0.0043)
Industry	—	0.0733 **	—	0.0189 ***	− 0.0045
	—	(0.0312)	—	(0.0050)	(0.0045)
FDI	—	0.0178 ***	—	0.0009 ***	− 0.0001
	—	(0.0021)	—	(0.0002)	(0.0001)
Area	—	0.0008 ***	—	− 0.0000	− 0.0000
	—	(0.0001)	—	(0.0000)	(0.0000)
常数项	0.1695 ***	− 0.1500 ***	0.1699 ***	0.1409 ***	0.1828 ***
	(0.0112)	(0.0284)	(0.0003)	(0.0026)	(0.0031)

续表

变量	(1)	(2)	(3)	(4)	(5)
	TE2	TE2	TE2	TE2	TE2
	POLS	POLS	FE	FE	FE
城市固定效应	否	否	是	是	是
时间固定效应	否	是	否	否	是
N	3798	3798	3798	3798	3798
R^2	0.0068	0.7482	0.9943	0.9985	0.9994

注：括号中汇报的是稳健标准误，"是"代表控制了相应变量。***、**、*分别代表1%、5%和10%的显著性水平。

资料来源：Stata 统计输出。

（五）作用机制检验

为考察营商环境、地理位置及法律支持这三个因素对各地行政审批改革效果的影响，本书采用分样本回归的形式进行验证。在营商环境因素方面，由于东部地区的营商环境明显优于中西部地区，所以可以按照是否为东部地区城市将总体样本分为两个子样本。表8-7中列（1）、列（2）分别为东部城市和中西部城市子样本回归结果，从回归结果来看，东部地区城市成立行政审批中心对城市效率水平影响很小，且不显著，而中西部地区城市设立行政审批中心对城市投入产出效率影响显著且系数大于总样本回归系数，说明营商环境较差的地区设立行政审批中心对城市效率水平的促进作用更为明显。

为说明地理位置对行政审批中心成立效果的影响，本书根据各城市的经纬度计算了省内其他城市到省会城市的直线距离，并生成一个距离虚拟变量，如果某城市到省会城市距离大于省内城市的平均值，则该距离虚拟变量取1，反之（包括省会城市）则取0。并根据该距离虚拟变量的取值将总样本分为两个子样本。表8-7中列（3）为到省会城市距离大于平均值的子样本，列（4）为到省会城市距离小于平均值的子样本。从回归结果来看，到省会距离较远的城市，其成立行政审批中心对城市效率水平的影响较小且不显著，而到省会距离较近的城市成立行政审批中心则对于该城市效率水平存在显著影响且系数大于总体回归系数，说明与省会距离更近的城市，其政策贯彻与执行的力度较好，设立行政审批中心取得了更好的效果。

在考察法律支撑对设立行政审批中心成立效果的影响时，可以以当年是否已施行《行政许可法》将总样本分为两个子样本，表8-7中列（5）为未施行《行政许可法》的子样本，列（6）为已施行《行政许可法》的子样本。在回归结果方面，在未施行《行政许可法》的年份中，成立行政审批中心对城市效率水平无显著影响，而施行《行政许可法》之后，成立行政审批中心对城市效率水平的促进作用十分明显。但这种回归结果的差异在一定程度上挑战了前文结论的稳健性，因为各城市效率水平的提升有可能是《行政许可法》的施行导致的，而不是各城市是否成立行政审批中心。为检验是否存在这种情况，本书将基本回归中的核心解释变量替换成代表是否施行《行政许可法》的虚拟变量，与其他控制变量一起对各城市效率水平值进行回归。从回归结果看，该虚拟变量直接被时间固定效应所吸收（囿于篇幅，在此并未展示结果），因此可以排除是由于施行《行政许可法》而直接导致的城市效率水平提升，验证了是否有法律支撑在影响行政审批中心作用的发挥方面起到了重要作用。

表8－7　　　　　　　　　　　　　　影响因素分析

变量	(1)	(2)	(3)	(4)	(5)	(6)
	TE	TE	TE	TE	TE	TE
	FE	FE	FE	FE	FE	FE
ALC	0.0090	0.0328 **	0.0229	0.0265 **	−0.0075	0.0317 ***
	(0.0163)	(0.0137)	(0.0186)	(0.0131)	(0.0108)	(0.0112)
控制变量	是	是	是	是	是	是
城市固定效应	是	是	是	是	是	是
时间固定效应	是	是	是	是	是	是
N	1620	2178	1530	2268	1055	2743
R^2	0.6810	0.6918	0.6752	0.6694	0.8715	0.8628

注：括号中汇报的是稳健标准误，"是"代表控制了相应变量。 *** 、 ** 、 * 分别代表1%、5%和10%的显著性水平。

资料来源：Stata统计输出。

（六）结论及启示

本节运用地级市层面的数据测算各地制度性交易成本现状，并结合各地行政审批改革推进情况实证检验行政审批改革对降低企业制度性交易成本的作用，可以得到如下结论：一是城市设立行政审批中心可以显著降低当地的制度性交易成本，该结果在进行稳健性检验之后依然成立。二是设立行政审批中心在降低各地制度性交易成本方面的效果存在明显的异质性，营商环境较差、距离省会较近的城市在成立行政审批中心后降低制度性交易成本的效果较为明显。三是《行政许可法》的颁布与实施对各地行政审批改革的具有促进作用，使得各地设立行政审批中心对制度性交易成本的降低作用更加明显。

第四节　深化行政审批改革，降低制度性交易成本的政策建议

一、坚持深化行政审批改革

（一）精简审批程序，缩短审批时间

继续精简行政审批程序，深化政府职能改革，由"全能型"政府向"服务型"政府转变，以解决问题、提高效率为目标，简化行政审批程序，树立服务者的角色并承担相应责任。建立健全企业与政府部门之间的信息沟通与反馈渠道，调查倾听企业的实际需求，主动与企业沟通，通过面对面、点对点的方式精准了解企业在行政审批流程中遇到的困难。将本地实际情况和企业反映的问题相结合，全面分析每一道审批程序、每一项审批内容的作用与弊端，找出行政审批程序的症结所在，并进行有针对性的程序精简。力争使企业在办理审批过程中少跑路、少等待，切实降低因行政审批流程过繁导致的企业制度性交易成本。

（二）适当下放审批权力，清理规范审批内容

政府需要进一步理顺中央与地方之间的关系，清楚划定地方政府权利与义务，中央政府要适当下放审批权限，让地方政府能够根据实际情况调整行政审批范围，规范行政审批内容。在中央政府下放审批权限的同时，地方政府应合理评估因行政审批相关事项给当地企业带来的制度性交易成本，在不影响地方政府履职的前提下，对收费较高、手续烦琐的审批事项进行清理，避免行政审批事项对企业合理经营决策产生过多阻碍，让企业有权根据自身的实际情况进行自主约束与管理，制定切合市场实际的计划、采取有效的措施，解决企业的实际生产问题。

（三）规范行政审批涉企收费，合理设置审批中介服务

在深化行政审批改革的过程中，各地政府应对行政审批涉企收费事项进行

规范，对不必须收费的审批项目进行清理，对必须收费项目要合理设置收费金额，切实减少企业在行政审批流程中缴纳的不合理费用。在审批中介服务设置方面，政府首先应对各审批中介服务存在的必要性与合理性进行论证，对不规范、不合理的审批中介服务进行清理；政府还应切断部分审批中介服务机构与行政审批部间的不正当利益关系，全面清除"红顶"中介服务机构，降低企业在行政审批过程中用以购买审批中介服务的相关费用。

二、完善行政审批法律体系

（一）保障现有法律实施

完善行政审批法律体系最为关键的是要保障现有法律的实施，充分发挥《行政许可法》在规范审批流程，约束审批行为中的重要作用。除强调内容规范外，还要强调行政审批执行过程合法合规，确保各行政审批机构严格依法审批。

（二）清理规范相关文件

我国行政审批事项的设立、变更和废止都是通过相关文件来实现的，因此在行政审批改革不断深化的过程中，必须要对相关文件进行清理与规范。首先，对于已经取消、调整的行政审批事项，除在实际工作中按照新规定去实施外，还需要对设定这些审批内容的源文件（如招标投标法、规划法、证券法等涉及行政审批事项的法律）进行调整，尽量避免出现为追求改革效率而违反法律程序的行政审批改革内容。其次，要确保保留或新设的行政审批事项均有完善系统的法律支撑，在执行过程中也要体现过程的合理性与合法性。

（三）践行审批立法创新

践行行政审批立法创新，审批立法时首先应做到审慎设置行政审批项目，改变过去完全按照政府主观意愿进行审批项目设置的传统观念，在设置审批项目前充分估算该项目的成本与收益，避免因审批过滥而导致的资源配置扭曲。其次应实现审批事项集约化，即在新设审批事项时，应注重将相关行政审批事项进行归并处理，尽量减少行政审批过程中所涉及的部门数、内容数和环节数，力争让行政审批流程变得更加便利。最后应注重审批方式创新，即改变过去单一的"企业申、政府批"的方式来完成行政审批内容，适当创新审批实现方式，在行政审批的实施过程中引入竞争激励机制，提升行政审批的公平性与有效性。

三、加强体系建设，确保改革效果

（一）推进集中办公，创新机构设置

继续推进行政审批集中办公，加强各地行政审批中心建设，通过集中办公实现各审批部门间的协调配合、相互监督，实现审批效率的提升，同时进一步对现有的集中办公机构进行扩容，不断增加进驻部门数量和办事窗口数量，力争通过集中办公为企业节约更多的时间与成本。在机构扩容的同时，通过创新机构设置来改善审批效果，大力推广行政审批局建设经验，在审批事项入驻同一机构的同时也要实现审批权限的入驻，避免因为审批权限交叉、审批范围界定不清、缺乏审批权限等因素增加企业审批负担。

（二）完善审批监督体系建设，避免利用审批权寻租

在缺少监督体系的情况下，行政审批过程中的自由裁量权可能会导致审批机构存在利用审批权寻租的可能。针对这个问题，政府应建立独立于审批机构的审批监督体系，运用司法监督、行政监督、群众监督等多种监督方式，确保行政审批权被公平行使。同时，还强调对行政审批过程的全方位监督，首先应注重事前监督，即在设立行政审批事项之前就要论证该项目的合理性与必要性，避免以获利为目的来设置审批项目；其次应重视事中监督，即在企业进入行政审批流程后，对审批机构行为进行监督，督促其严格按照规定对企业申请事项进行审批，防止权力滥用；最后应进行事后监督，向经历整个审批流程的企业了解情况，分析现有审批工作中存在的问题，并在后期工作中进行整改。

（三）加大政策宣传力度，提高人员办事效率

为确保行政审批改革取得良好效果，政府应加大政策宣传力度，让申请行政审批的企业熟悉行政审批流程，知晓行政审批内容，了解相关审批事项要求，避免企业因为不熟悉行政审批政策而花冤枉钱、跑冤枉路。同时，政府还应从内部着手，对行政审批事务经办人员进行全面系统的业务能力培训，提升他们的工作熟练程度，避免因相关工作人员不熟悉审批业务而导致审批时间过长、审批成功率低等问题，减少行政审批对企业正常经营活动的迟滞与阻碍，建立服务型行政审批制度体系，提升企业对行政审批服务的满意度。

第九章　政府规制波动与企业
制度性交易成本

本书的前几章从政府规制内容、企业成本构成和主体行为方式三个维度分析了政府规制效率对企业制度性交易成本的影响，发现多变的政府规制标准和"运动式"的政府规制方式增加了企业的制度性交易成本。我国的规制体系由计划经济体制时代的各个政府部门演变而来，实际的规制职能也主要由政府部门来行使，这样就使政府规制行为方式对企业制度性交易成本产生显著影响。政府行政命令指导下的规制行为具有很强的波动性，即政府规制行为在短时间内发生剧烈变化。这种波动性不仅表现为规制标准的变化，也表现为规制执行的变化。这种政府规制行为的波动性特点会提升企业的制度性交易成本，并阻碍部分企业进入市场。

第一节　政府规制波动的现实基础及其表现

一、我国规制波动存在的基础

（一）计划经济向市场经济转变的规制路径依赖

计划经济向市场经济转变过程中的规制路径依赖是我国政府规制行为波动的一个最主要原因。在计划经济体制下，市场中经济主体行为完全按照计划来开展，市场经济调节机制缺失，政府既是国民经济发展的主导者，又是经济发展过程中潜在问题的监督者。虽然在我国市场化改革的过程中，市场机制在配置社会资源中的地位不断提升，但政府规制体系大部分脱胎于政府部门，并未建立起相对独立的政府规制体系，"政府管社会"的思想仍然盛行于规制体系内部，行政命令对政府规制行为的干预仍然十分频繁，且某些领域行政命令对规制行为的影响力仍强于规制法规。缺少完善的规制法律和独立的规制体系使规制机构在行使职能时标准不一，在行政命令下达，开展"运动式"整治时往往会暂时性地增强规制力度，而在"运动"过后，规制力度又会下降。

（二）地方政府双重目标函数

地方政府双重目标函数是我国政府规制行为波动的又一重要原因。我国地方政府的目标函数中，除了改善社会福利外，还具有促进当地经济增长的重要内容。由于部分经济活动存在外部性，政府规制力度的加强会导致部分经济活动无法开展，或增加经济活动成本，从而会限制本地经济发展。因此，在经济增长目标尚未实现时，部分地方政府会增加经济增长目标在总目标函数中的权重，暂时性忽略外部性对社会福利的影响，并一定程度上利用手中的行政权力使规制机构减轻当地的政府规制力度。这种行为在一定程度上促进了当地经济发展，但规制力度的降低使得经济活动外部性影响增强，使得社会福利受损。

（三）地方政府间相互竞争

出于促进经济增长的需要，中央一方面下放部分财权与事权，让地方政府可以一定程度上根据本地实际情况采取促进经济增长的政策。另一方面，在官员政绩考核方面，将当地 GDP 增长率作为工作实际的一个重要绩效指标。这样就使地方政府在相互竞争时倾向于实行较其他地区更加宽松的规制政策，通过降低相对规制力度吸引其他地区的企业进驻本地。但这种行为会扭曲市场机制，扩大经济活动负外部效应的影响。地区间竞争越激烈，政府规制力度下降就越频繁。由于各地在经济发展过程中所处的阶段不一样，其主要发展经济的手段也存在区别，所以各地在政府规制力度和规制执行情况方面存在较大差异，从而导致政府规制行为因地点的不同而出现波动。

（四）规制监督机构缺失

目前我国目前尚未建立起完整的规制监督体系，导致规制机构在行使规制职能时缺乏必要的外部约束，规制机构在刑事规制职能时，可以利用手中的权力选择执法力度。在这种情况下，一方面可能产生"规制俘虏"，即规制机构被被规制者收买，对与其串谋的被规制者采取较为宽松的执法力度，而对其他被规制者采取较为严格的执法力度，从而帮助部分被规制者谋取私利；另一方面，由于规制机构通常是当地政府部门的一部分，和当地官员之间存在利益关系，因此规制机构的执法力度还会受到当地政府意志的影响，在当地官员想要促进经济增长时选择较为宽松的执法力度，而在当地官员需要维持地方稳定时采取较为严格的执法力度。缺少完善的规制监督体系意味着规制者滥用受众规制权力时的机会成本极低，从而导致政府规制行为出现明显波动的可能性上升。

（五）我国市场化进程中的必然结果

在我国市场化的进程中，市场在资源配置中的作用得到不断加强，与此同时，我国政府规制也从过去单一依靠行政命令逐渐向依靠规制法律和规制体系转变，政府逐步退出部分经济领域，并利用市场的力量进行调节。但这种改革并不能在短期完成，而是一个循序渐进的过程。民众虽然知道过去很多依赖政府行政命令的规制活动在未来会发生改变，但改革的具体时间和改革的程度对于社会民众而言都是未知的。因此，这也就导致了我国市场化进程中存在一定的政策不确定性。同时在规制改革的过程中必然会导致被规制者所感受到的规制力度发生变化，即出现政府规制行为的波动。

我国行政审批改革的历程就很好地支撑了这一观点：在改革开放以后，为了更好地保护企业和社会组织的利益，行政审批制度应运而生，需要进行审批的内容和事项随着我国经济的发展而不断增加。在行政审批所涉及的范围最广时，全国性的行政审批事项最多时达到4100多项，烦琐冗长的行政审批流程成为阻碍我国营商环境优化的一个重要原因。为优化行政审批流程，2002～2008年，我国分六次逐步放松行政审批力度，累计取消和下放审批事项2400多项，党的十八大以后，我国行政审批改革工作又累计取消和下放审批事项887项。行政审批事项的减少与下放，意味着市场我国资源配置过程中所起的作用逐渐增强，政府规制力度逐步减轻。

二、政府规制波动性的表现

我国规制体系的建立体现了计划与市场作用范围的划分，规制体系整体独立性较弱，规制行为受政府行政命令干预较多，且被规制者面临的规制力度因时间、地点和规制机构的不同而有较大差异，这种规制力度的差异影响着企业的经营决策，并增加企业的制度性交易成本。政府规制行为波动性特点主要表现为规制标准的波动和规制执法力度的波动。

（一）规制标准的波动

规制标准的波动是指在规制立法或规制法律法规修订的过程中，经济性规制或社会性规制等方面的规制水平和规制方式在短时间内发生剧烈变动。这种规制力度的波动在我国产品价格规制领域和金融市场规制领域表现尤为突出。

1. 我国成品油价格确定机制

在计划经济体制时代，我国的成品油价格由国家制定，且长期不调整；进入价格双轨制后，我国成品油价格也同样实行"计划内由国家统一定价，计划外按照国际市场价格水平销售"；1998 年 6 月起，我国石油企业可以在国家计划委员会制定的基准价格基础上上下浮动 5%；2001 年 6 月起，国家计委将参照新加坡市场行情每月调整一次国内成品油价格；2001 年 10 月，国家计委从过去单一参照新加坡市场油价转变为综合考虑纽约市、新加坡和鹿特丹市三个市场的油价，并将企业上下浮动的价格范围扩大至 8%；2007 年 2 月，我国试行"原油 + 成本"定价法，即参考布伦特、米纳斯、迪拜三个市场的原油现货价格来制定我国市场的原油成本价格，并加上国内石油企业的生产成本、销售成本和利润三部分而制定国内成品油基准价；2008 年 12 月增加了燃油税；2009 年 5 月出台了"22 + 4%"的成品油定价机制，且同时将企业成品油定价的上下浮动权改为最高零售限价；2013 年 3 月，"22 + 4%"定价机制中的连续 22 个交易日改为连续 10 个交易日，且取消了 4% 的油价波动幅度限制。从上述成品油价格确定机制的变化中可以看出，1998 ~ 2001 年和 2007 ~ 2009 年两个时间段内，我国成品油价格决定机制出现了数次调整，且每次调整的间隔时间较短。这种短期内反复调整燃油价格决定机制的行为使企业在安排生产计划和制作成本预算时面临较强的政策不确定性。

2. 我国股票价格浮动范围限制

我国最早关于股票价格浮动范围限制的规定是 1996 年 12 月 16 日起实行的涨跌停板制度，制度规定，除上市首日之外，股票（含 A 股、B 股）、基金、债券等各类证券在一个交易日内的交易价格相对上一交易日收市价格的涨跌幅度不得超过 10%；2015 年 9 月 7 日，上海证券交易所、深圳证券交易所和中国金融期货交易所发布征求意见通知，拟在保留现有个股涨跌幅制度前提下，引入指数熔断机制，即当股指波幅达到规定的熔断点时，交易所随即暂停所有股票交易；2015 年 12 月 4 日，经有关部门同意，证监会正式发布指数熔断相关规定，并于 2016 年 1 月 1 日起正式实施；由于 2016 年 1 月 4 日与 1 月 7 日，我国股市连续两次触发熔断机制，经证监会同意，自 1 月 8 日起暂停实施熔断机制，从实行到暂停实施，熔断机制一共在我国股票交易史上实行了 4 个工作日。如此频繁地变换股票价格浮动范围机制，使许多投资者短期内的投资成本与投资收益预期充满不确定性。

（二）规制执行的波动

规制执行的波动是指规制机构在实际执行规制行为时，利用自身的职权选择不同的规制力度而造成的变化。规制执行的波动在我国环境规制和生产安全规制等社会性规制领域表现最为突出。

1. 河南省伊川县煤矿安全整治事件

2003 年，河南省煤炭工业局针对伊川县发生的重大煤矿透水事故下发专项通知，责令当地煤矿企业全部停产整顿。河南省煤炭工业局要求对洛阳市范围内所有煤矿进行一次专项大检查，检查的重点内容为煤矿有无透水隐患。对于存在重大安全隐患的煤矿，一律进行停产整顿；凡"一通三防"设施不完备、安全制度不落实、安全管理不到位的煤矿，必须全部停产整顿。同时，即使洛阳市煤炭管理部门安全检查验收合格的煤矿，也需要在征得河南省煤炭工业局批准后才能恢复生产；凡是因存在安全隐患被停产整顿的乡镇煤矿，需经过所在县区煤炭管理部门和洛阳市煤炭管理部门两次验收，并报河南省煤炭工业管理局批准才能恢复生产。这样突然加强的安全规制力度使洛阳市其他煤矿企业经营受到了严重的影响，企业经营过程中的机会成本大大增加。

2. 成都市大气、水、土壤污染防治"三大战役"

2017 年 11 月，为巩固当年成都市在全国环保专项整治活动中的成果，成都市印发了《成都市 2017～2018 年秋冬季大气污染防治攻坚行动方案》（以下简称《方案》），《方案》规定，对前期清理整治的 14148 家"散乱污"工业企业严格按照"依法关停一批、整改规范一批、调迁入园一批"的原则进行处理，在方案圈定之前一律不得复工；加快推进燃煤锅炉清零，全面完成高污染燃料禁燃区燃煤锅炉清零，对全是在用燃煤锅炉开展大气污染排放检测，对超标排放的企业严肃查处，12 月 31 日前，基本完成市域内除电厂外燃煤锅炉清零；加快黄标车和老旧车淘汰，11 月 20 日前基本完成全市范围内黄标车淘汰；加大机动车路检、场检力度，重污染天气应急期间，在扬尘治理检查点每日开展柴油火车尾气放、车用尿素使用的检察执法。环境规制力度的突然加强，虽然让当年成都市环境污染情况得到缓解，但短时间内的限期完成整治目标，给社会生产与人民生活增加了大量成本。

上述两个专项整治运动均使被规制者所感受到的规制力度在短时间内大幅增强，由于环境规制标准和安全规制标准在此前并未发生显著变化，因此，这种规制力度的并不是由规制标准波动导致，而是由规制执行波动造成的。

第二节　政府规制波动增加企业制度性交易成本

一、政府规制波动增加企业机会成本

（一）在位企业的机会成本

受规制行业中的在位企业在作经营决策时，除了考虑企业自身情况和市场需求情况外，通常也会将政府规制作为一个重要的影响因素。如受到价格规制的企业会根据价格规制的要求来选择最优生产规模，使其经营利润最大化；受产品质量规制的企业会根据相关产品质量标准来选择最优生产技术，使其生产成本最小化。当政府规制力度出现波动时，就需要投入一定的资金来改变现有的生产规模和生产技术，从而增加企业负担。由于这种经营决策的改变单纯是为了符合政府规制标准，和市场需求变化无直接联系，因而规制波动会导致企业经营决策偏离其最优决策，增加其经营过程中的机会成本。

（二）潜在投资者的机会成本

规制波动不仅影响在位企业的机会成本，而且会影响潜在投资者的机会成本。当不存在规制波动的情况下，潜在投资者可以根据被规制行业中的整体情况计算预期收益，当预期收益高于其资金的保留价格时，潜在投资者就会选择进入市场。在存在规制波动的情况下，潜在投资者无法准确判断未来的政府规制力度水平，增加其投资的机会成本，同时导致部分潜在投资者推迟进入市场的时间，原因一是未来规制力度的升高使其投资的潜在收益降低，部分预期收益较低的投资者因此被阻挡在市场之外；二是未来规制力度的降低会使其投资的潜在收益上升，投资者在市场外的等待也就显得更有价值。

二、政府规制波动增加企业沉没成本

（一）被规制企业的沉没成本

企业的固定资产投资大多以折旧的方式计入企业主营业务成本，在经营过程中逐步转移到产品中，再通过出售产品来进行成本回收，此时，企业只承担

和固定资产残值数额相等的沉没成本。当存在规制波动的情况下，企业需投入资金对生产技术或生产规模进行调整，这样就会使企业部分固定资产成本无法完全摊销，这部分未摊销的成本就是由政府规制波动导致的沉没成本。如在2017年环保整治过程中，部分城市为了减少污染物排放，强制企业将目前所使用的燃煤锅炉更换为燃气锅炉，由于燃煤锅炉已经被禁止使用而无法出售，且这部分尚未达到折旧年限，被拆下的燃煤锅炉残值就成为在位企业的沉没成本。

（二）业务相关企业的沉没成本

除被规制企业自身的沉没成本外，规制波动导致的企业沉没成本具有明显的溢出效应，即规制波动也会影响一些与被规制者有业务关联的企业，增加他们的沉没成本。被规制企业采用破产的方式退出市场，可能会导致部分金融机构出借给企业的资金无法收回，成为沉没成本；同时，如果业内有较高影响力的企业因为规制波动而退出市场，则其所在行业内的其他从业企业也将产生巨大沉没成本。如"三鹿奶粉"事件曝光后，我国乳制品行业遭受重创，行业内的几大乳制品生产商受整体环境恶化的影响而亏损。

三、政府规制波动增加企业信息成本

（一）事前信息成本

事前信息收集成本是指企业为收集未来规制变化方向和可能性的相关信息而支付的成本。在存在规制波动的情况下，企业无法判断未来政府规制政策的变动方向和发生变动的可能性，而这两个因素又是影响企业预期收益的重要因素。企业为减少经营过程中的不确定因素，避免遭受潜在损失，就需要安排相关人员并支付一定费用来收集这两方面的信息。在收集到这些信息之后，还需要对信息进行全面分析，并以此为基础判断规制波动对企业经营产生的影响，进而做出最优的经营决策。信息收集和分析的成本都可被视为规制波动导致的事前信息成本。

（二）事后信息成本

事后信息成本是指，在政府规制出现剧烈波动的情况下，企业为了解和学习新规制政策所花费的成本。经营中的企业都是按照既有规制政策做出相应的生产决策，当规制标准发生重大变化时，企业首先需要安排相关人员对新规制政策进行系统的了解与学习；其次，需要将目前公司内部经营现状同新规制政策进行对比，将改变经营现状的成本同退出市场的成本进行对比；最后，企业如果做出在符合新规制政策情况下继续经营的决策，还需要结合实际情况找到一种成本最低的调整方案。政策学习、状况对比和研究方案所需的成本都可被视为规制波动导致的事后信息成本。

第三节　政府规制波动的模型分析

在本章上一节中，已经对政府规制行为波动的存在基础及其表现进行分析。在此将依据上一节的理论基础构建政府规制力度选择模型，刻画地方政府选择规制力度的行为，并解释规制波动出现的原因。并借鉴汉德利和利芒（Handley and Limão，2017）的企业投资模型，分析在规制力度不确定的情况下，企业投资行为受到的影响。

一、规制波动产生的原因

（一）模型假设

（1）假设我国各地政府规制力度由当地政府决定，而不是由当地规制机构自主选择，政府选择的规制力度用 s 表示。需要说明的是，这里所说的规制力度受规制标准和规制执行两方面的影响，是被规制者实际感受到的规制力度。

（2）假设当地政府面临双重目标函数，即同时考虑经济发展水平和社会福利水平。而经济发展水平和社会福利水平都受到政府规制力度的影响，其中经济发展水平和政府规制力度之间的关系由 $q_i = \bar{q}_i e^{-s}$ 描述，其中 $\bar{q}_i$ 表示由当地资源决定的潜在产出水平，q_i 表示当地政府选择规制水平后的实际产出水平，e^{-s} 表示政府规制行为对当地产出水平的影响。社会福利水平和政府规制力度之间的关系由 $\text{welfare} = N - \dfrac{N}{s}$ 描述，其中 N 为没有任何外部效应情况下，社会福利的潜在最高水平。

（3）假设地方政府之间存在竞争，中央将结合各地产出的总体水平给地方政府下达经济增长目标，该目标由 $Q = (\int_0^1 q_v^{1-\varepsilon} dv)^{\frac{1}{1-\varepsilon}}$ 描述，其中 $\varepsilon > 1$。

（4）为描述地方政府在不同情况下考虑福利水平和经济发展水平的权重变化，在这里选择 logistic 形式的目标函数，因此，地方政府的目标函数可表示如下：

$$U(s) = \frac{e^{(Q-q_i)\tau}}{1 + e^{(Q-q_i)\tau}}(q_i) + \frac{1}{1 + e^{(Q-q_i)\tau}}\left(N - \frac{N}{s}\right)$$

为更好地描述地方政府在两个目标间进行转换的行为极端性，这里假设 $\tau \to \infty$。

（二）模型求解

地方政府基于其目标函数形式，选择最优的规制力度，使其目标函数值最大化，最优规制力度由下式决定：

$$\max_{|s|} \frac{e^{(Q-q_i)\tau}}{1 + e^{(Q-q_i)\tau}}(q_i) + \frac{1}{1 + e^{(Q-q_i)\tau}}\left(N - \frac{N}{s}\right)$$

结合 $q_i = \bar{q}_i e^{-s}$，可求得：

$$\frac{\partial U}{\partial s} = -\bar{q}_i e^{-s} + \left(\frac{N}{s^2} + \bar{q}_i e^{-s}\right)\frac{1}{1 + e^{(Q-\bar{q}_i e^{-s})\tau}} + \left(N - \frac{N}{s} - \bar{q}_i e^{-s}\right)\frac{e^{(Q-\bar{q}_i e^{-s})\tau}(\tau \bar{q}_i e^{-s})}{\left[1 + e^{(Q-\bar{q}_i e^{-s})\tau}\right]^2}$$

当 $q_i < Q$，即 $\bar{q}_i e^{-s} < Q$ 时，结合 $\tau \to \infty$

$$\left(N - \frac{N}{s} - \bar{q}_i e^{-s}\right)\frac{e^{(Q-\bar{q}_i e^{-s})\tau}(\tau \bar{q}_i e^{-s})}{\left[1 + e^{(Q-\bar{q}_i e^{-s})\tau}\right]^2} = 0, \left(\frac{N}{s^2} + \bar{q}_i e^{-s}\right)\frac{1}{1 + e^{(Q-\bar{q}_i e^{-s})\tau}} = 0$$

此时 $\frac{\partial U}{\partial s} = -\bar{q}_i e^{-s} < 0$

当 $q_i > Q$，即 $\bar{q}_i e^{-s} > Q$ 时，结合 $\tau \to \infty$

$$\left(N - \frac{N}{s} - \bar{q}_i e^{-s}\right)\frac{e^{(Q-\bar{q}_i e^{-s})\tau}(\tau \bar{q}_i e^{-s})}{\left[1 + e^{(Q-\bar{q}_i e^{-s})\tau}\right]^2} = 0, \left(\frac{N}{s^2} + \bar{q}_i e^{-s}\right)\frac{1}{1 + e^{(Q-\bar{q}_i e^{-s})\tau}} = 0$$

此时 $\frac{\partial U}{\partial s} = \frac{N}{s^2} > 0$

从以上结果可以看出，地方政府在为达到中央为其指定的经济增长目标之前，其主要目标是促进经济增长，此时地方政府会选择降低规制水平而促进经济增长，但是，社会福利水平也会因此而受到损害。而当地方政府经济发展目标已经实现的时候，则会适当提升规制水平，并以此来提升当地社会的福利水平。

当 $q_i = Q$，即 $\bar{q}_i e^{-s} = Q$ 时

$$\frac{\partial U}{\partial s} = -\bar{q}_i e^{-s} + \frac{\left(\dfrac{N}{s^2} + \bar{q}_i e^{-s}\right)}{2} + \frac{\left(N - \dfrac{N}{s} - \bar{q}_i e^{-s}\right)(\tau \bar{q}_i e^{-s})}{4}$$

此时规制水平已经确定，$\dfrac{\partial U}{\partial s}$ 的符号由 N 与 $\bar{q}_i$ 的取值决定，即由当地的社会环境和要素禀赋决定，当且仅当 $N - \dfrac{N}{s} - \bar{q}_i e^{-s} = 0$ 且 $\dfrac{N}{s^2} = -\bar{q}_i e^{-s}$ 的情况下存在最优规制水平，但是各地福利情况和资源禀赋差异较大，很难做出一个不太符合实际的强假设：对于所有地方政府而言，均存在一个最优规制水平，使得其目标函数取值最大化。

（三）现实意义

从上一部分的分析结果可以看出，当地方政府决定政府规制力度水平，其目标函数中既包含促进本地经济发展，又包含改善社会福利状况，并且面临地方政府间竞争的绩效考核压力时，地方政府很难寻找到一个最优规制力度水平，更多的时间是在两个目标函数组成部分间进行取舍，不断变换规制力度水平。在地方政府经济发展任务指标完成之前，当地政府倾向于放松规制水平从而促进地方经济发展，但此时，由于部分经济活动存在外部性，社会成员总体的福利水平会受到一定程度的不利影响。而在完成相应的经济考核指标之后，当地政府倾向于加强政府规制水平，减少部分具有外部性的经济活动对社会福利的损害。因此，对于地方政府来说，政府规制行为波动是一种常态，很难将规制水平长久地保持下去。

二、规制波动的影响

（一）模型假设

（1）产品需求：市场中存在大量的垄断竞争型企业，代表型企业面临的需求曲线 $q_v = P^{\sigma-1} p_v^{-\sigma}$，其中 $\sigma > 1$，p_v 代表企业所生产出来的产品 v 价格水平，P 为市场中的总体价格水平，且 P 与 p_v 之间的关系满足 $P = \left[\int_0^1 (p_v)^{1-\sigma}\right]^{\frac{1}{1-\sigma}}$。

（2）产品供给：市场中的企业生产大量差异化的产品，且每个企业都只生产一种产品。企业的生产能力由其边际生产率 $\dfrac{1}{c_v}$ 决定，虽然企业并不清楚市

场中所有其他企业的生产率情况，但是却了解市场中其他企业的生产率服从帕累托分布。

（3）政府规制行为会对企业经营产生一个从价的规制费用（如应付政府突击检查，或为达到政府规定的包装标准），该费用计为 $\tau - 1$（$\tau > 1$），该费用和商品的销售价格 p_v 成比例，因而企业在销售商品之后，其实际得到的收益为 $\dfrac{p_v}{\tau}$，同时，在销售产品的过程中，企业还将负担一定比例的销售费用，该销售费用计为 $d_v - 1$（$d_v \geqslant 1$），因此，企业销售单位商品的收益为 $\dfrac{p_v}{\tau} - d_v c_v$。

（4）企业通过选择产品的销售价格来使其利润最大化，并且企业可以通过理性预期做出正确的决策。此时可以得到产品 v 的均衡价格为 $p_v = \tau d_v c_v \dfrac{\sigma}{\sigma - 1}$。

（5）企业如果想要进入市场，则需要支付数量为 K 的沉没成本。当存在规制波动，即企业受到的规制力度可能发生变化时，尚未进入市场的企业可以选择继续等待还是直接进入市场，企业通过观察同类型企业上一期的经营状况、本期适用的政府规制力度和每一期期初模型参数来做出是否进入市场的决策。且企业进入之后，每过一期，都会有一个存活概率 β。

（6）假设存在三种不同的规制强度 $m = 0$，1，2，且 $\tau_2 > \tau_1 > \tau_0$，当前政府对企业的规制力度处在 τ_1 水平，且未来发生规制波动的概率为 γ，若未来规制波动出现，则规制力度变为 τ_2 的概率为 λ_2，规制力度变为 τ_0 的概率为 $1 - \lambda_2$。规制力度在各期之间的变化服从一个马尔科夫过程 $\Lambda(\tau_m, \gamma)$。

（7）假设在位企业在支付一定的沉没成本 K_z 后，可以对于本企业的生产技术进行升级，使边际成本降为原来的 $z(z < 1)$。

（二）模型求解

1. 规制波动对企业成本的影响

根据前文假设，可求得企业在没有规制波动，即规制力度确定的情况下的其利润水平为：

$$\pi(a, c_v) = \left(\frac{p_v}{\tau} - d c_v \right) q_v = a c_v^{1-\sigma} d^{1-\sigma}$$

其中，$a = (\tau \sigma)^{-\sigma} [P(\sigma - 1)]^{1-\sigma}$

当没有规制波动，即企业受到的规制力度不变时，市场外企业进入市场的边际成本阈值可通过下式求得：

$$\pi(a_s, c_s^D) = (1-\beta)K, \quad \text{即} \quad c_s^D = \left[\frac{a_s d^{1-\sigma}}{(1-\beta)K}\right]^{\frac{1}{\sigma-1}}$$

当有可能出现规制波动时，企业需要在进入市场和暂时观望之间进行选择，其进入市场经营的预期利润为 $\beta E_s \pi(a_s', c)$，其中 E_s 为利用 s 状态下的信息做预测的期望算子。企业暂时观望，直到规制波动可能性完全消除之后的预期利润为 $\pi_e(a_s, c_v) - K$，因而此时其在进入还是不进入市场这两种状态之间进行选择的最优结果，由下述贝尔曼方程决定：

$$max\{\pi_e(a_s, c_v) - K, \beta E_s \pi(a_s', c)\}$$

解该贝尔曼方程，可以得到进入市场企业的边际成本阈值为：

$$c_s^U = \left[\frac{a_s d^{1-\sigma}}{(1-\beta)K}\right]^{\frac{1}{\sigma-1}} \times \left[\frac{1+\omega\mu(\gamma)}{1+\mu(\gamma)}\right]^{\frac{1}{\sigma-1}}$$

其中 $\omega = \dfrac{a_2}{a_1} = \left(\dfrac{\tau_2}{\tau_1}\right)^{-\sigma} < 1$，$\mu(\gamma) = \dfrac{\lambda_{12}}{(1-\beta\lambda_{22})} > 0$

因此可求得：$\dfrac{c_1^U}{c_1^D} = \left[\dfrac{1+\omega\mu(\gamma)}{1+\mu(\gamma)}\right]^{\frac{1}{\sigma-1}} < 1$，且 $\dfrac{c_1^U}{c_b^D} = \left[\dfrac{1+\omega\mu(\gamma)}{1+\mu(\gamma)}\right]^{\frac{1}{\sigma-1}}\left(\dfrac{\tau_1}{\tau_b}\right)^{\frac{\sigma}{\sigma-1}}$

考虑在位企业进行技术升级的情况，则求解过程和企业进入决策类似，可以求得，企业在面临是否进行技术升级的抉择时，进行技术升级的边际成本临界点为 $c_{sz}^U = \theta c_s^U$，且 $\theta = \left[(z^{1-\sigma}-1)\left(\dfrac{K}{K_Z}\right)\right]^{\frac{1}{\sigma-1}} < 1$。

通过上式结果可以发现，政府规制波动会显著增加企业制度性交易成本（$c_s^D - c_s^U > 0$），制度性交易成本的上升一方面会对企业进入市场提出更高的成本要求，使部分潜在进入者被阻挡在行业之外；另一方面也降低了在位企业技术升级的预期收益，从而阻碍企业生产效率的提升。

2. 规制波动对被规制行业产值的影响

假设被规制行业 v 中的企业生产率服从以 $\dfrac{1}{c_v}$ 为上限，且参数为 k 的帕累托分布，即 $G_v(c) = \left(\dfrac{c}{c_v}\right)^k$。若无投资的沉没成本和政府规制，该行业中的企业数量为 N_v，则在考虑沉没成本和政府规制波动时，该行业中的从业企业数量为 $N_v G_v(c_s^U)$，此时该被规制行业的总产值为：

$$R_{sv} = p_v q_v N_v G_v(c_s^U) = a_{sv} d_v^{1-\sigma} \sigma \Big[\int_0^{\theta_v c_s^U} (z_v c)^{1-\sigma} dG_v(c) + \int_{\theta_v c_s^U}^{c_s^U} (c)^{1-\sigma} dG_v(c) \Big]$$

将 $G_v(c_s^U)$、c_s^U 代入并求积分得：

$$R_{sv} = p^k (\sigma-1)^k \sigma^{\frac{\sigma k}{\sigma-1}} \tau_{sv}^{-\frac{\sigma k}{\sigma-1}} d_v^{-k} \sigma N_v c_v^{-k} \frac{k}{k-\sigma+1} \big[(1-\beta) K_v \big]^{\frac{\sigma-1+k}{\sigma-1}} \cdot$$
$$\big[\theta_v^k (z_v^{1-\sigma}-1)+1 \big] U^{k-\sigma+1}(\omega, \gamma)$$

其中，$U(\omega, \gamma) = \Big[\dfrac{1+\omega\mu(\gamma)}{1+\mu(\gamma)} \Big]^{\frac{1}{\sigma-1}}$，且 $\dfrac{\partial R_{sv}}{\partial U(\omega, \gamma)} = (k-\sigma+1) > 0$

（三）现实意义

从上面的模型结论可以看出，政府规制行为波动可能性的上升会影响企业的投资与经营决策，具体来说，政府规制行为波动的可能性上升会导致进入市场的潜在技术门槛上升，一些尚未进入市场的企业由于沉没成本和规制波动性的存在产生了一个大于0的等待期权价值，从而推迟投资，延缓进入企业。规制波动对在位企业同样会产生影响，即提升企业进行技术升级的门槛，促使企业延缓技术升级的投资。最后，从总体来看，规制波动可能性的上升会导致受规制行业的整体萎缩，小于其潜在的最优产出价值。无论是由于政府规制波动导致影响企业投资行为而产生的机会成本，还是由于政府规制波动导致行业发展规模缩小产生的机会成本，都可以看作由于政府规制波动而导致的制度性交易成本。

第四节　政府规制波动的实证分析

一、政府规制波动的测度

因为我国的规制主要是由政府部门来完成，规制机构规模增加可以从一定程度上反映其规制力度的增强，规制机构的规模可以通过观察其从业人数来体现。但是，仅凭规制机构规模的变动不足以反映规制力度波动，在规制力度不变的情况下，经济规模的扩张客观上增加了对规制执法队伍人数的需求，因此在考察规制力度波动时，不仅要考虑规制机构规模的变化，还要考虑当地经济总量的变化。一种可行的方法是，用各地当年经济总量除以规制机构从业人数计算每位规制执法者的工作任务，每位规制执法者工作任务越多，被规制企业所受到的规制力度也就相应较弱，反之，则被规制企业受到的规制力度也就越强。除此以外，规制力度还可以由规制部门经费使用情况和规制标准制定的情况来反映。但规制部门的经费使用情况通常难以获取，且不同规制领域间规制标准异质性较强，难以找到统一的标准进行量化，本书选择用每位规制执法者工作任务的情况来间接反映被规制企业所受到的规制力度。

在实际计算过程中，可以利用《中国城市统计年鉴》中水利、环境、公共设施管理业和机关、社会团体从业人员数之和来计算规制机构从业人数，用剔除价格以后的地区生产总值与从业人数的比例来表示政府规制力度，通过计算规制力度在一定时期内的标准差来反映规制力度波动。由于投资者通常是基于过去的信息对未来的情况进行判断，当期的规制力度无法对其已经形成的预期产生影响，因此在计算规制力度波动时，主要考虑过去的规制力度波动对当期投资的影响，即投资者在制定 t 时期的投资决策时，主要考虑 $t-n$ 期（n 为计算规制力度波动的周期）到 $t-1$ 期之间的实际地区生产总值与管理机构从业人员比值的标准差。

二、政府规制波动的实证结果

(一) 数据来源与描述性统计

截至 2019 年，全国共计 293 个地级市，剔除部分数据缺失严重的城市，本书研究的样本共包含 223 个地级市，研究时间区间为 2000~2016 年。表 9-1 为变量的描述性统计。

表 9-1　　　　　　　　　　　　变量的描述统计

变量	单位	观测值个数	平均值	标准差	最小值	最大值
实际固定资产投资额	百万元	3791	64765.23	84508.33	20.6754	628870.2
管理部门从业人数	人	3791	46255.96	26835.91	909	239833
实际人均 GDP	元	3791	24078.81	18700.01	1756.224	140060.8
实际第二产业产值	亿元	3791	66582.61	85944.63	600.67	777949.7
在岗职工平均工资	元	3791	22294.76	11905.88	15.1838	236637.8
普通高校学生人数	人	3791	71281.98	131856.8	0	1057281
金融机构各项贷款余额	亿元	3791	1350.44	2773.17	24.4	35165.46
罚没和行政事业性收费	亿元	3791	147.0991	134.4749	0.9030001	632.3595
经济增长率	%	3791	235.0265	197.2272	-7.8	1270.557

资料来源：各年《中国城市统计年鉴》《中国区域统计年鉴》、国家统计局官方网站、各省和地级市统计年鉴以及中经网和 CEIC 数据库。

（二）计量方程与主要变量

为检验政府规制行为波动对投资产生的影响，本书采用以下计量方程：

$$IN_{it} = \alpha + \beta_1 VF_{it} + \sum \beta_j X_{ijt} + \varepsilon_{it}$$

式中，i 代表地级市，t 代表时间，IN 代表投资，VF 代表地方规制力度的波动，是该方程的核心解释变量，X 代表一系列的控制变量。IN_{it} 其中是此模型的被解释变量，表示 i 城市在 t 时期的固定资产投资。VF_{it} 表示 i 城市在 t 时期所面临的政府规制力度的波动，是此模型的核心解释变量。通过计算过去五年规制力度变化的移动标准差，即计算 $t-5$ 至 $t-1$ 期实际 GDP 与规制机构从业人员总数的比值的标准差来表示投资者在 t 时期所面临的规制力度的波动状况。之所以选择五年的标准差是因为中央每五年做一次新的发展规划，作为顶层设计引导国民经济的发展方向，确定长期发展目标，而地方政府也会根据中央的五年规划调整相应的政策措施，以五年作为时间长度可以包含整个换届和规划的周期，而地方政府领导和新规划制定时，各地政策会发生相应变化，规制力度也可能会有所波动。

X_{ijt} 表示除规制力度波动外其他影响社会投资的因素，是此模型的控制变量。选择的控制变量包括人均 GDP（PerGDP）和经济增长率（Growth）、第二产业产值（Industry）、罚没收入和行政事业性收费（PA）、在岗职工平均工资（Wage）、普通高等学校在校生人数（HEdu）、金融机构各项贷款余额（Loan）。回归方程中的所有变量均以 1999 年为基期，剔除价格因素影响。

（三）基准回归结果

各地级市的回归结果如表 9-2 所示。从列（1）~（5）的所有结果中，我们可以看出，不论是否加入控制变量，是否控制时间固定效应和个体固定效应，VF 前的系数都显著为负，即各地政府规制力度波动对当地投资有显著的负面影响。

政府规制力度波动意味着企业投资将会面临更大的不确定性，不确定性意味着企业预估投资所产生的收益的难度会加大，从而不能准确地进行成本－效益分析以做出选择。并且固定资产投资周期较长，一般存在较大的沉没成本，投资无法在短期内收回，所以理性企业在投资时会十分慎重，规制力度波动的增加会对投资者的投资行为产生阻碍作用。在上文的分析中谈到，政府规制的波动会影响企业的生产经营决策，规制力度波动的可能性上升会增加企业进入的潜在技术门槛，尚未进入行业的企业会因为规制的波动产生大于零的等待期权，从而延缓投资，等待更加有利的机会。所以当政府规制力度波动增加时，全社会的固定资产投资将会减少。

从表9-2中还可以看到，第二产业的实际产值和高等学校在校生人数对全社会固定资产投资有显著的正向影响。说明第二产业的发展对于增加投资有促进作用，第二产业的发展可以为投资提供一个更好的平台，并且第二产业发展过程中所出现的技术进步和企业生产效率的提高也可以增加第二产业的吸引力，从而促进第二产业投资和全社会固定资产投资额的增加。地级市普通高校学生人数对固定资产投资增加有促进作用，普通高校在校生人数不仅可以反映一个地区的教育水平还可以反映一个地区的高等人力资源供给，一个高校在校生多的城市往往教育水平更高，并且留住高等人才的可能性更大，这也在一定程度上符合目前各地努力发展高校教育、积极引进高学历人才的现象。

表9-2　　　　　　　　　　　　基准回归结果

变量	(1)	(2)	(3)	(4)	(5)
	IN	IN	IN	IN	IN
	POLES	POLES	POLES	FE	FE
VF	-31.143***	-22.006***	-7.986**	-14.006***	-10.664**
	(9.285)	(7.809)	(3.955)	(5.122)	(4.858)
PerGDP	—	-0.365*	0.228	—	0.054
	—	(0.188)	(0.255)	—	(0.254)
Industry		0.674***	0.677***		0.789***
		(0.071)	(0.088)		(0.092)
Wage		-0.107	0.351		0.205
		(0.155)	(0.262)		(0.143)
HEdu		0.187***	0.219***		0.253***
		(0.041)	(0.069)		(0.069)
Loan	—	-2.109	1.157		-1.435
	—	(2.678)	(2.296)		(2.328)
PA	—	2.373	-11.162		5.101
	—	(19.490)	(18.870)		(20.716)
Grows	—	52.554**	76.690***		25.848
	—	(23.382)	(20.343)		(25.685)

续表

变量	(1)	(2)	(3)	(4)	(5)
	IN	IN	IN	IN	IN
	POLES	POLES	POLES	FE	FE
Constant	18765.477 ***	−2794.640	8765.950	80696.481 ***	13803.574 *
	(1675.761)	(2466.608)	(17807.990)	(1366.549)	(8069.196)
时间固定效应	是	是	否	是	是
城市固定效应	否	否	是	是	是
N	3122	3122	3122	3122	3122
R²	0.287	0.854	0.921	0.809	0.930

注："是"表示控制了相应变量。*** 、** 、* 分别表示回归系数在1%、5%和10%的显著性水平下显著，括号中是稳健标准误。

资料来源：Stata 统计输出。

（四）稳健性检验结果

从基准回归结果可以看出，政府规制力度的波动对当地投资会产生显著的阻碍作用。为证明该结果的稳健性，本书进行了一系列稳健性检验，相关结果如表9-3所示。基准回归中测度政府规制波动的计算周期为5年，但是因为个体对风险的态度不同，而且不同投资的特点存在差异，人们关注的波动周期也会有所不同，有人更关注短期的波动，有人则更关注长期的波动。所以适当缩小和放大波动的计算区间、改变投资主体的信息集可用来检验基准回归结果的稳健性。因此，分别选择用4年和6年为周期测度规制力度波动研究其对投资的影响，std4 和 std6 分别表示以4年和6年计算的规制力度移动标准差，列（1）和列（2）分别表示前4年和前6年规制力度波动对投资行为的影响。结果显示，std4 和 std6 的回归系数都为负，且都在5%的显著水平下通过显著性检验。说明不仅仅是前5年的规制力度波动会对投资产生影响，而是波动都会对投资产生负向影响。同时也说明规制力度波动对投资有负向影响且具有稳健性。

在基准回归中，我们用前5年规制力度的标准差来衡量规制波动，但投资主体决策有可能是受到前几年规制力度方差变化的影响。因此采用前5年规制力度的方差 v5 来衡量其波动。列（3）为回归结果，结果表明二阶的规制力度波动仍然对投资有负向影响，基准回归结果具有稳健性。

在基准回归中，本书假定规制力度波动投资之间是线性关系，但是其实际情况可能并非如此，各变量之间也可能是指数或幂函数关系，所以将所有变量取对数进行回归，计算当地投资对规制力度波动的弹性。lnstd5 表示前5年规制力度的标准差的对数。列（4）为回归结果，lnstd5 的回归系数仍显著为负。表明规制力度波动的增加确实会引起当地投资的减少。

基准回归中研究的是各变量绝对值之间的关系，而其增长率之间也可能存在相关关系，即规制力度波动的可能性变化可能会对投资的增长率产生影响。所以更换变量，考察规制力度波动增长率及各控制变量增长率对投资增长率的影响。Gstd5 表示 5 年期计算的规制力度波动的增长率，GIN 表示固定资产投资的增长率。列（5）为回归结果，Gstd5 的回归系数为 2.007，在 10% 的显著水平下通过显著性检验，即规制力度波动的增长率增加 1% 时，全社会固定资产投资的增长率将减少 2.007%，表明规制力度波动的可能性增强也会对投资产生负面影响。

考虑到模型可能存在内生性，采用系统广义矩估计（GMM）模型进行回归。列（6）的结果说明，滞后一期的投资（L.IN）对当期投资有显著的正向影响。固定资产投资生产的周期长、所需资本量大，并且有一定的沉没成本，除初始投入外还需要后期追加投资以保证生产的顺利进行，从而获取投资的收益，所以上一期的投资会对当期投资有促进作用。但是当企业和个人面临不确定的外部环境时，风险的存在会影响投资者的期望收益，当期望收益低于预期成本时，投资将难以实现。一个理性的投资者会充分考虑各种情况来实现利益最大化，风险的存在会使其在做投资决定时更加慎重，而风险增加不仅会提高企业的机会成本，还会导致进入市场的潜在技术成本增加，使企业延缓投资，等待更好的投资机会，从而减少新增投资。同时，在位企业的技术升级门槛的提高会使企业延缓技术升级，延缓投资，从而减少全社会投资。规制力度波动增加表示政策的不确定性增加，企业投资的外部环境风险增加，从而减少全社会的投资额。从表 9-3 的列（6）可以看到，std5 的回归系数显著为负，说明规制力度波动增加会减少全社会固定资产投资，与基准回归结果相符。

表 9-3　　　　　　　　　　稳健性检验结果

变量	（1）	（2）	（3）	（4）	（5）	（6）
	IN	IN	IN	lnIN	GIN	IN
	FE	FE	FE	FE	FE	GMM
std4	−9.980**	—	—	—	—	—
	(4.776)	—	—	—	—	—
std6	—	−11.265**	—	—	—	—
	—	(5.010)	—	—	—	—

续表

变量	(1) IN FE	(2) IN FE	(3) IN FE	(4) lnIN FE	(5) GIN FE	(6) IN GMM
V5	—	—	−0.034 **	—	—	—
	—	—	(0.017)	—	—	—
lnstd5	—	—	—	−0.108 ***	—	—
	—	—	—	(0.040)	—	—
Gstd5	—	—	—	—	−2.007 *	—
	—	—	—	—	(1.172)	—
L. IN	—	—	—	—	—	0.758 ***
	—	—	—	—	—	(0.025)
std5	—	—	—	—	—	−4.224 *
	—	—	—	—	—	(2.349)
控制变量	控制	控制	控制	控制	控制	控制
时间固定 效应	是	是	是	是	是	—
城市固定 效应	是	是	是	是	是	—
常数项	−13831.989 *	−14075.02	−1548571 *	9.778 ***	4.875 ***	−236.46
	(7445.985)	(8951.519)	(814496.9)	(3.445)	(1.257)	(1501.102)
N	3345	2899	3122	3122	2899	3122
R^2	0.929	0.932	0.9292	0.856	0.194	

注:"是"表示控制了相应变量。***、**、*分别表示在1%、5%和10%的显著性水平下显著,括号中是稳健标准误。

(五) 结论与启示

前文运用223个地级市在2000~2016年的面板数据研究规制力度波动对投资的影响。结果表明规制力度波动对投资存在负向影响,即随着规制力度波动的增加,投资会减少。并通过改变规制波动的计算周期和方法进行稳健性检验,结果依然稳健。这一结果表明,由于政府规制力度波动对投资增加有阻碍作用,所以政府可以通过降低波动性,让政策更加公开透明、提高政策的连续性,让企业形成适应性预期,减少规制波动对企业投资产生的负面影响,从而促进全社会投资的增加。

第五节 减轻规制波动，降低企业制度性
交易成本的政策建议

一、合理推进政府规制改革

（一）循序渐进推进规制改革

进行规制改革，提升我国政府规制效率，既是建设服务型政府的内在要求，又是降低企业制度性交易成本的必然选择。但是进行规制改革时，应充分考虑社会公众对规制力度变化的反应，既要看到规制改革会显著降低企业制度性交易成本，又要看到规制波动会增加企业的经营负担。在市场化过程中，要注意规制政策的连续性和平稳性，不可频繁变动，还要注意规制手段的透明性和法制性，运用合乎规制程序和法律的手段，确保政府规制改革应该平稳推进，减小规制力度波动幅度，给企业营造稳定的投资环境，降低企业因投资环境变化导致的制度性交易成本。

（二）明确各规制机构职责

应通过法律明确规定各规制机构的规制范围、责任和权力。在进行规制机构设置时，将各机构进行科学划分，避免规制机构间出现权力交叉、职责重叠。对现有规制范围有交叉的机构进行整合，明确各部门的主体责任和规制范围，使其在自身权责范围内更高效地实施规制行为。同时使各机构在实施规制时可以相互配合、相互补充，形成一个有机的整体。树立问题导向，保证现有规制问题均有对应的规制部门。建立统筹高效的规制体系，理顺政府规制过程中出现的矛盾与问题，从整体层面协调各规制机构间的利益关系。

二、建立依法规制的规制体系

（一）减少行政命令对政府规制的干预

减少行政命令干预政府规制行为，确保一切规制政策的制定和规制行为的实施都合法、合规。首先，要减少行政命令在规制政策制定时的直接或间接干

预，保证规制政策体现其提高资源配置效率，弥补市场运行机制缺陷的特点。其次，要减少行政命令对规制实施过程的直接或间接干预，对规制流程做严格规定。最后，对利用权力对规制进行干预的官员和试图影响规制制定和实施的企业进行处罚，降低规制力度因权力而产生波动的可能性，促进社会投资增加。

（二）建立依法规制的规制体系

建立依法规制的规制体系。解决依托行政命令方式实施规制行为所带来的因人员主观因素影响而产生的规制波动问题。首先，要建立完善的规制法规，明确规制主体、主体责任、规制流程以及各行业的规制内容。其次，要依法实施规制，规制主体要在规制法规所规定的责任范围内，依照法规流程实施规制行为，建立依法规制的规制体系，着力提高政府规制的透明性和连续性，减少规制力度的波动，为企业营造一个稳定的投资环境。

三、加强规制监督和社会参与

（一）建立规制监督机构

建立规制监督机构，对规制部门进行事前、事中和事后监督，对规制机构的执法行为进行制约，降低规制力度波动的可能性。在规制制定前，对流程进行监督，确保规制政策的公平性与合理性。在规制政策制定时，监督规制机构是否严格按照法律程序在法律规定的权责范围内进行，并对未按法律要求制定规制政策的部门和责任人进行惩罚。在规制政策制定后，监督规制部门是否按政策规定实施规制行为，并对未按要求行使规制的行为的责任人和部门进行追责。

（二）建立社会参与的规制体系

建立社会参与的规制体系，让社会公众参与规制政策的制定、实施和监督，对规制机构进行约束，增加规制波动的成本。首先，建立公众参与规制政策制定的体系。通过提高规制政策制定过程中的群众参与度来保障社会公众利益，提高社会福利水平，增加社会满意度，有效减少后期发展过程中因规制政策调整造成的规制力度波动。其次，让公众参与规制的实施过程，发挥社会力量，提高规制效率，同时也增加规制实施过程中的透明性，减少规制实施过程中的波动。最后，建立公众监督、评价机制，通过社会参与产生对规制部门的政策制定和实施的约束，使其规制力度更加平稳，降低由于规制波动带来的企业制度性交易成本。

四、完善地方政府官员考核体制

弱化经济增长目标，建立政府的多目标考核体系，将一系列与民生相关的因素与政务评价制度相结合，将相关工作人员的个人利益与社会利益结合起来，促进经济社会的全面发展。建立行政事业与成果的长期责任制，任务分配到人，在出现相关问题时做到准确溯源，在一定程度上提升行政效率。提升政府对于国家重大问题和地方发展重点事件的关注度，从而有效减缓经济目标责任制导致的规制波动，避免因政府短视而导致的企业制度性交易成本。

参 考 文 献

[1] 阿尔钦，德姆赛茨. 生产、信息费用与经济组织 [C]. 财产权利与制度变迁——产权学派与新制度学派译文集. 上海：上海三联书店，1995：58 - 60.

[2] 艾琳，王刚，张卫清. 由集中审批到集成服务——行政审批制度改革的路径选择与政务服务中心的发展趋势 [J]. 中国行政管理，2013 (4)：15 - 19.

[3] 巴曙松，刘清涛，牛播坤. 中国资本充足监管框架的形成及其市场影响——兼论巴塞尔新资本协议与《商业银行资本充足率管理办法》的比较 [J]. 财经科学，2005 (1)：10 - 16.

[4] 白景明，徐玉德，许文，何平，梁强，夏楸，龙海红. 构建标本兼治的降制度成本综合政策体系——基于中部地区企业成本调研的思考 [J]. 财政科学，2017 (8)：10 - 21.

[5] 白天亮，王政，陆娅楠，左娅，刘志强，赵展慧. 制度性交易成本调查：种类繁多 暗藏"灰色地带" [J]. 中国经济周刊，2016 (19)：50 - 53.

[6] 保罗·安东尼·萨缪尔森. 经济学 [M]. 北京：人民邮电出版社，2008.

[7] 毕青苗，陈希路，徐现祥，李书娟. 行政审批改革与企业进入 [J]. 经济研究，2018，53 (2)：140 - 155.

[8] 蔡利群. 中国煤矿安全规制失灵问题研究 [D]. 沈阳：辽宁大学，2014.

[9] 常耀中. 企业制度性交易成本的内涵与实证分析 [J]. 现代经济探讨，2016 (8)：48 - 52.

[10] 常风林，周慧，岳希明. 国有企业高管"限薪令"有效性研究 [J]. 经济学动态，2017 (3)：40 - 51.

[11] 陈冬华，陈信元，万华林. 国有企业中的薪酬管制与在职消费 [J]. 经济研究，2005 (2)：92 - 99.

[12] 陈长石. 地方政府激励与安全规制波动 [D]. 大连：东北财经大

学，2012.

[13] 程波辉，奇飞云. 供给侧结构性改革背景下降低制度性交易成本研究——分析框架的建构 [J]. 学术研究，2017（8）：49–54，78，183.

[14] 程波辉. 降低企业制度性交易成本：内涵、阻力与路径 [J]. 湖北社会科学，2017（6）：80–85.

[15] 笪凤媛. 交易费用的测度方法及其在中国的应用研究 [M]. 北京：中国经济出版社，2011.

[16] 丹尼斯·卡尔顿，杰弗里·佩罗夫. 现代产业组织 [M]. 上海：上海三联书店，1998.

[17] 丹尼尔·史普博. 管制与市场 [M]. 上海：上海三联书店，1999.

[18] 董志强，魏下海，汤灿晴. 制度软环境与经济发展——基于30个大城市营商环境的经验研究 [J]. 管理世界，2012（4）：15–26.

[19] 董全瑞. 制度性交易成本及其中国实践成效分析 [J]. 理论导刊，2017（5）：35–38.

[20] 范方志，苏国强，王晓彦. 供应链金融模式下中小企业信用风险评价及其风险管理研究 [J]. 中央财经大学学报，2017（12）：34–43.

[21] 冯俏彬. 中国制度性交易成本与减税降费方略 [J]. 财经智库，2017（4）：86–101，143.

[22] 冯俏彬，李贺. 降低制度性交易成本：美国税改与中国应对方略 [J]. 中央财经大学学报，2018，369（5）：15–23.

[23] 傅志华，赵福昌，石英华等. 西部企业的运行情况分析——广西、云南企业降成本调研报告 [J]. 财政科学，2017（11）：83–101.

[24] 郭启光. 中国煤矿安全规制俘获研究：形成机理、双重影响与治理效果 [D]. 大连：东北财经大学，2016.

[25] 郭蕾，肖有智. 政府规制改革是否增进了社会公共福利——来自中国省际城市水务产业动态面板数据的经验证据 [J]. 管理世界，2016（8）：73–85.

[26] 郭晔，赵静. 存款竞争、影子银行与银行系统风险——基于中国上市银行微观数据的实证研究 [J]. 金融研究，2017（6）：81–94.

[27] 郭丽岩，刘志成. 降低制度性交易成本是确保"降成本不反弹"的关键实招 [J]. 中国经贸导刊，2016（28）：25–26.

[28] 何琴，许佳佳. 我国职业安全规制变迁的反思及启示——基于法经济学的视角 [J]. 东疆学刊，2012，29（3）：86–90.

［29］胡洪斌. 中国产业进入规制的经济学分析［M］. 北京: 中国社会科学出版社, 2014.

［30］胡元林等. 环境规制对企业绩效的影响研究［M］. 北京: 经济管理出版社, 2018.

［31］黄新华, 李凯. 公共选择理论与交易成本政治学的比较分析［J］. 财经问题研究, 2011 (1): 3 - 9.

［32］黄少安, 张卫国. 新、老制度经济学理论体系的比较——从"本能、习惯"到"交易成本"［J］. 江海学刊, 2006 (6): 54 - 61, 239.

［33］黄新华. 政治过程、交易成本与治理机制——政策制定过程的交易成本分析理论［J］. 厦门大学学报 (哲学社会科学版), 2012 (1): 16 - 24.

［34］惠双民. 交易成本经济学综述［J］. 经济学动态, 2003 (2): 73 - 77.

［35］金今花, 王红梅, 周芹. 规制的多元博弈及其对规制行为的负面影响［J］. 理论月刊, 2009 (8): 82 - 84.

［36］金玉国, 张娟. 计量经济模型参数形式的演化与比较［J］. 经济与管理评论, 2009, 25 (4): 29 - 33.

［37］李炳堃. 制度性交易成本、宏观交易费用与政府改革目标［J］. 山西财经大学学报, 2018, 40 (6): 15 - 29.

［38］李华. 中国银行业混业经营规制研究［D］. 沈阳: 辽宁大学, 2018.

［39］李际, 樊慧娴. 2017 年我国电力发展形势及 2018 年展望［J］. 中国能源, 2018, 40 (1): 20 - 21.

［40］李建. 中国建筑业政府规制研究［D］. 长春: 吉林大学, 2009.

［41］李纪建, 张学英. 我国商业银行资本充足率管理办法与新巴塞尔资本协议的比较［J］. 海南金融, 2006 (3): 37 - 40.

［42］李明, 徐建炜. 谁从中国工会会员身份中获益?［J］. 经济研究, 2014, 49 (5): 49 - 62.

［43］李佩珈, 梁婧. 基于宏观审慎视角的房地产风险预警研究［J］. 金融监管研究, 2018 (9): 32 - 49.

［44］李时敏. 交易过程与交易成本［J］. 财经问题研究, 2002 (12): 22 - 26.

［45］李真, 张红凤. 中国社会性规制绩效及其影响因素的实证分析［J］. 经济学家, 2012 (10): 48 - 57.

[46] 李治国, 孙志远. 行政垄断下我国石油行业效率及福利损失测度研究 [J]. 经济经纬, 2016, 33 (1): 72-77.

[47] 黎四奇. 金融监管法律问题研究——以银行法为中心的分析 [M]. 北京: 法律出版社, 2007.

[48] 刘辉, 干胜道. 基于公平偏好理论的国企高管薪酬管制研究 [J]. 河南大学学报, 2016 (1): 38-44.

[49] 刘尚希, 韩晓明, 张立承, 程瑜, 施文泼, 景婉博. 降低制度性交易成本的思考——基于内蒙古、黑龙江的调研报告 [J]. 财政科学, 2017 (8): 22-31.

[50] 刘尚希, 王志刚, 程瑜, 许文. 降成本: 2018 年的调查与分析 [J]. 财政研究, 2018 (10): 2-24.

[51] 刘锡田. 制度创新中的交易成本理论及其发展 [J]. 当代财经, 2006 (1): 25-28.

[52] 刘治. 中国食品工业年鉴 [M]. 北京: 中国统计出版社, 2018.

[53] 卢现祥, 李小平. 制度转型、经济增长和交易费用——来自中国各省市的经验分析 [J]. 经济学家, 2008 (3): 57-65.

[54] 卢现祥. 转变制度供给方式, 降低制度性交易成本 [J]. 学术界, 2017 (10): 36-49, 323-324.

[55] 卢现祥, 朱巧玲. 交易费用测量的两个层次及其相互关系研究述评 [J]. 数量经济技术经济研究, 2006 (7): 98-109.

[56] 卢馨, 李慧敏. P2P 网络借贷的运行模式与风险管控 [J]. 改革, 2015 (2): 60-68.

[57] 罗伊思·古阿什, 罗伯特·W. 汉恩, 古月. 规制的成本与收益: 对发展中国家的寓意 [J]. 经济社会体制比较, 2004 (1): 67-77.

[58] 骆永民. 交易成本视角下的公共物品提供机制 [J]. 山西财经大学学报, 2007 (7): 10-14.

[59] 吕劲松. 关于中小企业融资难、融资贵问题的思考 [J]. 金融研究, 2015 (11): 115-123.

[60] 马庆. 中国交易效率与经济增长关系研究: 一个分工的视角 [D]. 成都: 西南财经大学, 2014.

[61] 缪仁炳, 陈志昂. 中国交易费用测度与经济增长 [J]. 统计研究, 2002, 19 (8): 14-20.

[62] 牟韶红, 李启航, 于林平. 内部控制、高管权力与审计费用——基

于 2009 - 2012 年非金融上市公司数据的经验研究 [J]. 审计与经济研究，2014 (4)：40 - 49.

[63] 牛晓帆，安一民. 交易成本理论的最新发展与超越 [J]. 云南民族大学学报（哲学社会科学版），2003 (1)：79 - 83.

[64] 诺思著，陈郁等译. 经济史中的结构与变迁 [M]. 上海：上海三联书店，1991.

[65] 彭彦强. 煤炭安全生产规制失灵与协同规制构建探析 [J]. 山东科技大学学报（社会科学版），2008 (3)，61 - 66

[66] 彭向刚，周雪峰. 企业制度性交易成本：概念谱系的分析 [J]. 学术研究，2017 (8)：37 - 42，177.

[67] 钱学锋，范冬梅. 国际贸易与企业成本加成：一个文献综述 [J]. 经济研究，2015 (2)：172 - 185.

[68] 乔彬，张蕊，张斌. 制度性交易成本、产业集中与区域全要素生产率 [J]. 南京社会科学，2018，374 (12)：47 - 55，71.

[69] 乔尔·赫尔曼，杰林特·琼斯，丹尼尔·考夫曼著，周军华译. 转轨国家的政府俘获、腐败以及企业影响力 [J]. 经济社会体制比较，2009 (1)：1 - 12.

[70] 乔岳，周利华. 中国电力产业的绩效研究——基于随机前沿模型的分析 [J]. 山西财经大学学报，2010，32 (12)：67 - 73.

[71] 单豪杰. 中国资本存量 K 的再估算：1952 ~ 2006 年 [J]. 数量经济技术经济研究，2008，25 (10)：17 - 31.

[72] 邵景均. 构建新型政商关系 [J]. 中国行政管理，2016 (4)：5.

[73] 沈伯平，陈怡. 政府转型、制度创新与制度性交易成本 [J]. 经济问题探索，2019，440 (3)：177 - 184.

[74] 沈宏亮. 中国规制政府的崛起：一个供给主导型制度变迁过程 [J]. 经济学家，2011 (4)：32 - 39.

[75] 沈宏亮. 路径依赖、效率特征与政府规制的边际改进 [J]. 改革，2011 (3)：131 - 136.

[76] 沈满洪，张兵兵. 交易费用理论综述 [J]. 浙江大学学报（人文社会科学版），2013 (2)：46 - 60.

[77] 盛亦男. 生育政策调整对女性就业质量的影响 [J]. 人口与经济，2019 (3)：62 - 76.

[78] 斯蒂格勒. 产业组织和政府管制 [M]. 上海：上海三联书店，1996.

[79] 苏武俊. 交易成本与制度创新 [J]. 财经理论与实践, 2005 (5): 10 - 13.

[80] 孙国峰. 交易成本与制度成本的关系分析 [J]. 西南大学学报 (社会科学版), 2004 (2): 67 - 71.

[81] 孙效敏, 秦四海. 金融机构接管制度研究 [J]. 金融法苑, 2005 (3): 95 - 107.

[82] 孙一菡, 谢建国, 徐保昌. 最低工资标准与企业成本加成——来自中国制造业企业的证据 [J]. 中国经济问题, 2018 (6): 123 - 136.

[83] 孙裕增. 制度性交易成本演变与改革路径 [J]. 浙江经济, 2016 (23): 10 - 12.

[84] 孙兆阳, 刘玉锦. 工会对企业员工工资有什么影响? [J]. 劳动经济研究, 2019 (4): 121 - 144.

[85] 陶长琪, 李翠, 王夏欢. 环境规制对全要素能源效率的作用效应与能源消费结构演变的适配关系研究 [J]. 中国人口·资源与环境, 2018, 28 (4): 98 - 108.

[86] 陶纪坤, 张鹏飞. 社会保险缴费对劳动力需求的 "挤出效应" [J]. 中国人口科学, 2016 (6): 78 - 128.

[87] 汪玉凯. 降低企业制度性交易成本 [J]. 中国中小企业, 2016 (8): 16.

[88] 汪德华, 张再金, 白重恩. 政府规模、法治水平与服务业发展 [J]. 经济研究, 2007 (6): 51 - 64, 118.

[89] 王朝才, 马洪范, 封北麟, 梁季, 陈龙, 赵治纲. 山东、福建两省降低制度性交易成本的调研分析 [J]. 财政科学, 2017 (8): 32 - 40.

[90] 王雷. 劳动保护的微观经济效应与传导机理研究 [D]. 重庆: 重庆大学, 2016.

[91] 王雷. 劳动力市场比较优势与跨区域资本配置 [J]. 财经研究, 2016 (12): 61 - 95.

[92] 王健, 王红梅. 中国特色政府规制理论新探 [J]. 中国行政管理, 2009 (3): 36 - 40.

[93] 王军, 邹广平, 石先进. 制度变迁对中国经济增长的影响——基于 VAR 模型的实证研究 [J]. 中国工业经济, 2013 (6): 72 - 84.

[94] 王俊豪. 中国垄断性产业结构重组、分类管制与协调政策 [M]. 北京: 商务印书馆, 2005.

[95] 王俊豪. 管制经济学原理 [M]. 北京: 高等教育出版社, 2014.

[96] 王雷. 劳动力成本、就业保护与企业技术创新 [J]. 中国人口科学, 2017 (1): 71 – 80.

[97] 王鹏. 中国金融规制问题研究 [D]. 长春: 吉林大学, 2009.

[98] 王薇, 郭启光. 安全规制如何影响中国煤炭行业发展 [J]. 产业经济评论, 2016 (5): 28 – 43.

[99] 王晓文, 魏建, 于林平. 中国国企高管薪酬管制的原因及其对绩效的影响——基于委托人"不平等厌恶"模型 [J]. 审计与经济研究, 2014 (1): 69 – 75.

[100] 王志良, 田景环, 邱林. 城市供水绩效的数据包络分析 [J]. 水利学报, 2005 (12): 1486 – 1491.

[101] 魏浩, 郭也. 中国制造业单位劳动力成本及其国际比较研究 [J]. 统计研究, 2013 (8): 102 – 110.

[102] 魏天保, 马磊. 社保缴费负担对我国企业生存风险的影响研究 [J]. 财经研究, 2019 (8): 112 – 126.

[103] 吴成颂, 周炜. 高管薪酬限制、超额薪酬与企业绩效——中国制造业数据的实证检验与分析 [J]. 天津财经大学学报, 2016 (9): 75 – 87.

[104] 吴力波, 孙可哿, 时志雄. 环境规制下中国煤炭发电企业成本技术效率研究 [J]. 中国人口·资源与环境, 2018, 28 (8): 31 – 38.

[105] 吴晓华, 郭春丽, 王元, 李清彬, 刘方, 易信, 成卓. 降低实体经济企业成本研究 [J]. 宏观经济研究, 2017 (7): 3 – 18, 103.

[106] 吴卫星. 论环境规制中的结构性失衡——对中国环境规制失灵的一种理论解释 [J]. 南京大学学报 (哲学·人文科学·社会科学版), 2013 (2): 49 – 57.

[107] 吴义刚. 交易成本、制度演进与经济绩效 [J]. 经济问题, 2008 (7): 4 – 8.

[108] 吴子熙. 中国制度性交易成本降低的路径研究 [J]. 云南社会科学, 2019 (3): 83 – 88.

[109] 吴张楠, 卢洪友. 薪酬管制会减少国有企业高管收入吗——来自政府"限薪令"的准自然实验 [J]. 经济学动态, 2017 (3): 24 – 39.

[110] 武靖州. 企业制度性交易成本的表现、成因及其治理 [J]. 财务与金融, 2017 (6): 62 – 68.

[111] 武靖州. 制度性交易成本治理之道研究 [J]. 中国物价, 2018

（3）：3－7.

[112] 夏大慰.产业组织与公共政策：可竞争市场理论 [J].外国经济与管理，1999 (11)：9－11.

[113] 肖兴志.基于煤矿利益的安全规制路径分析 [J].经济与管理研究，2006 (7)：69－72.

[114] 肖兴志，陈长石，齐鹰飞.安全规制波动对煤炭生产的非对称影响研究 [J].经济研究，2011 (9)：96－107

[115] 谢地，何琴.职业安全规制问题研究：基于法经济学的视角 [J].经济学家，2008 (2)：47－54

[116] 辛清泉，谭伟强.市场化改革、企业业绩与国有企业经理薪酬 [J].经济研究，2009 (11)：68－81.

[117] 徐传谌，廖红伟.交易成本新探：起源与本质 [J].吉林大学社会科学学报，2009，49 (2)：81－86.

[118] 徐玉华，谢承蓉.非对称信息下的政府规制与企业家寻租分析 [J].统计与决策，2006 (6)：63－65.

[119] 阳立高，谢锐，贺正楚，韩峰，孙玉磊.劳动力成本上升对制造业结构升级的影响研究——基于中国制造业细分行业数据的实证分析 [J].中国软科学，2014 (12)：136－147.

[120] 杨小凯.发展经济学：新兴古典与新古典 [M].北京：社会科学文献出版社，2003.

[121] 姚培硕.中国民间金融市场规模超 5 万亿监管缺位现象遭疑 [N/OL].中国新闻网.http://www.chinanews.com/gn/2014/09 - 22/6613575.shtml.

[122] 姚先国，焦晓钰，张海峰，乐君杰.工资集体协商制度的工资效应与员工异质性——对杭州市企业调查数据的分析 [J].中国人口科学，2013 (2)：49－59，127.

[123] 易志斌.地方政府环境规制失灵的原因及解决途径——以跨界水污染为例 [J].城市问题，2010 (1)：74－77.

[124] 余晖.中国的政府管制制度 [J].改革，1998 (3)：93－103.

[125] 于良春，丁启军.自然垄断产业进入管制的成本收益分析——以中国电信业为例的实证研究 [J].中国工业经济，2007 (1)：14－20.

[126] 于良春，张伟.中国行业性行政垄断的强度与效率损失研究 [J].经济研究，2010，45 (3)：16－27，39.

［127］于良春等.自然垄断与政府规制——基本理论与政策分析［M］.北京：经济科学出版社，2003.

［128］岳彩申.民间借贷的激励性法律规制［J］.中国社会科学，2013（10）：121－139，207.

［129］张锋.我国食品安全多元规制模式研究［M］.北京：法律出版社，2018.

［130］张军，吴桂英，张吉鹏.中国省际物质资本存量估算：1952－2000［J］.经济研究，2004（10）：35－44.

［131］张婷婷.中国食品安全规制改革研究［M］.北京：中国物资出版社，2010.

［132］张五常.交易费用的范式［J］.社会科学战线，1999（1）：1－9.

［133］张小平.高铁工程环境影响评价与估价方法研究［M］.北京：中国铁道出版社，2015.

［134］张玉华，路军.社会保险费率调整对企业用工把成本的影响［J］.山东社会科学，2019（8）：165－171.

［135］赵红军，尹伯成，孙楚仁.交易效率、工业化与城市化——一个理解中国经济内生发展的理论模型与经验证据［J］.经济学（季刊），2006（3）：1041－1066.

［136］赵玉民，朱方明，贺立龙.环境规制的界定、分类与演进研究［J］.中国人口·资源与环境，2009，19（6）：85－90.

［137］植草益.微观规制经济学［M］.北京：中国发展出版社，1992.

［138］中国民用航空局.2004年度中国民用航空政策报告［R］.中国民用航空局门户网站，2005.5.18.

［139］中国民用航空局.2010年度中国民用航空政策报告［R］.中国民用航空局门户网站，2011.4.18.

［140］中国民用航空局.2013年度中国民用航空政策报告［R］.中国民用航空局门户网站，2014.5.23.

［141］中国民用航空局.2014年度中国民用航空政策报告［R］.中国民用航空局门户网站，2015.7.1.

［142］中国人民银行.中国人民银行年报2009［R］.中国人民银行门户网站，2010.3.31.

［143］中国人民银行.中国人民银行年报2012［R］.中国人民银行门户网站，2013.6.21.

［144］中国证券监督管理委员会. 中国证券监督管理委员会年报 2007 ［R］. 中国证券监督管理委员会门户网站，2008. 8. 1.

［145］中国证券监督管理委员会. 中国证券监督管理委员会年报 2016 ［R］. 中国证券监督管理委员会门户网站，2017. 10. 21.

［146］中国证券监督管理委员会. 中国证券监督管理委员会年报 2018 ［R］. 中国证券监督管理委员会门户网站，2019. 8. 29.

［147］周晨. 政府规制与企业寻租——基于矿产资源开采企业生产行为的分析 ［J］. 软科学，2014 (10)：60 – 64.

［148］周黎安，陈烨. 中国农村税费改革的政策效果：基于双重差分模型的估计 ［J］. 经济研究，2005 (8)：44 – 53.

［149］周雪峰. 降低企业制度性交易成本的实证研究 ［D］. 北京：对外经济贸易大学，2018.

［150］朱文娟，汪小勤，吕志明. 中国社会保险缴费对就业的挤出效应 ［J］. 人口资源与环境，2013 (8)：137 – 142.

［151］Arrow K J. The organization of economic activity：Issues pertinent to the choice of market versus nonmarket allocation ［J］. The Analysis and Evaluation of Public Expenditure：The PPB System, 1969 (1)：59 – 73.

［152］Becker G S. A theory of competition among pressure groups for political influence ［J］. The Quarterly Journal of Economics, 1983, 98 (3)：371 – 400.

［153］Bertola G. Job security, employment and wages ［J］. European Economic Review, 1990, 34 (4)：851 – 879.

［154］Blau F D, Kahn L M. Institutions and laws in the labor market ［M］// Handbook of labor economics. Elsevier, 1999 (3)：1399 – 1461.

［155］Coase R H. The problem of social cost ［M］//Classic papers in natural resource economics. London：Palgrave Macmillan, 1960：87 – 137.

［156］Coase R H. The nature of the firm ［M］//Essential readings in economics. London：Palgrave, 1995：37 – 54.

［157］Colby B G. Cap-and-trade policy challenges：A tale of three markets ［J］. Land Economics, 2000：638 – 658.

［158］Cerutti E, Dagher J, Dell' Ariccia G. Housing finance and real-estate booms：A cross-country perspective ［J］. Journal of Housing Economics, 2017 (38)：1 – 13.

［159］Carlton D W, Perloff J M, van't Veld K T. Modern industrial organization [M]. Glenview, IL: Scott, Foresman/Little, Brown Higher Education, 1990.

[160] Domah P, Pollitt M G. The restructuring and privatisation of the electricity distribution and supply businesses in England and Wales: A social cost-benefit analysis [J]. Fiscal Studies, 2001, 22 (1): 107 – 146.

[161] Djalilov K, Piesse J. Bank regulation and efficiency: Evidence from transition countries [J]. International Review of Economics & Finance, 2019 (64): 308 – 322.

[162] Dollery B, Leong W H. Measuring the transaction sector in the Australian economy, 1911 – 1991 [J]. Australian Economic History Review, 1998, 38 (3): 207 – 231.

[163] Estache A, Rodriguez-Pardina M. Regulatory Lessons from Argentina's Power Concessions [R]. The World Bank, 1996.

[164] Gupta K L. Factor prices, expectations, and demand for labor [J]. Econometrica (pre-1986), 1975, 43 (4): 757.

[165] Guttmann R. Finance-led capitalism: Shadow banking, re-regulation, and the future of global markets [M]. New York: Springer, 2016.

[166] Ge Y. What do unions do in China? [J]. Available at SSRN 1031084, 2007.

[167] Helm D, Jenkinson T. Competition in regulated industries [M]. London: Oxford University Press, 1998.

[168] Hornuf L, Schwienbacher A. Should securities regulation promote equity crowdfunding? [J]. Small Business Economics, 2017, 49 (3): 579 – 593.

[169] Handley K, Limao N. Policy uncertainty, trade, and welfare: Theory and evidence for China and the United States [J]. American Economic Review, 2017, 107 (9): 2731 – 2783.

[170] Hattori T, Tsutsui M. Economic impact of regulatory reforms in the electricity supply industry: A panel data analysis for OECD countries [J]. Energy policy, 2004, 32 (6): 823 – 832.

[171] Kumar S. Environmentally sensitive productivity growth: A global analysis using Malmquist-Luenberger index [J]. Ecological Economics, 2006, 56 (2): 280 – 293.

[172] Klomp J, De Haan J. Bank regulation and financial fragility in developing countries: Does bank structure matter? [J]. Review of Development Finance,

2015, 5 (2): 82 – 90.

[173] Laffont J J, Tirole J. A theory of incentives in procurement and regulation [M]. Cambridge, MA MIT press, 1993.

[174] Laffont J J, Tirole J. Using cost observation to regulate firms [J]. Journal of Political Economy, 1986, 94 (3): 614 – 641.

[175] Lesmond D A, Ogden J P, Trzcinka C A. A new estimate of transaction costs [J]. The Review of Financial Studies, 1999, 12 (5): 1113 – 1141.

[176] Littlechild S C. Regulation of British Telecommunications' profitability: Report to the Secretary of State [J]. Department of Industry, 1983 (2).

[177] Magat W A, Viscusi W K. Effectiveness of the EPA's regulatory enforcement: The case of industrial effluent standards [J]. The Journal of Law and Economics, 1990, 33 (2): 331 – 360.

[178] McCann L M J, Easter K W. Differences between farmer and agency attitudes regarding policies to reduce phosphorus pollution in the Minnesota River Basin [J]. Review of Agricultural Economics, 1999, 21 (1): 189 – 207.

[179] Meier K J. The political economy of regulation: The case of insurance [M]. Suny Press, 1988.

[180] North D. Rural industrialisation [J]. The Geography of Rural Change, 1998: 161 – 188.

[181] Oecd. Wage-setting institutions and outcomes [J]. OECD Employment Outlook, 2004: 127 – 181.

[182] Oi W Y. Labor as a quasi-fixed factor [J]. Journal of Political Economy, 1962, 70 (6): 538 – 555.

[183] Pool V K, Stoll H R, Whaley R E. Failure to exercise call options: An anomaly and a trading game [J]. Journal of Financial Markets, 2008, 11 (1): 1 – 35.

[184] Posner R A. Theories of economic regulation [R]. National Bureau of Economic Research, 1974.

[185] Steiner F. Regulation, industry structure, and performance in the electricity supply industry [J]. Available at SSRN 223648, 2000.

[186] Shleifer A. A theory of yardstick competition [J]. The RAND Journal of Economics, 1985: 319 – 327.

[187] Summers L H. Some simple economics of mandated benefits [J]. The

American Economic Review, 1989, 79 (2): 177 – 183.

[188] vanBergeijk P A G, Haffner R C G. Privatization, deregulation, and the macroeconomy, measurement, modelling, and policy [J]. Journal of Comparative Economics, 1997 (24): 376 – 378.

[189] Viscusi W K, Vernon J M, Harrington Jr J E. Economics of Regulation and Antitrust [M]. Cambridge, MA MIT Press, 2005.

[190] Viscusi W K. The regulation-litigation interaction [J]. AEI-Brookings Joint Center Working Paper, 2001: 1 – 13.

[191] Wilson M. Increasingthe mandated minimum wage: Who pays the price? [J]. Unpublished Paper, 1998.

[192] Wilson A. Emancipating the professions-marketing opportunities from deregulation by Aubrey Wilson [J]. Journal of Marketing Management, 1994, 10 (8): 783 – 784.

[193] Wallis J, North D. Measuring the Transaction Cost Sector in the American Economy 1870 – 1970 [J]. Long-Term Factors in American Economic Growth, 1986.

[194] Williamson O E. Predatory pricing: A strategic and welfare analysis [J]. The Yale Law Journal, 1977, 87 (2): 284 – 340.

[195] Wicks-Lim J. Measuring the full impact of minimum and living wage laws [J]. Dollars and Sense: Real World Economics, 2006 (May/June): 265.

[196] Xiao X Y, Xiang B L. The impact of minimum wage policy on wages and employment in China [C] //2009 International Conference on Information Management, Innovation Management and Industrial Engineering. IEEE, 2009 (2): 102 – 105.

[197] Yao Y, Zhong N. Unions and workers' welfare in Chinese firms [J]. Journal of Labor Economics, 2013, 31 (3): 633 – 667.